PETER DRUCKER

—

Contributions to Business Enterprise

杜拉克對工商企業的貢獻

編者 ——————

東尼·博納帕特
(Tony H. Bonaparte)

約翰·傅拉賀堤
(John E. Flaherty)

譯者 ———— 侯秀琴

編者簡介

東尼・博納帕特（Tony H. Bonaparte, 1937-2014）

聖約翰大學（St. John's University）的前特別助理校長兼彼得托賓商學院的國際管理教授。他於 1993 年至 1999 年擔任聖約翰大學教務長。曾在佩斯大學（Pace University）擔任國際商務教授、副院長和研究生院院長，以及企業與國際計劃副總裁和盧賓商學院院長。博納帕特博士因卓越服務和成就而獲得眾多獎項與學術榮譽，是《美國經濟學與社會學期刊》（*The American Journal of Economics and Sociology*）編輯委員會成員。

約翰・傅拉賀堤（John E. Flaherty, 1921-2016）

佩斯大學的管理學名譽教授，曾擔任該校研究所管理學教授兼所長。他於 1950 年代中期在紐約大學旁聽一門彼得・杜拉克的管理課程時，首次與杜拉克相遇。憑藉著四十多年來作為杜拉克的學生、追隨者和朋友的經驗，對杜拉克的管理成就做出了明確的闡述，並將相關內容收錄在《彼得・杜拉克：塑造管理思維》（*Peter Drucker: Shaping the Managerial Mind*）一書中。傅拉賀堤博士也曾為許多工商企業提供顧問服務，同時也是「銷售與行銷國際學會」（Sales and Marketing International）的成員，撰有數篇關於企業環境的文章。

譯者簡介

侯秀琴

台灣大學圖書館學系學士、淡江大學美國研究所碩士。曾任職於中時晚報、時報出版公司、天下文化出版集團（哈佛商業評論）。譯有：《21 世紀的管理挑戰》、《中國大趨勢》、《大移轉》、《雪球：巴菲特傳》（合譯）、《西方憑什麼》（合譯）等。

目錄／
CONTENTS

PART III 創業：經濟層面

PART IV 國際環境

PART V 企業與社會

PART I

背景

引言

本書的出版構想，來自教授休息室的一次閒談。當時本書的兩位編纂者正在製作一份「十大優秀人物」（ten best）的排行榜，列出當今管理思維的主要塑造者。我們的結論是，彼得·杜拉克（Peter Drucker）的名字必須出現在名單的前三名內。隨後，我們向許多來自其他大學的學術界同行和一些頂尖的企業家，也提出製作排行榜時的這個問題。我們的非正式調查結果強化並證實了我們最初的信念。在我們的大部分訪談中，杜拉克都名列榜首。著名的觀察家克里斯托（Irving Kristol）認為，杜拉克不僅是偉大的管理思想家，也是我們這個時代頂尖的社會批評家。

調查中還發現，儘管杜拉克獲得高度評價，但是對於他的思想或著作，還沒有一整本書的評價。因此，我們著手進行，接洽可能共同撰稿完成「一本關於杜拉克的書」的朋友與學者，結果發現反應十分積極。

我們必須在一開始就聲明，這本選集不會假裝是針對杜拉克的權威性研究。那是未來某個學者的任務。本書的目標較小，僅指出杜拉克的影響範圍，並為他非凡的事業生涯提供某些深入見解。本書的目的也在於從每位撰稿者的個人經驗，來評量和評價杜拉克的著作。

由於杜拉克的整體觀取向讓我們無法進行簡單的分類，我們認為最好讓每位撰稿者都努力捕捉杜拉克思維的其中一個層面。我們必須致歉的是，本書缺乏對杜拉克作為社會學者、歷史學者、政治學者的任何正式分析。更不幸的是，可望在這些領域撰文的學者由於有其他要事，不得不遺憾地謝絕我們。我們特別感到惋惜的是在未能得到賓州大學的戴爾（Ernest Dale）和佩斯大學的馬修斯（Richard Matthews）撰文的情況下，本書即已付梓。他們因為事務纏身而無法參與。

然而，這樣的失望絲毫未減我們對既有撰稿者的感激，他們在這項智識的探索之旅中，給予我們非凡的支持與合作。

最後，我們要感謝紐約大學出版社肯特拉（Chris Kentera）和布爾（Robert Bull）兩位先生的合作、哈維（Edmund Harvey）先生在編輯上的協助，還有海因里希斯（Janet Heinrichs）小姐全心全意在打字上的協助。最後，但絕不是最不重要的，我們感謝真正造就了這本書的人──我們的朋友暨導師彼得・杜拉克。

博納帕特
傅拉賀堤

CHAPTER 01.

杜拉克的鮮活遺澤

萊維特*撰

就一位母語是德語的人來說，杜拉克的寫作與思維都是獨樹一幟、自成一家的美國式。不論是他的文學或智力風格，都無涉於德國學術研究經常被嘲諷的那種浮誇自大（其實那通常更像是美國學界的毛病）。杜拉克做到了美國人鼓吹的事，而不是美國人指稱的德國人經常在做的事。他的寫作清晰簡明，

---

* 萊維特（Theodore Levitt）

哈佛大學工商管理研究所的企業管理教授。他在經濟學、政治學、管理學和行銷學等方面撰寫了六十多篇文章，並以在《哈佛商業評論》（*Harvard Business Review*）上發表的文章而獲得三次麥肯錫獎（McKinsey awards）。目前他擔任多家大型企業的董事和眾多公司的顧問。萊維特博士的著作包括《工業採購行為》（*Industrial Purchasing Behavior*）、《行銷創新》（*Innovation in Marketing*）、《行銷：一個入門分析》（*Marketing: An Introductory Analysis*，合著）、《行銷模式》（*Marketing Mode*）。

（以下本書各章作者介紹為當年 1970 年出版時之簡歷。）

論述的是長久以來受害於晦澀難解、拙劣文筆的主題。因此，已經習慣於將深奧與蒙昧冶於一爐的讀者，可能會錯失他的洞察力與對策經常散發的光彩。

但杜拉克保留了一種特殊的歐洲素質。他所寫的一切都展現出這一點。有源源不絕的證據顯示，這位受過第一流教育的人的心智運作流暢、思維敏銳，他記得一切人事物，能夠在一切人事物之間建立關聯性，因此對於他所觸及的任何主題，他總是能發現、了解、釐清許多事情，超越大多數在該主題上鑽研了一生的人。

更令人讚嘆的是，杜拉克的研究（持續不斷的研究）所及範圍之廣且博。同樣令人驚嘆的是，他的讀者與聽眾來自各行各業，而且持續對他懷著崇高敬意。在商業領域還有誰能以更具說服力的引喻來寫羅伯斯比（Robespierre）[註1]、1863年的紐約市徵兵暴動（New York draft riots）、奧匈帝國宮廷的流言蜚語？除此之外，還有誰為《公共利益》（*The Public Interest*）期刊撰述1970年代的新政治（該刊也許是現今美國最重要的平臺，供人發表對於美國公共領域的知性分析和影響力分析）；並於同一個月在一家鮮為人知的貿易雜誌上發表了一篇簡要明確的文章談論銷售管理，或在《鄧氏評論》（*Dun's Review*）上析論電腦的決策？還有誰能像杜拉克對諸

註1　法國大革命時期的政治家，主張男性普選權，並於1794年成功地在法國殖民地廢除奴隸制。

般廣博的主題發表如此豐富的著述，而且所言所論是如此中肯適切？

商界人士知道杜拉克是一位非比尋常的作家，充滿熱忱、實事求是、敏銳獨到；他處理管理方面的問題，但偶爾會轉到企業在更大的社會體系中，所扮演角色之類的議題。知識分子和社會批評家同樣了解他，但是身為一位多才多藝、具說服力且密切關注公共事務的非凡作家，他深諳歷史和當代事實，並經常在他的文章和書籍中強調管理（學）在公共事務方面影響深遠的重要性。

杜拉克論述的學科主題範圍之廣，以及他吸引的讀者與期刊的種類之多，顯然很驚人：他的著作是一位知識廣博且犀利深入的文明公民的著作。但更令人印象深刻的是，他為每一門學科帶來的尊嚴、知識、文雅、養成之道（cultivation）。他所寫的一切都帶有文藝復興時代博學者的光輝，對他來說沒有什麼是新鮮事。他看得出事物和其他時代、其他學科、其他文化及其他價值觀的關聯，但他對於下列事項感到驚奇和喜悅：在舊關係中可察覺的新轉折；舊的對立事物意想不到的結合所產生的新含義與新政策；受敬重的價值觀和古老的道德主張採取的新表達方式；由科學、技術、人口變化、大規模殺傷性武器、通訊所施加於政治、經濟、道德、管理、世界事務方面的新使命。

沒有人比抄襲他的人更有資格證明此人的天才。可想而知，像杜拉克這般富有生產力、創造力且多才多藝的人有眾多的抄襲者。我很自豪地承認，我也是這個龐大且感恩地抄襲杜拉克團體中的一員。如果模仿是最高形式的奉承，抄襲必定有上帝特別超然的祝福。如果上帝只創造一個不世出的天才，祂別無選擇，只能縱容杜拉克的抄襲者：除非上帝願意讓祂創造的天才所說的真理，被貶低為乏味無趣的剽竊之作。

第二次大戰後不久我初進大學時，透過《經濟人的終結》（*The End of Economic Man*），初次「遇見」杜拉克。那是在俄亥俄州黃泉市的安提亞克學院（Antioch College），於柯瑞（Lewis Corey）教授的政治學課程上。自那時起直到 20 年後值得紀念的那一天，我首次親身遇見杜拉克，也是在俄亥俄州的鄉間，於馬里斯維爾市（Marysville），我們兩人都是威廉斯（Paul C. Williams）的客人，威廉斯時任 OM Scott & Sons 公司的總裁，聚會地點是在建築大師萊特（Frank Lloyd Wright）成名之前，受中西部小鎮一些古怪的百萬富翁所委託設計、那些迷人新舊建築物中的一棟；從我第一次透過印刷物遇見杜拉克到最終的親身相遇，我一直是堅定地、讚賞地抄襲杜拉克的人，但很少為他做注解。正如本書的數位撰稿人所說，杜拉克的文學風格和敏捷心智是如此淡然，即使是他的最深刻觀察似乎也平淡無奇，以至於讀者幾乎沒有察覺到其評論的深度，或者其作者是杜拉克。這不僅很有可能造成抄襲；還使抄襲者幾乎不會感到有罪惡感。

一開始，我從杜拉克那裡學到的最好事物（我想在這方面應該歸功於他的是，他所舉的優美和反覆出現的例子，有一個正當合理性存在）是在許多事情上成為專家，從而在一個思想褊狹、單領域專家充斥的世界中，成為受人尊敬的通才。

《經濟人的終結》是在解讀希特勒（Adolf Hitler）的法西斯主義：該主義的歷史背景、經濟重要性、政治意義，以及它成為終結了一個富有生產力但多災多難的時代的標誌。像杜拉克一樣，我親眼目睹了生活在希特勒壓迫性的本國至上主義（chauvinism）之下的痛苦經歷，以及從中逃離的生命之舉。閱讀杜拉克對那個時期的冷靜公正、有見地的分析（當時他沒有走時髦路線訴諸暴烈、氣憤或邪魔歪道），對我也有深遠的影響。這顯示出我從未實踐、也從未真正相信的一件事是有可能的：作家和讀者對於他們曾目睹或遭受過的最極端的混亂失序、侮辱甚至野蠻行為，都能夠客觀、克制、善於分析、公平以待（最後這點尤其重要）。當人們覺得自己對遠方的一位大師十分感激，而且大師的言論需要經常重述和廣為傳播時，抄襲就很容易發生。

後來，我閱讀了他在《公司的概念》（*Concept of the Corporation*）中對通用汽車（General Motors）卓越、廣博的分析。其後當我還在芝加哥、出於厭倦了當時所忙碌之事，在偶然情況下閱讀了《彼得・杜拉克的管理聖經》（*Practice of Management*），從那時起，我就永遠著迷於一種有關商業事務的思維方式，而且一直努力仿效一種簡報風格。《彼得·杜拉克的管理聖經》向我介紹了現今我們所謂的行銷理念，當時我從事經濟學家的工作，但是我對於博士級經濟學似是而非的形式化論證感到非常不滿。杜拉克對於經濟效益（其特點與目的）的觀點把我從下列情況中解放：古典經濟學未能解釋的挫折；馬克思（Karl Marx）、傅立葉（Charles Fourier）、魏柏夫婦（Webbs）未能完全闡明的事情；熊彼得（Joseph Alois Schumpeter）大力建議但未竟之業；范伯倫（Thorstein Bunde Veblen）、康芒斯（John Rogers Commons）、米契爾（Wesley Clair Mitchell）和後來的伯爾（Adolf Augustus Berle）引領我進入但未引領我離開的境地。

如果抄襲的名聲不佳，倒不是因為抄襲是不好的事。從字面上看，抄襲意味著複製文字，最多也只是在假裝具有獨創性的同時，製造了笨拙的偽裝。但既然很少人能提出實用的新見識和一體適用的通則（因為極少人具有適當的天賦或足夠的活力提出），我們這些其餘人等都淪落為傳播者，為極少數的那些人傳播其理念構想。因此，複製一個人的構想而不引用他的話語，其實就是露骨的抄襲。承認這一點，只是給予那個人應得的讚語。在管理思維這個領域，杜拉克毫不猶豫地歸功於費堯（Henri Fayol）（註2）等人。所以我們現在不應該因為歸功於

註2　1841-1925年，是法國礦業工程師、管理理論學家，創立了古典管理理論。

杜拉克而感到羞愧。

把別人提出具有說服力的言論當作自己的是一種自然的結果。杜拉克不斷被人們毫無顧忌地抄襲，正是因為他用極其簡單的方式說了許多重要的、有用的論述，以至於人們幾乎沒有察覺到自己的抄襲行為。現在是我們察覺的時候了。

杜拉克創造並普及了行銷理念，至今沒有人真正承認這一點。他行銷理念的概要清晰明瞭，通常被置於更廣闊的情境下檢視。

他曾說：「企業的目的是創造客戶。」（The purpose of a business is to create a customer.）他用由十個字組成的這句話，做了兩個深刻的陳述：一個是關於企業的宗旨、本質、目標；另一個是關於實現這些宗旨與目標所需的任務。這是典型的杜拉克定義，超越了基本概念和分類法（taxonomy），並指示了行動方針。他的定義絕非歐洲式的，而是行動的指令：讓美國的實用主義引以為傲的事物。

近幾年來，人們在杜拉克的著作中看到他對六項主題的密切關注：日本、醫院、經營管理、世界環境、知識、道德。前三者其實攸關管理層，杜拉克認為我們這個時代的概念工具（conceptual tools）就存在於管理層中。管理層的重要性源自其兩個主要任務：決定要做什麼事（為國家、為企業或為社會服務機構），並決定如何做這件事、如何組織和控制其執行，並衡量其結果。任何國家、機構或烏托邦式的放縱都無法藉著否認或拖延來逃避這些管理任務的必要性。這些任務是人類存活的條件。

杜拉克對世界環境的關注重視，體現了世界的人口壓力與經濟失衡對我們所有人的衝擊。無論我們創造出什麼，無論我們生產色情刊物或影片、啦啦隊用的絨球或是殺蟲劑，我們都逃不掉因為世界各地其他人受害、自己也受害的結果。我們命中注定要相互共存，生活在彼此製造的廢物垃圾中，無論我們普遍而言是多麼富裕。

杜拉克對知識的關注重視，反映出他的這個觀點：知識是最重要的經濟資源。他評論道，有效利用知識是確保人類生存的唯一途徑；而且令人高興的是，由擁有最豐富知識者把它提供給知識最貧乏、被剝奪知識者，並不會使前者的知識變得貧乏。他正確地指出，知識是唯一具有這個特質的商品：其輸出不會削弱輸出者。這是一個違反熱力學第三定律的能量形式：知識戰勝了熵（entropy）[註 3]。

沒有人在閱讀杜拉克時（不論他寫的是關於銷售管理、電腦模擬、企業策略、城市動亂、國際事務或政治）不被他對道德的高度關注所打動。儘管他有堅強的心智（他可能會否認這個斷言，並討厭這句話，雖然我不確定），他從不猶豫地堅決認為，人類有某種隱含至高無上的道德法則（這是古典教育：

註 3　指系統或變化過程中不能做功的能量總數。

康德的「道德法則存我心」又一明證），或堅持承認我們對此道德法則的依賴，並客觀地表達。

但杜拉克最重要的貢獻遠遠超出他著作中明確表達的內容。他的著作內容廣博、深刻且卓越，為他的論述帶來更有深度的交流。那就是積極的商界人士能夠變得文明：即使他們或許未能受到教導，也能夠不斷學習；他們能深入知曉當代廣泛的經濟、政治、文化、審美潮流，即使他們可能不是嫻熟這些領域的專家；他們能夠成為積極關注、富有同理心、並參與其中的社會成員，即使他們可能不是領導者；他們能夠成為深思且積極的個人，即使他們可能不是很確定自己的道德使命；他們具有堅強的心智和細膩的精神，即使他們可能感到疑惑和憂慮；所以他們既能忠於國家、也可以是國際主義者，即使他們個人無法塑造世界；他們能夠結合政治自由主義與務實的商業美德，即使他們有時得犧牲一方的必要條件，以滿足另一方的要求；最重要的是，在他們歲數增加時，能夠在精神和活力上保持年輕。

受到杜拉克著作所啟發而編就的這個文集，並不是杜拉克觀點的簡單「小型」版（也沒有假裝是如此，因為有廣大的領域未被論及）；也不是奉承杜拉克的信徒，推崇其先知過分簡化的單方面頌詞。本書中有相當多的批評，以及我們對杜拉克許多最著名、最令人難忘理念所提的改造建議。例如雖然凱米（Michael J. Kami）很正確地挑選出杜拉克對商業思維的最大貢獻，即他很早且持續對產品與服務將加速被淘汰的警告；以及葛羅斯（Herbert Gross）把杜拉克的這一貢獻歸類於熊彼得關於創業必要性的文獻流中，但本書的其他撰稿者對杜拉克的要求，比他們認為杜拉克所給予的貢獻還要多。

麥克魯漢（Marshall McLuhan）和聶維特（Barrington Nevitt）指責杜拉克盲目迷戀創新，聲稱杜拉克未能面對（或承認）伴隨創新而來的對積極價值觀與制度的可怕破壞。他們說他有一種已經過時的傾向：將世界視為「硬體」（「世界購物中心」）而非「軟體」（「全球劇院」，也就是即時通訊的世界）。由於杜拉克的著作涵蓋範圍非常廣泛，他們也覺得有理由指出他們認為他疏失之處，例如未能探索「古騰堡（Gutenberg）技術成為數世紀以來經濟人與工業人的基石的重要性」，也就是將手工藝術細分為現今被認為屈服於「全球劇院」的「軟體」機械化過程。而且他們擔心杜拉克對知識解放力量的滿懷希望、積極活躍的主張，可能會使他的讀者對於和此現象有關的危險，視而不見。

在管理效能的問題上，莫里斯（Thomas D. Morris）雖然是對杜拉克心存感激的謙和信徒，但是對於杜拉克被指為過與不及之處，他提出了一些重點。他舉出一些情況，涉及下面這個問題：杜拉克的所有處方，是否如同他建議的，同樣適用於各種組織？這些情況包括決策情境真的只源於高階主管的衝突嗎？具有大量專業且訓練有素的中央工作團隊的組織，和員工迥異於前者（或沒有那種員工）的大型組織，需要的是作風相同的高階主管嗎？高效能經理人的標誌主要是他如何管理個人時間和精力，不包括他如何利用他的組織嗎？

然後是杜拉克引人爭議地否認，藻利重隆（Shigetaka Mohri）展現令人眼花撩亂的邏輯精度，使得否認獲利是企業首要目標的立場完全無法成立，那是我也曾經被說服的立場。藻利從杜拉克的其他著作（他對之展現極大敬意）中取材，依循一條繁複精妙的路徑（我只能欽佩地描述它為東方經院哲學），建構了一個極具說服力的反向表述（counter formulation）。儘管如此，它和杜拉克的所有論點都有對稱的一致性。他展示杜拉克關於企業的整體著作都有賴於下面這個陳述的一致成立和具有意義：企業的目的是「把機會最大化」；這必須透過特定的經濟過程所投入的資金與增值的比率衡量。我認為持平而論，藻利在此對經濟與企業思維做了一個傑出的建設性貢獻。

杜拉克現象中一個長期的諷刺是，雖然他在學術界和商業界都有熱心的信徒，但在這兩個領域他們都是相當精粹的群體。他的信徒眾多，但是相對於他廣泛、豐富的著作內容和其重要性是不成比例的。他的著作不常被學者們引用並加以注釋，而且由於企業界經理人很少公開承認是他的信徒，因此也不常被他們所感謝。這個解釋，我想是由傅瑞伯格（Berthold Freyberg）和凱米所提供：杜拉克更像是預言家，而不是逐步的分析家。逐步的分析任何人都可以看到，但他的分析被他優雅的風格、寬廣的範疇、看似極簡單的訊息所「遮蔽」。但是因為他不是簡單的逐步分析家，也因為即使他探討的是最簡單的事，也有偌大的範疇，而且因為有些人無法將文體的優雅和智識的精確嚴密聯想在一起，他還為自己創造了懷疑論者、反對者，以及拒絕認真看待他且明顯對他不屑一顧的人。本文集中藻利和賀爾尼（M. L. Hurni）引述了杜拉克的許多「名言佳句」，也可能造成這種反應。

杜拉克不需要的一件事（正如任何細心研究他的人都能看出的），是對於他作為清晰明瞭的評論家、聰穎傑出的建議者、思維敏銳集大成者的地位證明。他更不需要的是，那些以他的名義宣揚太多事情、扭曲他的觀點，從而貶低他的地位的信徒。不幸的是，杜拉克有很多這樣的信徒。一方面，他們沒有掌握到他簡單陳述中的全然複雜性，例如創造客戶的概念或事物過時（應淘汰）的必然性。杜拉克從未建議由於自動淘汰不可避免，公司必須發展能力（例如引進外國技術），從而展開淘汰的工作。但他的一些信徒從不厭倦於不分青紅皂白以他的名義宣揚這個建議。

還有，杜拉克非常執著這個問題：正直、誠實、直率以及在商業界和公共事務上的名譽。他的著作中不斷提到需要這些素質，這對他的許多追隨者有一種特殊的吸引力。的確，正是他對這些素質的堅持使他的許多追隨者轉變為信徒，但也在事情的本質、事情是如何在這兩者之間形成一些混淆情況。杜拉克是描述性（descriptive）或是規範性（prescriptive）？若是後者，他是實事求是或烏托邦式？人們究竟是被事物可能是（或應該是）如何的呼籲所吸引，或是被事物實際上是如何所吸引？杜拉克的著作中，在哪裡短暫提及一個詞，是關於組織中存在著恐懼、懶惰、貪婪、欺騙、表裡不一、權力，以及它們的用途？我們是否應該認定它們不存在（或不應該存在）或是不重要，或是如果有適當的管理情操，就能消除或超越它們？尤偉克（Lyndall Urwick）提到杜拉克對英國統治印度的欽佩之處，在於尊重一種末世論（eschatology）[註4]：東方對於西方幻想理想化的肯定。在他的這個解讀中，善良、榮譽、正直、百科全書式的博學廣識、審美的理想，在管理上似乎勝過其他一切。這個主題的主張持續出現且毫不妥協，以致人們可能納悶著：杜拉克在他給予商界人士精明冷靜的建議中不斷關注這些事情，是否是一位受過良好教育的維也納紳士精心構思的佛洛伊德式自由聯想（free association），試圖為自己從舊世界知識分子的優雅中墮落（以他的迷戀工商業為代表）而辯解？他是否藉由一再回到道德議題，從而使其事業生涯合理化，否則那個事業生涯會和奧匈帝國維也納，以自我為中心的迷你世界中的舊式強制性傳統發生衝突（該傳統自認沒有其他

註 4　神學中關於死亡與審判的論述。

社會在文化和智識上比得上它）？

我認為不是。的確，杜拉克的天才在於他懷著嚴肅的意圖，把古維也納人的後代子孫做得極差（而且經常懷有蓄意欺詐的意圖）的事情做得極好。在某種程度上，杜拉克是古維也納人轉世，但帶有一個建設性的當代目的，而非像其他人抱持著令人反感的目的，那些人以油腔滑調的傲慢，在我們這些野蠻人面前炫耀他們的古老學識。

但是任務尚未完成。正如杜拉克所說，他長大後應該做的一件事，就是正視並處理現實世界中成年人的惡習。同時，危險在於，一些他的追隨者正在把會使他被列為某類批評家的理念和意圖宣稱是杜拉克的，但其實杜拉克和那些批評家相去甚遠。舉例來說，企業的來源和知識的威力普遍被歸因於杜拉克的理念。這樣的歸因有很多合理性，是對杜拉克的恭維，但並不涵蓋所有現實情況。例如有些人認為，了解杜拉克的想法是有效管理與創業的一個必要條件。但這是錯誤的，大多數經理人（包括許多很優秀的經理人）從未讀過杜拉克的著作，杜拉克本人會比他們更快否認這一點。至於創業家，他們甚至更少聽說過杜拉克。（因此，高宮進在本書中討論杜拉克與日本管理時甚至還說，可能要等到日本風起雲湧的長期創業熱潮減弱了，日本的管理層才會開始實行杜拉克的一些理念。）

許多為杜拉克宣揚理念者的問題在於，他們被知識分子最封閉的這個教條所束縛：一個順暢可行的理論如果沒有自我意識的存在，是不可能產生行動。他們認為，若無自我意識，人們只有直覺，而直覺不僅不可靠、不穩定，也不是建立社會的根基。這些信徒似乎不知道，在被他們定義為無知、未受教育的各色人等當中，創業精神的流動是多麼頻繁。我們閱讀杜拉克信徒的著作時，會看到他們總是專注於大企業，很少承認小企業的存在。然而杜拉克自己向來強調，每一家大企業都是從小企業做起，正如大多數新事物。他堅稱，大象穩定而不可動搖，羚羊則快速且靈活。

不幸的是，一個人雖然可能懂得很多事物，但知之甚少。「書本知識」（book learning）有其局限。19 世紀的德國政治哲學家與社會學家對於公共事務的論述充滿自信，是一個有趣的典型。他們能清楚剖析政治局勢且說得合情合理，但很少積極參與其中，不是政治人物的至交，也不以科學方式研究政治過程。他們很聰明，但只是遙遙觀察者，通常只是在研究和下列事物精巧交織的二手資料：昨日的新聞報導、前日的一些追逐私利的自傳、其他未參與政治的學者的合理化說法。這種過程通常會產生愚蠢的論點。工商界人士漠視那愚蠢的論點是對的——讓它在封閉的學者社會中無力地流傳。桑巴特（Werner Sombart）之類的德國經濟學家是偶爾例外，這個過程對於只能從外部觀察不完全了解的世界，產生了精闢犀利的評論。

顯然就杜拉克而言（他不像歐洲社會學界與政治經濟學界

的前輩那樣自遠處觀察），他的觀察與評論大多非常精闢犀利。但是天才很少遇到能公正對待他們的仰慕者——只有會陷害他們的信徒。

這些信徒和自遠處觀察企業生涯者經常以為創業精神是某種預言家的意志，用葛羅斯的話來說，是一種華格納式天才（Wagnerian Genius），突然迸發為「具創意的幻想」，想必是聽到華格納歌劇《唐懷瑟》（*Tannhäuser*）中的合唱而激發了靈感吧。

人們對於各層級的日常商務非常熟悉時，就會覺得甚為平淡無奇。創業既不需要天才，也不需要幻想，甚至不需要意志。通常那是偶然的，是透過不知不覺的逐漸累積而發生的。創業可以靠意志達到，但一般來說不是隨心所欲想要創業就能創業。不過最重要的是，在某一種類型或規模的組織／情況中，被正確地認為是創業活動之事，在另一種類型或規模的組織／情況中，可能被視為只是例行公事。若是為了指示別人他們能做什麼（或不能做什麼）而一概而論地說創業就是什麼，不啻是自找麻煩。

杜拉克之所以能寫出諸多有關創業主題以及有關整個企業世界的事情，正是因為他知道在企業方面，概括而論的做法有其限制，這一點很重要。如果他不相信有這些限制，那麼他簡直就是太有洞察力、太聰明的分析師了，因此他沒有在很久以前就寫出一本關於所有原則的百科全書，把所有該說的都說完了。他持續犀利深入地撰寫重要的事情，因為他寫的是有關變革的重要議題。

CHAPTER 02.

杜拉克思想的起源

傅瑞伯格*撰

我領導多年的公司北海漁業（Nordsee Fischerei），是歐洲最大的漁業公司；我自己身為企業的高階主管，長期以來從杜拉克的著作中獲益良多。但在這方面，我的公司和我都不是例外情形。我們也是眾多企業和企業主管中發現杜拉克的著作攸關自己的任務，而且對其日常工作有助益的人之一。

不過，我可以宣稱，在這方面我個人和別人有所不同。我可能是杜拉克交誼最久的老朋友，第一次見到他是在四十多年前，當時杜拉克還不滿 18 歲，在故鄉奧地利剛讀完中學，於漢堡一家小型出口公司當見習生。我只比他略大幾歲，剛剛在

---

* 傅瑞伯格（Berthold Freyberg）

杜拉克的同窗老友。多年來，他一直關注杜拉克的職業生涯，並且是少數熟稔杜拉克早期著作的人之一。他是北歐漁業的頂尖專家。

同一家公司受完見習生訓練。我們立刻變成好朋友，此後一直都是。而且雖然杜拉克沒有在出口業或漢堡待很久（他在一年半後就離開了），這些年來我們一直保持聯絡。因此，我了解他早期思想的形成與發展。今日大多數讀者知道杜拉克是研究管理學的學者，也是當代社會的分析家，亦即他們只認識撰述《公司的概念》或《明日的地標》（*Landmarks of Tomorrow*）的杜拉克，我認識的卻是最早期的思想家暨作家杜拉克，他似乎是從一個截然不同的領域出發，研究截然不同的主題。最重要的是，我熟悉他最早期的著作，那是他今日的讀者中很少有人聽聞的，那些著作自成領域，而且很重要。因此，我能夠對杜拉克在近 40 年期間思維的發展與連續做出判斷，可能優於他的任何其他讀者。

杜拉克的博士論文是關於國際法，探討「近似政府」的法律地位：對部分領土建立有效控制的反對派；流亡政府；即將獨立的殖民地；以及在國際禮讓（comity of nations）中尚未被承認為主權實體、但在國際關係與國際法上不再能被漠視的其他群體。這篇論文寫於 1931 年，正如隨後的事件顯示，它探討的主題在其後的歲月變得日益重要。在這方面，杜拉克即使如此年少，也已展現出他對新產生的迫切感和明日挑戰的敏銳認知。這些論文顯然是國際公法重要著作的先驅，而且似乎確立了這位年輕作者在他當時選擇的法律學院職業生涯的地位。

然而，杜拉克真正重要的著作，亦即預示他後來全部發展的著作，是迥然不同的一本，大約在同一時間撰寫並發表於 1933 年初，也就是在希特勒對德國的獨裁統治，扼殺了對自由的探討和獨立的學術研究之前。論文的標題是：*Fr. J. Stahl; Konservative Staatslehre & Geschichtliche Entwiclung Motrtueringan*（可以不拘泥原文譯為〈史達爾：保守的哲學和歷史的連續性〉）。杜拉克當時還不到 24 歲，當然毫無知名度。然而這個名不見經傳的小夥子寫的這本小書卻獲得重大的榮譽和表彰，被收錄在德國最負盛名的系列法律與政治專著：*Recht und Staat in Geschichte und Gegenwart* 中，以第 100 號發表（由 J. C. Mohr 在圖賓根市〔Tübingen〕出版）。換句話說，有識之士已立即認出這是一份重要的出版物。

直至今日，這本只有 32 頁的專題論文仍然是常被引證這個歷來德國政治思想史上最具爭議、最難理解的人物之一——關於史達爾（Fr. J. Stahl）著作與思想的經典之作。

乍看之下，第一部主要著作挑選了史達爾為主題的這個年輕人，肯定是看來很奇特的人；這個主題當然是最不時髦的。史達爾不是最受人民喜愛的德國歷史學者（保守派或自由派），在 1930 年代初期他甚至比在今日更不受歡迎，確實是令人難解的人物。他是猶太人血統，在 19 世紀初成為基督新教正統派的首席發言人；事實上，他也許是德國基督新教有史以來唯一的政治哲學家。他出生於巴伐利亞，後來成為普魯士王室發言人。他是堅定的保守主義者，拒絕專制主義並為君主立憲制創造了法律基礎。他完全拒絕主權在民，並堅持君主制度，他自己成為德國歷史上最傑出的議員。在德國政治傳統上，無論是保守派或自由派，一直都無法理解這號奇特的人物，他把德國的政治習慣中認為是不可調和（甚至是無法相容）的個人元素與工作元素，共冶一爐。

杜拉克之所以選擇這位奇特非凡、鮮少人理解的人物來做他的第一次政治分析，當然正是因為這位 19 世紀德國保守主義的偉大代言人具有猶太血統。在那個時代，選擇這樣一個主題即是做了一個宣示：對納粹宣傳的勇敢（也是最不受歡迎的）攻擊。這篇文章立即被理解為完全拒絕納粹主義，並在問世後幾週內被禁止發行，當時是納粹第一次掌權。這個發展正如杜拉克本人所料（也許也是他的期望），因為他在那之前一年曾向我明確表示，任何情況下他都不會在納粹政權下服兵役，而且對於極權主義的基本信條，他的良知連默許也不容許。確實，就在那些時日，他已經在研究納粹主義和極權主義。六年後（即 1939 年），《經濟人的終結》出版，首次奠定了他是英文世界一位重要思想家與作家的地位。

但是論述史達爾的這篇文章，儘管寫作動機可能是基於當時的政治背景，卻遠遠超出一本政治小冊子的範疇。很少人知悉、閱讀、理解的史達爾吸引了杜拉克，正是因為他的基本主題是杜拉克現在所稱的「不連續性」（斷層）。史達爾是法國大革命之子，但也是崇信傳統宗教與君主制極端保守派的堅定信徒；他還是德國唯心主義哲學的繼承人和議會政治的大師，相信權威，同時也是暴政與獨裁統治強硬不屈的敵人；他認為自己的使命在於彌合法國大革命在歐洲大陸政治與社會生活中留下的巨大斷層；建立適合新時代的需求、現實、機遇的一個政治與社會的新結構，然而這個結構要奠基於昔日的基本價值觀與信仰。但他認為自己最重要的使命，就是讓現有的機構與制度：新教教會、普魯士君主制、德國大學，為新的需求服務，並以維持其基本誠信與價值觀來面對新挑戰。

史達爾和馬克思一樣，都深受黑格爾（Georg Wilhelm Friedrich Hegel）的影響，但是馬克思和史達爾從黑格爾的哲學中創造出來的東西卻截然不同。史達爾採用唯心論的國家觀，認為國家是道德觀念的體現，這個觀點後來被特羅特（Adam von Trott）採用，他是 1944 年 7 月 20 日暗殺希特勒的行動失敗後，被處決的人之一。善與惡、正與反的對立，即黑格爾以辯證法達成的「（綜）合」（synthesis），被史達爾沿用為有創意的兩極對立（polarity）。在 1930 年左右，「兩極對立」無疑是很流行的概念。杜拉克在他關於史達爾的論文中刻意提到這一點。自那時以來，沒有找到比它更適當的術語來描述在宗教、社會學或任何其他領域的無法化解的緊張情勢。辯證法無法消除精神層面的對立：對立必須是有效益的；也就是說，我們必須了解對立的真正目的並尋求「綜合」。

在這個意義上，權力與責任之間的古老關係，這個被嚴重誤解的君權神授觀念的真諦，已再度被史達爾喚起。讓杜拉克印象深刻的是，史達爾所持有的權力必須服從責任的這一信念。接受「權力受責任約束這一點，觸及我們靈性存在（spiritual existence）的根基，也就是我們的信仰」——這不是理性的過程。

然而，在實際生活的各個領域應用這一原則並沒有不合理之處。這個原則以涉及到的自由的心態顯現在我們所有行動中，如果應用於經濟學，必然會如拉特瑙（Walter Rathenau）所稱「使經濟合乎倫理」（ethicize the economy）。

對杜拉克來說，這種（權力）涉及的意識是根本原則，可以在他有關權力行使的任何著作中追蹤到這種意識。即使他似乎純粹在談論商業或管理問題，也總是會關心社會層面。社會秩序與個人在社區內的地位，始終是至關重要的問題。

正如杜拉克 40 年前（我記得是 1931 年夏，就是杜拉克完成大學法律學業，獲得博士學位的整整一年前）在那篇文章中指出，史達爾是個失敗者，悲劇性的失敗者。事實上，俾斯麥（Otto von Bismarck）的德國（在史達爾過世十年後，1870 年建立出勝利的架構）有意地全盤否定了史達爾。尤其是它否定了在傳統價值觀與信念的基礎上掌握不連續性的努力。它甚至更加否定了史達爾試圖綜合自由、責任、承諾的努力。然而，正是這種企圖掌握不連續性（綜合自由與責任）的努力吸引了年輕的杜拉克。而且顯然這些題材日後成為他投入領域的重要主題，即使那些領域在當時還遠離他的思想。

回顧既往，明顯可見這一點（即掌握不連續性、綜合自由與責任）帶領他進入他畢生從事的領域。對史達爾的分析，邏輯上導致對納粹極權主義的分析，以及對那種巨大、可怕的不連續性和尋求「綜合」而慘敗的分析。《經濟人的終結》最早是寫於 1933 年初可怕的那幾個月（當時希特勒和他的衝鋒隊員接管了德國），並於 1939 年出版，這本書分析了社會對於承擔責任失敗的回應。從他的下一本書《工業人的未來》（*The Future of Industrial Man*），我們看到杜拉克回到他原來的主題。在許多方面，這本書是杜拉克試圖為我們這個時代做的，就如同史達爾在 19 世紀初試圖做的事。這本書的副標題是「一個保守之道」（*A Conservative Approach*），在一本完全是在探討塑造未來的書中使用「保守」一詞，其含義正是杜拉克在他對史達爾的研究中確立的：在最佳的傳統價值觀與信念的基礎上，負責任地努力塑造明日[註1]。這本書合理地引導他去尋找能夠執行這種「綜合」、既能創新又能持續存在的制度。對於生活在 19 世紀初的史達爾來說，這種制度一直就是君主制，是傳統社會的基本制度（或者看似如此）。

對杜拉克來說，他在 20 世紀中葉撰寫商業公司興起成為具決定性、有特色的基本制度，此制度雖然負有創新的任務，

註 1　明日指的是近期的未來。

也有創造的地位與功能，但必須創造一個能長存的新社會秩序。回顧起來，引導杜拉克從撰寫有關史達爾的論文的政治哲學家，成為撰寫《公司的概念》的杜拉克（亦即是管理學的研究者、分析師、導師），這是一條筆直的、幾乎是必要的道路。他對責任的強調，導致他重新發現：獲利是企業的責任。（在此他不自覺地再次呼應了拉特瑙更早時於第一次大戰結束之際在其書《即將來臨的日子》〔*Von Kommenden Dingen*〕中的建議：用「責任」一詞取代「利潤」一詞）。因此，讓諸多杜拉克的批評者感到困惑的（他在一本書中寫有關企業的事，在另一本書中寫有關社會的事）是他身為人、作家、思想家的本質。而且他的最新一本書闡明了一直隱含在其核心思想的事物，就其書名《斷層時代》（*Age of Discontinuity*）而言，非常恰當。

CHAPTER 03.

杜拉克的哲學架構

博納帕特*撰

對某些人來說，杜拉克是一位知識大師，他知道過往的一切事情，也比任何人更了解未來。他被譽為知道所有答案的人，而且他所說的任何事情都受到高度重視。他也是打破偶像者：粉碎偶像者、尋求證明者、要求證據者、招人討厭者、眼中釘、析論我們社會所遭問題的強硬頑固的評論家。

另一方面，也有人認為杜拉克是膚淺的綜合者、新聞傳播者或涉獵多門學科卻無一精通者。

---

* 博納帕特（Tony H. Bonaparte）

佩斯大學研究所（Pace College Graduate School）管理學副教授暨國際商務課程主任。他曾任教於聖約翰大學（St. John's University）。博納帕特博士擔任民營企業和政府的顧問，也是美國科學促進協會（American Association for the Advancement of Science）會員。他是多項有關環境對商業影響的專題研究的作者。

如果有個學生要查看社會科學書籍和管理文獻的索引，他會發現杜拉克列名為經濟學家、律師、社會學家、政治理論家、管理顧問、哲學家。毫無疑問，杜拉克本人會對這些標籤中的每一個提出異議。然而偶爾會出現這樣的情況：他配得所有的頭銜。

那麼我們如何從這個人包羅廣泛的著作中，看出一個統一且遠見的卓識或「一個重大影響」？試圖找出杜拉克哲學架構來路（antecedents）的任務，因他著作中的注釋不足、書目資料稀少（在這方面他的批評者說得有理）而受到阻礙。同時，有個人的廣闊哲學架構成為一個樞紐，打開了通往杜拉克對具體現實面的解釋之門。

笛卡爾的世界

在探討杜拉克的哲學架構之前，我們必須先了解笛卡爾主義（Cartesianism）中所含形而上的意見氛圍；而笛卡爾主義是杜拉克認為今日已不再適用的體系。

笛卡爾（René Descartes）通常被稱為「現代哲學之父」，他深受同時代的人欽佩敬仰，主要是因為他似乎解答了連結宗教與科學的問題。整個大自然構成了一臺偉大的機器，其中沒有什麼（甚至是人體）是無法用機械術語解釋。人類的心智或精神完全屬於另一個秩序，上帝也是，這個秩序必須用另一種方式來處理。因此，新科學可以被學習型社區（community of learning）[註1]所接納，無需把宗教趕出去。

對笛卡爾來說，數學是清晰、確定的知識典範，從一個無可爭議的結論一步步推進到另一個結論。在數學之外，如果我們停下來思考，就會發現所有宣稱是知識者，似乎都是不確定、無系統的，而且未受到任何常見的證明方法的支持。所以，笛卡爾的第一步是把數學清晰、統一的推論方法引進哲學和自然科學的混沌之中；只有這樣的系統和方法才可以為知識提供確切的基礎。

因此，笛卡爾哲學中的正確順序，是從最簡單明晰的「真理」開始，只包含最簡單的觀念，然後一步步推進到較複雜的事實，確保論證的每一步都無可爭議。我們必須拒絕每個可能被懷疑的陳述，直到臻於不容置疑的簡單、不言自明的真理。這些真理是可靠的知識基礎。

笛卡爾在《沉思錄》（*Discourse and Meditations*）中展示了他的行動方法，在該書中他運用自己的懷疑方法，直到得出無可爭論的命題：「我思故我在。」（I think, therefore I am.）他可以被稱為現代知識論的創始人，因為他提出了哲學的第一批問題：「我如何知道？」和「我可以確定嗎？」

註 1　指由學習者和輔助者如教師及專家等組成的團體，他們有共同的學習目標，經常交流及分享學習資源。

簡言之，笛卡爾世界觀強調自我、心智、物質，以及做為知識泉源的可測量性的提升、因果的卓越性、靜態（而非動態）的事物。對笛卡爾來說，「外在」或客觀比主觀或「內在」更重要，整體等於（而非大於）部分之和，可重複性優先於不可逆性（irreversibility）與成長發展。

杜拉克主張，現代西方的世界觀可以稱為笛卡爾的世界觀，因為過去三百多年來，是笛卡爾（甚於其他任何人）決定了什麼問題看來很重要、人的眼界範圍、人對於自己和宇宙的基本假設、人對於何者合理可信的概念。

杜拉克確認了笛卡爾思考方式的偉大貢獻，尤其是在科學領域，在這個領域我們必須持續贊同它的證明，只要那些證明成立。然而，他對於以笛卡爾的世界觀作為營運哲學，以滿足充滿變化、複雜性、整體性的現實層面（如同我們在現代世界的大型組織內所發現的）持有異議。杜拉克說：

> 如今整體的概念依然占據所有學科核心，但這個整體概念不再是指組成部分的結果，也不等於組成部分的總和，也不再能經由識別、知曉、衡量、預測、移動或是了解各個部分，而被識別、知曉、衡量、預測或產生效果和意義。現代的每一門學科、科學、藝術的核心概念，都是模式（patterns）和整體結構的概念。……的確，任何模式或結構的「部分」，只能存在於整體之中，也只能透過對整體的思量與理解而辨識出來。

如同我們聽一首曲子時，某個音會因為演奏調子不同而變化。（摘自《明日的地標》）

變革觀

在杜拉克看來，笛卡爾的世界觀中最令人反感的部分，可能是認為世界是極端靜態的。但是，變化是災難性且無法控制。在古典力學最嚴格的意義上，慣性是假設的常態。300 年來，社會的首要目的是防止（或至少減緩）變革突如其來。家庭與教會、軍隊與國家，被建造成「抵禦變革威脅的安全堡壘」。這是公認的信條：唯有不能改變的（Unchangeable）和不會改變的（Unchanging）事物才是完美。

這並不是說，杜拉克看不到笛卡爾哲學中保守層面的優點。雖然在很多管理研討會上杜拉克被稱為「革命式管理」的能手，重要的是，他認為社會中有兩種類型的力量：尋求促進變革的力量和努力維持現狀的力量。這兩種力量永遠在互相戰鬥，前者力圖讓後者失去平衡以獲得優勢，後者力圖阻止這種情況的發生。由於變革的趨勢是最基本、最重要的，長遠而言明顯可見：推動創新的力量，將超越力圖守舊的力量。

變革的力量達到支配地位的程度，通常（也許永遠）不是固定不變的，因為變革的速度隨著時間而變化。久而久之，追求變革的力量將占主導地位，而且組織與社會的本質和結構都會發生變化。接下來可能會有一段比較沉寂的時期，其中快速變化引起的壓力和負荷得到緩解，各種元素以較和諧的方式重新組合並適應新情況。因此，我認為杜拉克會同意這一點：在某個時候，社會的相對穩定或變革的傾向，會反映出對立力量之間的平衡本質。

創新與變革不斷在發生。杜拉克說，所謂的新，是「秩序建立者」的觀點，「他透過預期、控制和變革方向，一貫地在工作。」

笛卡爾的「無變化世界」和杜拉克的《斷層時代》世界對立。就知識而言，過去的半世紀是一個連續的時代（Age of Continuity）：在大約 300 年內變化最少的時期。但今日我們正處於一個變革時期：技術與經濟政策的變化、產業結構與經濟理論的變化、治理與管理所需知識的變化，以及經濟問題的變化。

一種新哲學

很少有人能否認，過去 20 年來，哲學走上了一條不確定的道路。存在主義已淪落到愈來愈受輕視；宣稱實證主義（positivism）已陷入僵局的趨勢也正發展中；在馬克思主義思想中沒有任何原創或能進化之物；最後，所有哲學在力圖進化時，似乎都沒有能力進入某種模糊的人本主義。

由於找不到一個對當今動態世界有用的現代哲學架構，杜拉克的見識是基於過往發展出來的想法與概念，在解決今日的問題方面很適切，也值得考量。很可能最有用的根本要素是這個觀點：不可把生物簡化為孤立的細胞，而是必須視之為整體，視為「一個開放且充滿活力的系統」。換句話說，重點不應置於部分的原子結構或有機體上，而是要置於其組織結構和相互關係上。正如同穆勒（Herbert J. Muller）之前的解釋，「雖然就分析目的而言，部分和過程可能是孤立的，但若不察看動態的統一整體（它超過部分之總和），就無法了解部分和過程。」

這個觀點當然不是新的。之前的哲學家如懷海德（Alfred Whitehead）、史穆茨（Jan Christiaan Smuts）和柏格森（Henri Bergson）[註2]等人，以及心理學家如高德斯坦（Kurt Goldstein）和完形心理學派等，還有整體行為學者（molar behaviorists）如托爾曼（Edward Tolman）[註3]等人都提過這個觀點。然

註 2　柏格森生於 1859 年，卒於 1941 年，是法國哲學家、詩人、文學家，其思想對 20 世紀的哲學、文學、藝術有深遠的影響。他的文筆優美，思想極具魅力，還曾獲得諾貝爾文學獎。

註 3　托爾曼把行為區分為分子行為和整體行為。聲、光等刺激所引起的肌肉收縮和腺體分泌等反應是分子行為；動物在複雜的環境中的走迷津，以及兒童上學、打球則是整體行為。整體行為學者關注整個行為的表現及其背景與環境，而非單一刺激與反應之間的關係。

而，杜拉克是我所知的將這些概念以有意義的方式應用於商業界的第一人。

因此，杜拉克哲學的基本要素，是以有機方法（organic approach）來研究總體環境中的所有複雜元素，並使用一套旨在描述和統一這些元素的概念來處理它們。關注的焦點不僅是社會科學的資料，也包括自然科學的資料。杜拉克的作為試圖糾正當代人對封閉學科（airtight disciplines）[註4]的過分強調，以便對當前問題提供更有效的指導方針。

杜拉克的這種「新」哲學和柏格森的研究似乎有密切關聯。七十多年來，這位「引人入勝」（tantalizing）的哲學家對形形色色的人極具吸引力，雖然人們一想要抓住他的思維，它似乎就消失在一句戲弄人的模稜兩可的話語中。然而，如果柏格森不是如此含糊不明，他的哲學可能早已被穿戴好，安置於哲學史的安靜陵墓中。反之，在 1959 年他的百歲冥誕時，學者們聚集在美國和法國頌揚他。

我深信，透過柏格森的哲學，我們可以找到一系列的新方法，以及關於價值、秩序、探究方式的新公理。杜拉克向來以自己的方式解釋這個哲學，並應用於商業界。

從一開始，柏格森就是個關注單一主題、單一概念洞見

註 4　指高度封閉、專注於狹窄領域的學術體系，其思維方式可能會阻礙知識的跨領域交流、整合、創新。

（one conceptual insight）的思想家，他持續以令人眼花撩亂的想像力，將那個洞見運用於一個又一個領域。那個主題不變，而且無論我們挑選柏格森的哪一部著作，都可以聽到同樣的帕薩卡利亞樂曲（passacaglia）基調（註5）。以最概括的方式來說，這個主題認定所有經驗都揭示兩個不同的領域：有機與無機領域。這種普遍的認定，是基於一種明確的形而上學二元論，將生命（或靈性）與物質這兩種現實，做了絕對的區分。有機生命戰勝了靜態物質。

對於笛卡爾的名言，「Je suis une chose qui pense」（我是會思考的生物），柏格森用「Je suis une chose qui dure」（我是持續存在的生物）取代之；儘管史賓諾莎（Benedictus de Spinoza）提出了「sub specie aeternitatis」（在其永恆的方面）的現實，柏格森將現實呈現為「sub specie durationis」（在其持續的方面）。他用持續性的（durational）取代了非時間的（nontemporal）價值觀，而且用動態和變化的價值觀取代了靜態的價值觀。

柏格森是第一位把熵（能量退化）的原理應用到生物的本

註5　帕薩卡利亞樂曲通常由重複的音樂主題組成，但會有不同的變化和發展。柏格森的哲學思想強調時間的持續性與變化的重要性，他認為時間不是由一個靜態的現在和過去及未來組成的序列，而是一種流動、不斷變化的過程。這兩者都是涉及持續性和變化的概念。

能、生命、物質等基本概念的人。如今，這是行為科學家使用的最重要概念之一。而柏格森也是使存在主義變得可接受的人。的確，是齊克果（Søren Aabye Kierkegaard）反抗了黑格爾體系，從而導致存在主義應運而生。然而，是柏格森讓知識分子準備好接受存在主義辯證法。

如果說柏格森恢復了哲學思想中的優質感，並喚起我們對於未受到純粹知性分析的那些意識層面的注意，這可能是陳腐的說法。然而，由於他強調品質與數量、數學時間與具體持續時間、連續性與不連續性、社會自我（social self）與內在自我（inner self）之間的兩極對立，我認為柏格森不僅屬於 20 世紀，他的研究更可以成為解答今日許多哲學問題的依據。

我應該重申，我並不是說柏格森式哲學是杜拉克式哲學。我不知道杜拉克是在哪些人（如果有的話）的哲學上塑造了他的概念架構。我認識杜拉克，起先我是他的學生，後來成為同事和朋友。我也以對他的研究有些了解而自豪，而且在我看來，這兩位的研究有一些相似之處。如果承認杜拉克欽佩敬仰其他作家，柏格森似乎甚於其他任何哲學家。

例如對柏格森和杜拉克來說，只有最大程度地忽略通用理論（general theories），人們才會專注於特定問題上（其中每個問題都需要自己的觀點），如此一來才能夠獲得最廣義的進步。任何問題的解決方案不一定涉及其他問題的類似解決方案。柏格森學說（Bergsonism）和杜拉克學說（Druckerism）

也意味著精確地適應現實後繼續努力。目的是闡明一個詳細的問題，雖然每個問題也是一個通用的哲學架構（即有機體、持續、變化的哲學）的一部分。

管理哲學

杜拉克對工商管理領域採取有機的觀點。他把有機哲學家的研究和管理學傳統主義者如泰勒（Frederick Winslow Taylor）、紀爾布瑞斯（Frank Bunker Gilbreth）、甘特（Henry Laurence Gantt）、愛默生（Harrington Emerson）以及行為主義者如孟斯特伯格（Hugo Munsterberg）、梅奧（George Elton Mayo）、傅麗德（Mary Parker Follett）、巴納德（Chester Irving Barnard）等人的研究（即20世紀上半葉的所有研究）結合，綜合撰成《彼得．杜拉克的管理聖經》。變革的元素、創意的互動、個體的特性，成為工商企業的重要變數。企業的目標不僅是著眼於效率與獲利能力，或士氣與態度，企業還有其他目標。因此，將公司視為靜態實體的舊概念，永遠採用舊方法並生產相同的舊產品已不再符合現實情況的需要。經理人和工作者必須有能力使自己適應不斷變化的環境；而且只有一種方法能產生這種適應性：將工商企業視為一個系統，具有相互關聯的部分和目標。

管理的範圍不再狹隘。如今管理的使命是以一個很特殊的流程培訓年輕的高階主管，其宗旨是達到一個目標（可能在他們進入中年之前該目標就被取代）。杜拉克建議，經理人應該以警覺的心智進行推理，也應該知悉企業及其周遭世界的普遍功能和活動。

昆茲（Harold Koontz）和歐唐納（Cyril O'Donnell）帶頭批評杜拉克為企業設定的目標。他們主張，目標不是獨立且普世皆同，不同的公司需要不同的目標。然而，他們的論點並不是針對杜拉克的目標清單，而是針對他的這個概念：分析企業組織所需的工具，和分析任何其他組織所需的工具沒有區別。昆茲與歐唐納學派認為，企業必須利用組織結構圖中展現的控制範圍、職權與責任、職能與等級。我們仍然需要說明組織的存在是因為待做的事情很多，任何人都做不了，所以必須將工作委託給其他人去完成。

所有的經典術語似乎都和當今的現代企業的動態無關。具備技能、知識、判斷力的個人，不行使他人的職權或知識。他們運用自己的知識，並擁有與他們的貢獻相稱的職權。決定職務持有人的職權和責任是他的職務；而且這是基於對績效的需求和客觀要求（而非基於上司的權力）的原有職權。

杜拉克不屬於任何特定的管理學派，但他是所有學派的一員。他不是傳統主義者、行為主義者或經驗主義者。他主要是一位利用各個領域的知識的社會學家。在喬治（Claude S. George, Jr.）的《管理思想史》（*History of Management Thought*）

中，沒有提到杜拉克屬於任何學派。在馬西（Joseph L. Massie）的《管理精要》（*Essentials of Management*）中，杜拉克被列入三個學派：管理經濟學、組織理論、人際關係。

精確地說，杜拉克一點也不是管理理論家，因為他認為管理的領域算是比較新的。不論我們能夠量化多少，基本現象是質性（qualitative）現象：變革與創新、風險與判斷、成長與衰退、奉獻、願景、酬勞與動機。我們努力要獲得的知識的最終產品，是影響個人與社會的基於價值觀而做的決策。

最後還有兩點應當提出：

一、管理領域取決於在社會文化環境中的變化。企業組織的主要元素是人，其過程是人類的奉獻、人類的知識、人類的努力。它的目的是人類價值觀的創造和滿足。因此，它的組織原則必須是社會成員的願景。

二、杜拉克多年來一直在說，新的決策工具要求管理層改變對工作和工作者的看法。關於工作者，數十年前，懷海德就表達了類似看法：

高水準的勞動力需要高水準的管理。你最大的錯誤莫過於認為勞動力地位上升，管理的需求就下降。情況恰恰相反。工作者的地位愈高，就變得愈嚴謹，愈無法忍受他有絲毫時間被浪費或他的工作沒有效用。（摘自《科學與哲學》〔*Science and Philosophy*〕）

工作的概念也已改變。今日的企業必須更加注重規畫知識工作，這一來就比其他工作需要做更多分析和更多指引。這樣的日子已經不再：經理人的主要工作重點是工時效率的研究。幾年前用來解決管理問題的概念架構，已不再有效。

杜拉克在近期所發表的一篇文章〈管理層的新角色〉（Management's New Role）中說：

> 理論與管理實務在過去 50 年所奠基的主要假設正在迅速變得不合時宜，其中一些假設實際上已不再有效且已過時。其他假設雖然仍然適用，卻正迅速變得不足；它們處理的是愈來愈次要、從屬的、例外的問題，而不是主要的、占主導地位、具裁決功能和管理的現實的問題。

摘要與結論

儘管我們無法就杜拉克對各種主題的陳述加以分類，但他使用的哲學架構，類似於柏格森和「過程」（process，或稱歷程）哲學家的研究。正如杜拉克所指出，笛卡爾的世界觀已不再有意義，而且今日流行的其他哲學對解決我們的問題沒有助益。我們需要一種新哲學，能帶領人們超越現今的矛盾與動盪，走向新智慧的開端。

我相信透過柏格森，我們能找到一種新的能量形而上學

（metaphysics of energy）。五十多年來，我們一直被提醒，存在（existence）、勞動、組織的概念具有哲學價值。但是有一個原則是構成這些概念的基礎，並賦予它們更深的含義。我指的是創造的原則（principle of creation），因而是一種能量的原則，允許我們將人置於自然之中，同時讓他凌駕於自然之上。為協助我們明白這個原則，並賦予它一個鮮活的價值，目前除了杜拉克外，我不知道有比他更好的指導者。杜拉克的才華不止於詮釋或再次應用柏格森而已。其他的變數，例如他自己對生命與事物本質的看法，以及他身為管理顧問、教師、學者、經濟學家和作家的經驗，都包含在一個架構中，這個架構使杜拉克的學說獨一無二，而且對我們每個人都很重要。

CHAPTER 04.

前來聆聽的人

麥克魯漢*1、聶維特*2合撰

杜拉克成長的維也納，為文化和經濟的十字路口達好幾世紀之久。一直到最近幾年，隨著「量子力學」和以「介面」

---

*1 麥克魯漢（Marshall McLuhan）

麥克魯漢以在文化和傳播方面的研究而享譽國際，目前是多倫多大學教授暨文化與技術中心主任。他曾任職於威斯康辛大學和聖路易大學。他曾擔任《探索》（*Explorations*）雜誌的共同編輯，以及美國教育廣播協會和美國教育部的媒體項目主任。麥克魯漢博士的著作包括《認識媒體》（*Understanding Media*）、《媒體即訊息》（*The Medium is the Message*）、《全球村的戰爭與和平》（*War & Peace in the Global Village*）、《透過文學之聲》（*Through the Voice of Literature*）、《消失點》（*Vanishing Point*）、《激烈駁斥》（*Counterblast*）。

*2 聶維特（Barrington Nevitt）

聶維特是民營企業和加拿大政府的溝通與媒體影響顧問。自 1963 年以來，他還參與了安大略省（Ontario）政府的經濟發展、技術創新和管理培訓計畫，並擔任聯合國工業發展組織的名譽通訊員。他曾經是喬治威廉斯爵士學院（Sir George Williams College）的歷史與科學哲學講師，並和多倫多大學文化與技術中心的麥克魯漢有合作關係。

（interface）為變革與突破等原則的發現，我們才開始對這種文化多樣性的意義有充分的深入了解。例如城市規畫者如今已認識到，就創造維也納享有（且傳授給其公民）的複雜價值觀而言，藍圖向來是無用的。

在維也納眾多的獨特界面中，有一個是維也納作為「國家之城」（city in the country）的奇特情況。這個特色的結果是，維也納長久以來本身就是一個「國家」。它曾經長期是神聖羅馬帝國的中心。杜拉克的最新著作《斷層時代》中強調，這個「迷你國」（ministate）獲得承認，是 20 世紀的一個重大發展：

> 1900 年，全世界的主權國家總數還不到 50 個，其中 20 個在歐洲，20 個在美洲，其餘不到 10 國分散於世界其他地方。……如今全世界已經有超過 160 個主權國家，幾乎每個月都還有新的「迷你國」加入。

杜拉克暗示（但沒有斷言），這種快速分權化和迷你國突然增加的原因，是使用電力的資訊環境加速發展所致。

他生長和受教育的維也納，其傳統中包括拜占庭與德國、東方與西方。正因如此，維也納人的感知訓練（perceptual training）自然就包括對藝術的認識。杜拉克熟稔藝術，在尋常的熟悉範圍外還添加了對日本藝術的特別熱愛。日本人是

「觸覺空間」，即間隔藝術的卓越大師。日本花道的藝術是一種間隔而非連結。在「量子力學」和電子產品的世界中，日本的設施也最容易透過藝術而受到欣賞。因此，杜拉克的《斷層時代》的書名本身，就是一方面承認東方藝術，另一方面承認西方技術。

我們可以很容易地想到，鑑賞力（sensibility）與覺察力（awareness）這些廣闊領域的重要性，是源自杜拉克的維也納傳承。他是富裕且有教養的家庭之子，習慣和世界上卓越人物往來，包括佛洛伊德（Sigmund Freud）在內，杜拉克以一名世界公民的安逸自信，遊走於德國、英國、美國的領域。重要的是要認知到，百科全書般的國際文化背景是在應對電子時代生活中不可或缺的。如果有人能夠把古老傳統應用於現代使之具有新的重要性，那杜拉克就是一個範例。

杜拉克受到的法律訓練，並未偏離在父親家所獲得的銀行業和經濟經驗。即使在英國人與美國人的世界，法學院仍是最古老的人文學科：三藝（註 1）與四術（註 2）殘留的繼承者。在我們這個新生態意識抬頭的時代，目前正在重新風行的「伊莉莎白一世時代的人」，或全才式的人文主義者，就是起源於西方世界博學多聞演說家的概念。

註 1　trivium，即中世紀歐洲大學傳授的語法、邏輯、修辭。

註 2　quadrivium，三藝之後需學習的四門高級學科：算術、幾何、音樂、天文。

蜘蛛王行走於溪流的天鵝絨屋頂上（註 3）

共鳴（resonance）的概念借助於聽覺或聲學空間和音程（*interval*）的原理。它完全脫離歐幾里得的連接（connecting）概念，也脫離連續體是實體世界的現實的所有看法。畢生研究聲學空間的心理學家博特（Edward Alexander Bott），把聲學空間定義為「一個完美的領域，它的中心無處不在，沒有任何地方是其界限。」

對聲學空間物理特性的描述，和古代新柏拉圖學派的上帝觀念是一致的。《蒂邁歐篇》（*Timaeus*）（註 4）的邏各斯（Logos）（註 5）觀念，或古代世界（東方與西方）的邏各斯觀念，理所當然地認為共鳴是在人類言語與整個實體世界之間存在的本質（bond of being）和自然的聯繫（natural liaison）。共鳴和「話語」（the Word）（註 6）的「邏輯」，確保了人文學

註 3　這是英國詩人燕卜蓀（William Empson）的詩〈蜘蛛〉（Arachne）中的一句：King spider, walks the velvet roof of streams；它的下一句是「鳥與魚，神與獸必須迴避」（Must bird and fish , must god and beast avoid）。這首詩寫的是大自然，卻暗喻人類和大自然的關係以及人類社會面臨的困境。

註 4　古希臘哲學家柏拉圖的著作，以蘇格拉底等哲學家的對話形式，試圖闡明宇宙萬物的真理。

註 5　在古希臘文有話語的意思；在哲學中表示支配世界萬物的規律性或原理；在基督教神學則是耶穌基督的代名詞；近似中國的「道」。

註 6　基督新教的《聖經》中文和合本將此字譯為「道」。

研究在古代有絕對的科學優先權（scientific priority）[註7]。因此，對希臘人和羅馬人來說，口才與智慧是同義詞（我只提及西方世界）。正是這個所有知識與人類的統一概念（idea of unity），突然之間透過量子力學之類的發展，重回西方世界。當今的生態學家（生態人群）在其所有表現形式中，不知不覺地重複著古代邏各斯的回聲世界與現代科學的回聲世界。在電子時代訊息傳播的瞬間速度必然會復甦古代共鳴與和諧的特點，成為所有追求知識與系統組織的規範。不論我們這個時代的官僚、行政人員、專家、制度、課程多麼各自為政或零散無序，壓倒性即時訊息的共鳴，遍布並滲透所有的人事物。懷著最不相干意圖的現代專家也被迫參與其中：

來自阿波羅登月計畫（Project Apollo）的壓力、創傷、無休止實驗的真正嚴重的惡劣後果，是社會學的（而非技術的）性質；那個技術指導了在政府、大學、私營企業內的數十萬名聰明人結合起來團結一致、彼此強化。

杜拉克遭遇到的這些古老學科的模式，有如潛藏在他維也納文化的每個領域中，也在他所受的經濟與法律訓練中。矛盾

註 7　在科學方面，優先權是給予最初發現或提出理論的個人或群體的榮譽。

的是，西塞羅（Marcus Tullius Cicero）雄辯智慧、淵博知識的傳統，是在法律研究的法庭世界中最生動地被流傳下來。因此，自然而然地在西方世界，政治生涯的初步行動仍然植根於法律的訓練中。不僅是法律，還有許多學科加強了杜拉克的淵博知識；但單純的添加學科永遠無法解釋一個重要原則的鮮活核心來自何處。杜拉克對於語言、哲學、政治、經濟組織等廣闊的學習領域的全方位研究和博學廣知，並沒有和當代世界扞格不入。這樣一個百科全書式的新式教育，可能看起來只是我們時代的趨勢，但其實是深植於我們的電子技術。電子技術重新啟用組織的同步原則（simultaneous principle）與聲學原理，也復興了西方的西塞羅，正如電腦復興了東方的易經。

利普斯（Theodor Lipps）很久以前就指出，單單一聲鐘響就包括了所有可能的交響樂和音樂。正是這種包容性和同時性（simultaneity）的體驗，重新統一了我們這個時代的意識。同樣的包容性意識，和近幾百年來視覺組織（visual organization）積累的大量零散研究及分類資料，形成了鮮明的對比。

一旦企業本身深入涉足知識產業，博學多才的杜拉克輕易就成為當代企業研究的先驅。隨著現代產業需要愈來愈多的知識（這一點和只需手工藝經驗一事形成對比），在企業的運作和規畫方面，杜拉克成為不可或缺的人物。

杜拉克稱自己為現代企業的「無證照精神病醫生」。他的維也納同胞佛洛伊德，在人類的家庭組織於現代工業衝擊下、分崩離析時，運用了現代的精神病療法（註8）。杜拉克承擔了整理外部結構的角色，就像佛洛伊德試圖為內心世界完成相同的任務。

杜拉克的活動與興趣代表維也納的文化與組織領域，遠比佛洛伊德來得寬廣，這一點很容易展現出來。佛洛伊德及其信徒發現世界充滿了有自身問題但沒有觀眾的人，還發現這些人很樂意付大錢給任何願意傾聽他們問題的人。

從蘇格拉底與詭辯家到海森堡與鮑林

如果說有一個當代的發展，和古代淵博知識作為智慧來源的概念協調一致，那就是一方面是「新量子力學」及其「共振」是有形物質結合的概念，另一方面是承認企業生態是社會導航（social navigation）問題的核心。沒有什麼比共振是宇宙物質組織原則這一概念，更能提供驚人的科學專業性逆轉了。可能是海森堡（Werner Heisenberg）在 1927 年提出了這個概念，鮑林（Linus Pauling）以之作為其經典著作《化學鍵的性質》（*The Nature of the Chemical Bond*）的核心。我們這個時

註 8　詳見李奇（Edmund Ronald Leach）的《失控的世界？》（*A Runaway World?*）。

代的大多數量子力學家或科學家會驚訝地發現，他們在人類學術與知識歷史上是極端的反對變革者（反動派）。牛頓（Isaac Newton）在他的時代就被視為這樣的反對變革者，被稱為「哥德猿」（Gothic Ape），因為他訴諸無形的屬性來解釋引力鍵合（gravitational bond）：無形的「超距作用」（action at a distance）。

到牛頓的時代，所有有效的行動都能從視覺連接與碰撞方面來理解。這個總主題在《科學美國人》（*Scientific American*）發表的文章中，獲得充分探討和闡述。

組織的大師

對於杜拉克登上美國舞臺的各階段有所了解，是一件重要的事。他有如領航員，為同時代的歐洲人「環繞」美國飛行了一段時間。因此，在《經濟人的終結》（1939 年）中，他仍然在歐洲經濟生活和美國經濟生活之間做了強烈的區分，贊同波蘭尼（Karl Polanyi）的《大轉型》（*The Great Transformation*，1944 年）中一些基本結論。杜拉克從未忘記強調波蘭尼著作的重要性，例如《公司的概念》（1946 年）中所說的：「如果我們需要證明功利主義觀念的謬誤，現代人類學和現代心理學已提供大量證據。」杜拉克對這句話附上一條注釋：「讀者在波蘭尼的《大轉型》中會找到這個證據的精采概要。」這個概要涉及功利主義和經濟人的結局。總之，這些結論呈現出，建立於硬體經濟學這門「科學」基礎假設的結束。杜拉克不僅從波蘭尼的著作中獲得鼓舞，開始追求他對管理學的新研究（波蘭尼是他的同事暨同胞），他還在美國經濟中察覺出吸引人的、志趣相投的模式。

在《經濟人的終結》中，杜拉克發現了歐洲極權主義經濟的不足之處，他在《公司的概念》中指出：

美國對社會組織的本質和意義的看法，與現代歐洲（對社會組織的本質和意義）的看法之間的差異可以追溯到 16 和 17 世紀。自那時候起，歐洲只能在黑格爾和馬基維利（Niccolò di Bernardo dei Machiavelli）之間進行選擇。

這兩個人都代表封閉的系統，然而：

美國人拒絕打破以基督教為基礎的社會觀，該社會觀是在 5 至 15 世紀間發展出來，美國社會的建構基礎正是把這個古老原則（即偉大的中世紀綜合思想）重新應用於新的社會事實和新的社會需求。

對於歐洲觀點與美國觀點之間的這些分歧，杜拉克從不試圖強調或探討：

從根本上說，美國的政治哲學是站在個人獨特性這個基督教基礎上……雖然不是只有美國尊崇個人獨特性的教義，但沒有別的地方像美國這樣強烈地強調這一點，或使之成為社會承諾與社會信念的唯一焦點。

在《經濟人的終結》和《工業人的未來》（1942 年）中，杜拉克的注意力主要是集中在歐洲的景況。在《公司的概念》中，他的注意力轉移到美國，該書致力探討通用汽車的本質及其對社會的影響。不過另一個可以察覺出注意力從歐洲轉移到美國，是在《工業人的未來》中。杜拉克在這本書中探討法西斯主義者的部族主義（Fascist tribalism）（註 9），他們曾力圖將他所稱的「適當的工業戰爭社會」制度化。法西斯主義者已經開始將工業納入由電子技術創造的一個複雜新部族中。希特勒利用無線電為手段，把德國人的自我認同（German identity）重建為一個完整的部族社會。這個選擇是斷然地與實用主義經濟人（economic man）（註 10）的概念決裂；杜拉克當時對這一點處於極佳的觀察位置。新的電子「回聲之地」

註 9　部族主義盡其可能地維護自身利益，同時為謀取本部族利益而不惜犧牲其他部族利益。

註 10「經濟人」一詞指的是理想化的人，他們行動理性、知識完備，努力把個人效用或滿足感提升到最大程度。經濟人的存在是許多經濟模型的假設。

（echoland）產生了新的社會人和完全參與的人，他們在美國透過黑人而有獨特的表現形式。當希特勒把無線電與公共廣播系統的新軟體（大型聲光秀）和 19 世紀的工業硬體結合時，美國黑人對同樣的新技術產生了一種截然不同的反應。希特勒的政治「藍調」（political blues）起於通貨膨脹與挫敗，以及對德國國家認同感、自豪感及目標的喪失。

據我們所知，對於德意志皇帝（註 11）在第一次大戰之前受到「包圍」（encirclement）的擔憂，至今還沒有技術分析。第一次大戰是一場鐵路戰爭，第二次大戰是無線電戰爭。這一點很可能證明希特勒的生存空間（lebensraum）是天然軟體，等同於德意志皇帝曾考慮的硬體圍地（hardware enclosure）。「包圍」具有明顯的視覺偏見（註 12），即使生存空間擁有一個強大的生態圈，即現實政治（*Realpolitik*）。美國的「包圍」或「圍堵」共產主義的概念，在電子訊息環境的現實情況中毫無意義。俄羅斯人企圖控制其媒體「內容」以保持政治純潔的努力，也遭到同樣的失敗命運。

杜拉克在《斷層時代》中說：

註 11　指末代德皇威廉二世。

註 12　因為會讓人們想像國家被包圍或圍攻的畫面，而產生負面情緒和偏見。

現代政府已變得難以控制，當今的政府不能再聲稱可掌控旗下的官僚機構及各種機構。政府機關正逐漸自治、本身也變成目的，且開始受權力欲望，自身論據及狹隘想法指揮，把國家政策和政府命令擺一邊。（摘自《斷層時代》）

杜拉克傾向於忽視這件事：電子訊息速度加快，使得舊中央集權機構和主權國家在工業硬體世界中遭到挫敗。他說：

第二次世界大戰以來建立的新國家中，至今沒有一個創建了統一的國家，而在19世紀，統一國家顯然是歷史的終點。相反，我們正在讓部落四分五裂，假裝分裂為民族國家，把民族國家的所有成本都加諸老百姓身上，被民族國家的嫉妒、憎恨、驕傲所驅使，但沒能力成為國內政府或國際社會的有效機構。我們逐漸將世界分裂成一個又一個無能的政府，跟老百姓相比，每個政府握有龐大的權力；都完全有能力實行暴政，卻沒有能力進行治理。（摘自《斷層時代》）

然而在第一次大戰之前，「全世界只有不到50個主權國家」，而政界和商界「迷你國」的增加，都起因於加快速度的電子世界和新知識產業。杜拉克之所以忽視這一點，可能是因為他有點不解，為什麼已改進的溝通會使現有的一切溝通方式失靈。當電子服務的環境取代了商業和政治目標與政策的所有可能性後，分析家很容易錯過隱藏的動態情況。登月者對他們活動的影響毫不知情。《財星》（*Fortune*）雜誌所稱的「美國航太總署黑手黨」（the NASA Mafia）鄭重其事地提出專家的目的與目標做為他們活動的原因，然而他們所作所為卻是為人類和地球創造嶄新的環境。這些獲得新服務的環境所受到的影響，將和他們的期望截然不同，其驚人程度就像哥倫布及其同事去追求華夏（Cathay）的香料與絲綢，結果卻和他們的期望截然不同一樣。

在赫胥黎（Aldous Huxley）的小說《島》（*The Island*）中，希特勒被稱為「流氓彼得潘」（delinquent Peter Pan）。美國黑人就像很久以後的英國披頭四樂團（The Beatles）一樣，結合了新的無線電和公眾廣播技術，連同原始的舞蹈儀式解決技術問題，從而導致世界上所有文化的融合（這是從巴別塔〔Tower of Babel〕以來第一次）。許多被熱情爵士（le Jazz hot）的粗野庸俗而嚇到的歐洲人，在智力上受到法西斯哲學的彼得潘東方主義（Peter Pan Orientalism）所吸引而著迷（彼得潘主義〔Peter Panism〕正如它已證明的，很容易與裝甲師合併）。

杜拉克在《工業人的未來》中指出：「我們這個時代社會危機的核心事實是，工廠已成為基本的社會單位，但還不是社會機構。」歐洲社會把工廠制度化的手段，傾向於部族社會主義（tribal socialism），然而在美國，部族社會主義被引導到娛樂與消費品的世界，而不是政治界。杜拉克隨後發展了這一主題，使工業化制度可以包括城邦和多國籍公司。

歐洲人對待大眾娛樂的態度極不認真，不會被誘騙而透過擴大娛樂戰線（音樂政治），利用這種宣洩方式控制諸多新技術的效果。他們的政治熱忱鼓勵他們向好戰的方向發展，宣洩其驅力（drives）和憤恨。當然，我們很容易看出對於生活在廣闊美洲大陸的人來說，領土野心相對而言是無意義的，正如那種野心在我們這個電力時代變得毫無意義。然而，對於歐洲人來說，以他們古老的封建領主與男爵霸權的遺毒，1914 年對受到「包圍」的恐慌，源自杜拉克所稱的俄羅斯和斯拉夫人的「向東擴散」（Drang nach Osten）。在美國，1938 年到 1939 年對於生存空間的恐慌，已經因為向西部富礦帶（Bonanzaland）拓展而獲得紓解。當然，美國的「向東擴散」（Drang nach Westen）已結束於越南（走出西部就是東方之始），現在已經轉向以巨額的軍事預算進行「向月球擴散」！新邊境是一個古老的隕石堆：月球，是遠離這個世界的國度，是一個超越疆界的新領域。

面對硬體工業時，對於歐洲人嚴峻的**現實政治**典型分析，是整個馬克思主義的計畫與策略。杜拉克往往會說，在英國和美國的領域，基督徒傳統中的個人比國家或機構重要得多，總是有嬉戲與幽默、運動與娛樂的可能性，那是對於故意作對的宣洩之道。也許它深植於威靈頓（Wellington）公爵的名言：

滑鐵盧（Waterloo）之役是在伊頓公學（Eton）[註13]的運動場上獲勝的。當威靈頓看到軍方為他的葡萄牙戰役分派給他的軍官名單後，他評論道：「我只希望當敵人讀到名單上那些名字時，他會像我那樣顫抖。」

企業界的大人物

不把這個世界看得太認真，是基督教貶低世俗目標的潛在傳統。史蒂爾（Sir Richard Steele）爵士評論道，紳士是以良好的教養輕視世界，卻以出色的風度（即紳士及業餘愛好者的淡定精神）上天堂的人。如果對於擁有一切的女孩我們只能開抗生素為處方，那麼對於擁有一切的男人，總是可能有某種超然的愉悅，以及對來自狂熱精神（l'esprit fanatique）的人類愚蠢與自由的悲憫之感！杜拉克是客觀無私者的一個重要典範，他用理解取代了單純的反應。他和那些只專注於單一目標的企業主管或政治狂熱者截然不同。對杜拉克來說，世界充滿了豐富多樣、令人興奮的現象激發他的智慧，他永遠不會為了個人財富或權力而陷入任何專業項目中。用他自己的話來說：「我今年58歲，不知道長大後要做什麼。」

註13　英國最古老、最知名的貴族私立中學，英國許多著名的政治家、學者、藝術家、企業家都出身此校。

杜拉克的最新著作《斷層時代》不是終點站。他不是那種會受困於不可更改的、系統化處理任何事情的人。他不是一個有如封閉系統的人。相反地，他更喜歡開啟感知之門，探索不斷繁衍問題的世界。《斷層時代》給讀者帶來具有新視野和未解問題的世界。這個書名告訴我們，這是一個新時代，任何老舊做法都將不再適用。幾百年來，在人類努力的每個領域，我們一直保有連續的發展，即「漸進的必然性」，沒有察覺到變化。如今這種連續性已經不再，取代的是在每個領域與行業的新局面、新規模的壯觀且預示大變動的突發性。《斷層時代》是即時訊息檢索的時代。這是一個模式識別（pattern recognition）取代漸進、附加解決方案的時代。杜拉克生動流利地描述知識產業的新首要地位，以及所有舊組織的生產模式、權力、行政管理的瓦解。他的目的並非要在他目前的研究中，探討這些新分權模式的起因。

如果我們用杜拉克自己的術語來檢視他提出的幾個問題，就更容易指出他的研究所打開的、先前未被觸及的領域。例如，當他思考「材料革命」（materials revolution）時，他指出我們已經：

深入研究另一項重要技術，即材料技術。我先前說過，塑膠已被視為唯一根植於20世紀而非19世紀科學的重要產業；它以X射線繞射為基礎，這是輻射發現的初期成果。塑膠是新「材料」產業中最早出現的產業，這類產業為特定用途創造材料，有特定的用途，而不是開發自然界中的物質。

形象的選擇

當然，相較於電路系統創造的資訊環境，塑膠幾乎完全是維修和包裝用的硬體。在電影《畢業生》（*The Graduate*）中，男主角班傑明（Ben）被社交圈長老疏遠，和富豪一族永遠無緣。該長老對這個年輕的常春藤盟校（Ivy League）畢業生只有一句忠告：「塑膠！」他和《彼得原理》（*The Peter Principle*）的作者們都知道，「對聰明的人說一句話已足夠」。班傑明別有見地，離開了那個圈子。班傑明（達斯汀．霍夫曼〔Dustin Hoffman〕飾演）是硬體消費時代終結的象徵。他和電影《大地驚雷》（*True Grit*）主角約翰．韋恩（John Wayne）一起登上《生活》（*Life*）週刊封面，該封面標題是〈英雄的抉擇〉，而韋恩所扮演的是硬體消費另一階段結束的象徵。

杜拉克仍然傾向於考慮硬體與環境的內容，而非新材料與新服務創造的環境。他準備討論「世界購物中心」，它本身純粹就是 19 世紀一種包裝商品的組織。杜拉克不準備談論班傑明在電影《畢業生》中依循電子邏輯的路線。班傑明陷入人類亂倫困境中私下的集體過往。《畢業生》逆向演出伊底帕斯王（Oedipus）的情節，正如整個新服務環境的電子技術所做的那樣。參與只有一個可能的終點——完全結合。藍儂夫婦（The Lennons）（註 14）邀請全世界進入他們的臥室。

資訊衛星環使五億人在鮮豔的色彩中，參與查爾斯王子（Prince Charles）的中世紀冊封儀式（註 15），將地球轉化為全球劇院（這是字面上的意思，不是比喻）。這和任何諸如「世界購物中心」之類的概念大相逕庭。

塑膠做為一種包裝方式所創造的服務環境，已經在美國容器公司的世界中製造了一個重大難題，迫使它和蒙哥馬利華德百貨公司（Montgomery Ward）的舊硬體服務進行不顧一切的合併。在美國的容器公司造成嚴重的垃圾浩劫之前，這種情況是不存在的。塑膠和不可回收容器，已成為全球環境的重大新危害。因為杜拉克對於當代世界堅持他的硬體做法，使他很難看出快速移動的資訊電路，繞過慢速移動的資訊電路所造成的影響。

註 14　藍儂夫婦為抗議越戰及呼籲全球和平，在 1969 年進行了靜臥抗議（Bed-In），或稱 Bed Peace，是 1960 年代反文化、反戰運動的重要事件。當時約翰．藍儂和小野洋子在阿姆斯特丹一家酒店併躺在床上，邀請媒體與公眾前來和他們討論和平及反戰問題。他們在床上待了一週，還演唱了著名的反戰歌曲 Give Peace a Chance。

註 15　這是指全世界有五億人口得以透過人造衛星經由彩色電視看到那個儀式。

在任何類型服務中的任何加速，都會自動使先前的服務報廢。自從史普尼克人造衛星（Sputnik）[註 16]發射以來，環繞地球運行的那些衛星只是把地球變成考古寶藏與資源的舊垃圾堆。多次登月之舉對月球造成完全相同的影響。月球自動成為一個充滿希望（可做為新資源中心）的舊垃圾場。

所有人類文化的結構與歷史中都存在這一點：盡快摧毀自己，以便利用自己的廢墟，做為新結構的創造性資源。這是一個「生物降解性」（biodegradability）原則，可以立即消除包裝行業所造成的長期垃圾環境帶來危害。從前，人類依靠戰爭達成這個目的。所有史詩，從荷馬（Homer）到艾略特（Eliot）、喬伊斯（Joyce）和龐德（Pound），皆始於重建一座城市的廢墟。杜拉克傾向於忽視伴隨這種破壞而來、幾乎是全盤的毀滅：「大公司和軍隊沒有任何區別；它必須有裝備，但也像軍隊一樣，如果沒有功能性的人力組織，裝備則無用。」

高階主管以克勞塞維茨[註 17]為師

杜拉克注意到現代工業在軍事活動中的重大參與，他指

註 16　蘇聯於 1957 年發射的人類第一顆進入行星軌道的人造衛星。

註 17　克勞塞維茨（Carl von Clausewitz）是 19 世紀普魯士名將，被後人尊為「西方兵聖」，他的《戰爭論》（*Vom Kriege*）被譽為現代軍事戰略學的奠基石。

出：「公司必須有一個政策的普遍想法，在第一次大戰期間或其後不久，似乎已被高階管理層接受。」在此杜拉克近乎是說，戰爭、工業、管理幾乎是可以互換的活動，但杜拉克不願著手處理使這種一致性不可避免的技術事實。例如他不研究鐵路與 19 世紀後期的戰爭的密切關係。如果不是鐵路提供的快速運輸系統，1900 年的市場結構將會和 1870 年或 1914 年的戰爭一樣難以想像。然而，即使是第一次世界大戰，之所以會成為一場「世界」大戰，鐵路的影響可能小於電報與新聞媒體的影響。電力媒體呈現的戰爭形象，造成了世界參與的戰爭。而第二次世界大戰則挾著無線電塑造世界形象的威力而來，希特勒即受惠於無線電的威力。杜拉克在《公司的概念》的結尾評論道：

今天，戰爭是唯一可以取代經濟發展、做為西方世界社會生活的組織原則。這是希特勒的納粹德國（迄今為止對非經濟社會所進行的最徹底的嘗試）可以找到的唯一目標。

這些陳述忽略了幾乎所有的戰爭結構與社會結構的技術層面。每項創新所創造的隱藏環境，都會自然地利用先前拋棄或報廢的一切事物作為其來源、目標、內容或藉口。阿波羅 11 號（Apollo XI）的所有成因仍然屬於經濟與軍事競爭的範疇。一個專業化的硬體社會回顧以往的畫面中，仍然需要月球創造的「目標」假象。登月所造成的實際世界結構，將會像先前在地球周圍放置許多衛星的影響一樣始料未及。例如史普尼克人造衛星的一個主要影響，就是知識產業的加速發展。因此，自史普尼克被發射以來，衛星造成的影響一直不是創造了任何世界經濟或全球市場，而是創造了一個**全球**劇院。年輕人和老年人的下意識反應都是大規模回歸企業劇院與部族儀式（「做自己的事」而不是追求一份工作）。在杜拉克的經濟與工業分析中，缺乏的是探索古騰堡印刷術，好幾個世紀以來這個技術已成為經濟人與工業人成長發展的基礎。杜拉克沒有考慮透過手工技藝的細微分化方式，把所有的手工業轉化為機械化流程。正是這種分化方式造成了現代人的物價與工資掛鉤的市場結構；這些結構使杜拉克所說的經濟組織中的「績效」（performance）可能得以實現。

超級大國和迷你國

儘管如我們所見，杜拉克清楚意識到迷你國的崛起或大型實體的分裂成為不連續的「模組」（modules），他也不傾向研究這些模組和新企業集團的關係。迷你國和曾經被稱為「歐洲巴爾幹化」的分裂與破碎毫無關係。19世紀的巴爾幹化（註18）

註18　指分割為許多小國。

是專業分化和工業硬體的影響。事實上，它是早先發生在歐洲其他地區國家主權集中的結果。今日漸進式調整的相同外貌或大型結構的崩解，有完全相反的原因。企業集團與舊式統一主權國家正好在天平的兩端。今日的超級大國，無論是政治上或經濟上的，都是一幅拼貼畫，依賴知識（而非經驗或硬體相互關聯性）的企業對話。因此，杜拉克說：「在天平的另一端，我們有一些『超級大國』（或福利國的國際版本），它們的規模與權力使自己無法擁有一個全國的政策。」換句話說，新的超級大國主要關切的是先前具有包容力的形象，該形象使舊專業目標變得無意義。這就是電子化加速的簡單效果。在極高的速度下，目標和射手都在快速進行通常是相反的運動，而且彼此關係很小。醫學生耗時數年以求成為醫生，畢業後進入的社會卻在他訓練期間改變了醫學觀念。普通的工程師畢業後進入的社會認為他的經驗已經過時。正是這種加速的效果，創造了杜拉克稱之為「迷你國」的不連續性。我們這個時代的量子力學認為，物質本身是由不連續的實體與模組在「介面」與共振轉化（resonant transformation）的永久狀態下所構成。因此，變革本身才是不變，是所有規畫與計畫中唯一穩定的元素。

創新是特洛伊木馬與潘朵拉盒子

在我們社會中，技術最令人困惑的特徵之一，是它創造無形服務和危害環境的力量。使用電力資訊移動速度所提供的服務，在許多層面上都很常見，例如它們是用體育與娛樂替代戰爭與商業。杜拉克最喜歡的互補關係之一是「經驗」和「知識」之間的新關係。在我們的電力世界中，知識取代了經驗。例如經驗對登月毫無用處，登月需要知識。另一方面，生活在欣然接納月球為人類當下的生活環境的經驗，將會有任何人都未想到的實驗性後果。

杜拉克將《斷層時代》中引人入勝的部分用於探討「知識經濟」和「新知識產業」。「知識」是一個非常含糊的詞語，而且知識在創造人類新環境上的作用特異非凡。在大多數情況下，人們對這種新環境帶來的變化速度感到極度恐懼，被嚇呆而進入一個動機明確的長期夢遊症過程。描述從經驗轉變成知識的一個方法是，指出「硬體」和「軟體」之間的差異。杜拉克傾向於把知識視為新生產力的一個來源：「知識的生產力已經成為獲得生產力、競爭實力和經濟成就的關鍵。」這個陳述顯示，它強調的是知識在以「硬體」為主的製造業經濟中具有的特徵與功能。對於電視兒童來說，知識幾乎沒有這些特徵，而且很快就會失去這一切特徵。資訊環境完全沒有提高任何舊服務的生產力，只是淘汰它們，就像電話淘汰了組織結構圖，電傳打字機淘汰了郵政系統一樣。知識的效用不是培養我們社會先前的任何特徵，而是要「廢棄」它們。至於硬體的維護人員已經迅速消失。硬體不會被用光，而是會因為缺乏維護以及技能無法利用而被廢棄。維持舊硬體（無論是相機、烤麵包機、鐵路、汽車）所需的專業機械技能都從現場消失了。西方世界舊硬體的命運，就是俄羅斯與新社會主義諸國的新硬體的命運。他們在具備維修技能之前就得到了新硬體。我們如此快速地獲得電力技術與知識產業的新軟體，以至於我們無法激勵人們習得維持舊硬體所需的專業技能。這個過程的一個驚人例外出現在拉丁美洲，當地繼承了西方的硬體，並提供舊式的農民手工藝技能，以維修工業人的產品。雖然工業化以前的人愉快地持續維護過時的工業人的產品，後工業人目前卻拒絕維護自己的工業硬體，結果是一場垃圾大災難。特洛伊木馬（Trojan horse）以取悅眾神為藉口被帶進特洛伊城，但這項新技術終結了這個舊城。特洛伊木馬其實是所有人類創新過程的一個正常「形象」。杜拉克所稱的「知識」產業一方面應該被視為特洛伊木馬來處理，另一方面應該被視為潘朵拉的盒子（Pandora’s box）。

預期超音速的逆轉

來談談被新知識產業自動廢棄的一些西方制度與服務，可能有益處。若要預測未來，只需注意當下已經發生的事情。電腦使銀行業的會計技術注定要失敗，正如電腦終止了證券交易所的制度。從未有人研究，無線電造成的快速進展對 1920 年代經濟的影響。在一個經濟體內，快速的進展包圍了慢速的進展時，就自動驅逐並破壞那慢速的進展。目前在證券市場，銷售額（「軟體」資訊流）正在以遠遠超出證券交割或重新配置證券（即「硬體」）方式的速度進展中。如果試圖加以逆轉，或是在極快的進展中踩剎車，很容易證明會致命。人在穿越音障（sound barrier）時，超音速逆轉了飛機的控制模式。軟硬體經濟的新結合，現在以超音速進行，而且控制的人員一點也不了解：以慣性模式操縱控制裝置，只會導致災難。因此像升利息這樣簡單的動作，對經濟造成的影響恰恰會和預期的完全相反。「經濟科學」所依據的假設，取決於杜拉克自己已經展示的「經濟手段」，那些假設已隨著希特勒的出現而消失。

經濟學家稱自己的理論是一種「宏觀經濟」。然而，這不僅沒有考慮到真正的「宏觀經濟」，即世界經濟，而且還遺漏了招致實際成本和獲得實際結果的經濟領域：生產者、消費者、市場的「微觀經濟」。

杜拉克在此關注的是「做為商業交易領域的經濟學」。目前發生在硬體或任何其他商業領域的人類交易的比例，在形象塑造與身分追尋的世界中，正在迅速減少。隨著技術環境的每一次新轉變，愈來愈多的人類活動的數量正在繞過舊的市場經濟。使用我們這個時代的行話來說，雖然硬體是依「加法律」

增加，知識的軟體卻是依「指數律」增加。

有關宏觀經濟中由經濟理論控制和預測的事件，以及微觀經濟中由企業、市政府、工業實驗室的研究科學家或普通消費者所控制的事件之間的關係，我們沒有經濟理論。結果，涉及企業、市政府、消費者等99％的經濟決策，都沒有理論的助益，實際上也缺乏理性的指引。

「我們沒有經濟理論」這樣的說法，是承認經濟學家和還沒有萬有引力理論的科學家狀況相同。經濟學家與科學家都持續以一個專業目標為基礎，運用熟悉的經驗種類解決他們的問題。現在必須認識到，嶄新的環境隨著每個階段的創新服務出現。這些人造環境只能以生態學的方式來進行規畫編排（programming），一如在全音樂世界或回聲世界中的共鳴。

等級一旦廢除，琴弦一經鬆懈，聽吧！跟著就是嘈雜的聲音。萬事萬物唯有在敵對時才會相逢。

——莎士比亞（William Shakespeare）

當決策發生在以電力速度運作的經濟體時，導航和規畫編排必須預料到以較慢速度運作至嶄新類型的效果。實情很可能是，1920年代無線電的進展速度激增，推動整個經濟進入知識產業的水平。服務行業：娛樂、廣播、爵士、電影、體育、教育，已開始從美國的製造業奪得經濟中的主導地位。如今資訊的流動，無論是在娛樂界、商業界、教育界或軍事機構，已成為全世界總體經濟中最主要的影響力，遠甚於其他影響力。

感知的複雜性

在總體環境和生態環境下，誰是「有效的管理者」（effective manager）？什麼是「績效」（performance）？杜拉克仍然傾向認為機構適於履行專業功能以滿足特定目標。這種想法並不反常，但是和可以即時檢索資訊的世界無關，也和從這種速度中脫穎而出的管理模式無關。

19 世紀古雅地把國家比喻為藝術著作。如今我們別無選擇，政府的每個特色都必須以最高水準的想像力、藝術技巧、感知管理。學習過程是意識本身的一個模型，必須在人類**製造**（human *making*）的各個層面進行投資。象牙塔和控制（control tower）之間的鴻溝不能再被容忍。當前資訊移動的整體一致性（all-at-once）不僅廢除了所有較緩慢的組織結構，也提供了方法以建立新速度所要求的各種新秩序。在問題本身隨時可以找到解決方案的模式。應用解決方案處理新問題的一般效果，就等於使用舊機器處理新情況。單單擴大舊行銷或貨幣安排（monetary arrangements）的規模或技巧，是不可能處理新經濟情況，總是需要來自內部的變革或轉型來處理。

如果我們將自己的神經系統外移，透過電腦形成一個電氣化的資訊與服務的新環境，接下來我們必然開始使用意識本身，為新的電氣化環境制定計畫。當一個人造環境環繞整個地球時，大自然就終結了。或者說，當一個資訊環境環繞整個地球時，硬體就變得相對地無足輕重。凡爾納（Jules Verne）（註19）的對外探索之旅和 19 世紀的舊硬體，不敵冥想與心靈的熱切內在之旅。硬體世界完全沒有準備會遇到人類適應了這種環境的現實情況。年輕人接受披頭四樂團做為他們和舊世界疏離的真實描述，那個舊世界始於好幾千年前的新石器時代的人類。第二次工業革命的年輕人感覺像是從木工製品裡爬出後進入他們永遠無法與之建立聯繫的世界。卡夫卡（Franz Kafka）的《變形記》（*Metamorphosis*）和歐威爾（George Orwell）的著作，以昆蟲符號強調新舊世界之間的鴻溝。昆蟲如何和人類溝通？披頭四為了這個目的一直在努力恢復極端古老的原始聲音與節奏。對第二次工業革命的年輕人來說，言語的表達可能不再有其必要。電腦無需用語言做程式設計。手勢（包括肉眼可見者與極細微者）輕易就能取替語言。

註 19　1828-1905 年，法國小説家、劇作家，被譽為「科幻小説之父」，著有《環遊世界八十天》（*Le tour du monde en quatre-vingts jours*）、《地心歷險記》（*Voyage au centre de la Terre*）、《海底兩萬里》（*Vingt mille lieues sous les mers*）等名著。

杜拉克不願意考慮這種來自知識產業的冷酷無情、有害的環境，人們很容易認同他的感受。然而，他會毫不猶豫地同意這一點：追求生存的理性策略，需要完全接受我們大家面臨的基本環境。事實上，他在促進這種堅定觀點方面所做的努力，幾乎超過西方世界的任何人。

CHAPTER 05.

杜拉克、整體論和史穆茨

庫克[*1]、查普曼[*2]合撰

言行一致並非謠言。美國管理界最善於清楚表述的「布道家」之一是杜拉克，而且長期以來一直是如此。二十多年來，杜拉克一直催促、力勸經理人建立有效益的企業。他巧妙提出

---

*1 **庫克（Edward J. Cook）**

庫克是長島大學波斯特分校的經濟學教授、副校長兼財務總監。他曾擔任該校商學部主任、副院長、代理院長。此前，庫克博士曾擔任福特漢姆大學（Fordham University）經濟系主任、聖約翰大學助理院長兼經濟系主任。目前他是美國海軍和多家民營企業的顧問。

*2 **查普曼（Allen F. Chapman）**

查普曼是長島大學波斯特分校羅思商學院（the Roth School of Business, C. W. Post College of Long Island University）的管理學教授。他曾任該學院先進管理研究中心（Center for Advanced Management Studies）主任。此前，他曾任教於哈佛商學院（Harvard Business School）、科羅拉多大學、東北大學（Northeastern University）、喬治亞大學。查普曼教授擔任多家公司的組織與規畫顧問，目前是數家公司董事會的成員。

一針見血的問題，並以清晰、合乎邏輯的方式提出概念性的難題（無疑都和現實有關），從而聚焦於企業家對社會、經濟問題的關注上。在推動企業家的創新與行銷導向（marketing orientation）之際，杜拉克建立了一個非常成功的企業（創新且行銷導向）：即杜拉克的事業生涯，從而實踐了他所宣揚的事。

他的論點是，高效能主管在經營需要「創造客戶」的企業時，會「專注於機會」並「使優勢富有效益」；他不斷敦促高階主管成為有直覺力的通才和整體論者（holist）(註 1)。本文將闡明這個論點，即杜拉克的概念（concept）可看做是完全相同的準則（precepts）的應用。他的著作可分為幾個不同類別：

- 對社會的評論和一以貫之的社會哲學
- 對工商企業在社會中的角色的分析
- 工商企業的行為指南

這三類中的每一類都明顯地相互關聯；自始至終都是整體論者的做法。因此，像《明日的地標》與《斷層時代》關注的是現代工業主義演進的整體觀；《公司的概念》考量的是在這種社會環境中的企業；《杜拉克談高效能的 5 個習慣》（*The Effective Executive*）和《為成果而管理》（*Managing for*

註 1　即認為部分都和整體有關，所以看事情要有全盤觀點，處理問題亦同，不能頭痛醫頭腳痛醫腳。

Results）是就公司的營運向企業家提供建議。

讓我們追溯一下「彼得杜拉克」這個企業的發展歷程。抵達美國後不久，他展開了社會哲學家的生涯（雖然是個「世俗的哲學家」）。在《工業人的未來》和《經濟人的終結》中，他闡述了對美國工業主義的早期思維。用他的社會哲學檢驗企業巨擘通用汽車的現實面的機會，對杜拉克的事業方向產生了重大影響。在《公司的概念》中，他分析了在社會環境中的通用汽車而一舉成名。在《彼得・杜拉克的管理聖經》中，他把注意力集中在這個終生興趣上。（出版商大概是在取得他的同意後，在《彼得・杜拉克的管理聖經》書衣〔dust jacket〕上注明是「對美國社會最重要功能的一項研究」。）在該書中，他首次提出對工商企業的看法，並以美國經理人的主要顧問與激勵者的身分，建立了自己的聲譽。從這一點開始，杜拉克的勸勉之言和他自己事業的經營方式，兩者之間明顯有令人印象深刻的相似之處。我們閱讀《彼得・杜拉克的管理聖經》：

因為它的問題是創造顧客，所以任何企業都有兩個（而且只有這兩個）基本功能：行銷與創新。這兩者是創業的功能。

杜拉克一再勸告企業經理人，他們必須創新並懂得行銷。雖然創新常被認為是技術上的重大「突破」，或是開闢「知識的新疆域」，杜拉克告訴商界人士，他們還應該環顧四周尋找其他做法：

大量的新技術如今是新知識；這是新的感知（perception），是把以前從未有人想到要放在一起的事物，放在一起，那些事物本身已經存在很長時間。

同樣在談到自己時，杜拉克一再提到他作為綜合者的角色：把整體觀之具有新意義的各個熟悉部分匯集起來。在一本書中他說道：

本書提出的各項單一觀點，日後都將為人所熟知。不過，這些斷層集結而成的社會景象，卻跟目前所見的一點也不相似。（摘自《斷層時代》前言）

同樣，他在《為成果而管理》的序言中指出：

本書不敢妄稱具原創性或有深度。但據我所知，本書率先嘗試以有組織的方式，闡述企業高階主管肩負的營利任務，這也是邁向企業經濟績效這門學科蹣跚的第一步。

然而，在《杜拉克談高效能的 5 個習慣》序言中，杜拉克更加強調他的信念，即他所說的並非新事物，只是為整體提供了一個新包裝：

在 1959 年或 1960 年，一位老朋友邀請我向聯邦政府的一群高階行政主管談論行政效能。我很不情願地接受了。關於這個主題，我想說的內容在我看來平淡無奇，甚至可能是老生常談。但令我驚訝的是，這些顯然是平淡無奇的評論，被我的經驗豐富的聽眾（那些高階主管）當作是嶄新的發現……

本書是關於這個主題的「第一本著作」。至少，在我廣泛地搜尋文獻後，未能找到任何論述有效的管理者的其他著作。

杜拉克說，他認為自己的貢獻是將點點滴滴組合成一個有意義的整體，他在《為成果而管理》書目之前的一條注釋中，從另一個角度強調了這一點：

迄今，還沒有任何書籍試圖涵蓋工商企業的經濟決策與任務的整個領域。事實上，極少有書籍除了狹隘地關注技術和功能領域，還關注其他領域。

總之，杜拉克顯然認為，他著作的「新產品」帶給商界人士是一種創新，亦即「把以前從未有人想到要放在一起的事物，放在一起」。

杜拉克不僅在創新領域實踐了他倡導的理念；在行銷概念

上也是如此。他告訴企業家，「事業的構想會界定要提供什麼樣的滿足感給市場，或需要什麼樣的知識，以在財務績效上發揮效能。」他繼續說：「有效的構想可能會讓公司內部人士表示，『這個構想合適，應該正視』和『這個構想不合適，不應該去做』。換句話說，構想給了企業前進的方向。」（摘自《為成果而管理》）

杜拉克很久以前就確立了自己作為教師、作家、顧問的方向。立身於學術界，注意他如何發展個人的策略，是很有意思的事。1955 年，他抱怨說，年輕教授的問題之一是「他也被期許成為『多產的』學者……並且必須是專家，因為沒有任何專長的人最受懷疑。」但是過了幾年，在他獲得管理顧問的名聲之後，他廣泛的社會評論受到賞識和讚揚，他得以警告各大學，「在大學裡我們不是需要一種人，而是需要很多種人。」

我們最需要的是，能夠開發和教導源自不同學科的知識與資訊，並用於產生最終成果的人。

另外，我們還需要能在研究中整合不同領域的知識與技能，並能在大學之外做出有效應用的人才。現在，這些人才還未受到正式肯定，但他們卻是當今大型大學裡的「明星」。（摘自《斷層時代》）

杜拉克基於在哲學與經濟學方面的歐洲背景，還有很多話要對美國說。二十多年來，他在專注於處理商界人士工作上遭逢的問題之餘，還持續發展、精煉他的社會評論。他潛心研究務實的解決問題之道，但並未轉移他對整體論者與通才的關注與興趣。在管理日益被稱為一門科學的時候，他堅持認定管理既不是一門科學，也不是一種藝術，而是一項實務工作（a practice）。在精密的數學技能被用於管理決策的時代，他認可這些技能，但堅持需要直覺。在一切都被分析的時代，他綜合研究。

在過去 20 年的某個時刻，我們不知不覺走出現代（或稱近代），步入了一個未知的新時代。我們對世界的看法出現變化；我們取得新的認知及新的能力……（摘自《明日的地標》）

真正重要的外部事件，並不是趨勢，而是趨勢中的變化，這些變化最終將會決定組織及其努力的成敗。然而人們只能感知這些變化，無法去計算、定義或分類。（摘自《杜拉克談高效能的 5 個習慣》）

我們有時會認為，杜拉克一方面是有能力集結其他人理念的綜合者；另一方面，他是有獨創力的哲學家。杜拉克不是謙遜的人。因此，他通常不會特意去找出他的前輩。我們猜測，他的管理與經濟分析方法是以巴納德、熊彼得、桑巴特等人的思想和傳統奧地利與德國學派的思想為指南。

他的哲學思想淵源比較容易辨識，因為他指出了他們，他不是直接道出，而是以我們能識別的方式說出來。他在主張一種新哲學後寫道：

> 在許多思想家中都可以找到對新願景的預期，如亞里斯多德（Aristotle）、李奧納多（Leonardo）（註2）、歌德（Johann Wolfgang von Goethe）、柏格森、懷海德。然而，第一位理解新願景的可能是令人驚嘆的南非人史穆茨：本世紀最接近「全人」（the whole man）（註3）的人，他在二、三十年前就提出了整體論哲學（philosophy of Holism）。

史穆茨是陸軍將領、南非總理、國際聯盟（League of Nations）的總設計師、政治家、領袖，是個起而行的人。然而杜拉克稱頌的是他在一本薄書中提出的思想，當時正逢他活躍的事業生涯空檔。杜拉克應該如此，因為史穆茨似乎為杜拉克闡述的許多哲學概念提供了開創性思維。

註 2　這位即是一般所稱的達文西或達芬奇（da Vinci），他是私生子沒有姓，其名之意是 Vinci 村的李奧納多。

註 3　指具備多種能力與優良素質的人，不僅有專業技能，而且知識廣博、經驗豐富、人品高潔，在各方面都表現出色。

史穆茨在其《整體論與進化》（*Holism and Evolution*）中，把他在劍橋大學就讀時就開始在他腦海裡孕育的一些種子培育成果實，在大學時，他寫過一篇題為〈惠特曼——人格進化的研究〉（Walt Whitman—A Study in the Evolution of Personality）的簡短論文。正如史穆茨後來所說：「我逐漸開始了解，人格只是一種更普遍的現象的特例，即自然界中整體（wholes）存在的現象，以及朝向整體和整體性（wholeness）的趨勢。」

比較史穆茨和杜拉克兩者的著作十分有趣。例如，史穆茨寫道：

> 相較於整體的各部分，由各部分構成的整體是截然不同的、有創造性的新事物，正如我們所見。創造性的進化是由各部分合成一個新實體，它不僅與各部分不同，而且遠遠超越它們。這就是整體的本質。

且將上述的陳述，和先前引述的杜拉克對創新主題的陳述加以比較。或可檢視史穆茨關於「整體論」的普遍性的說法。

> 宇宙的所有問題，不僅是物質與生命的問題，而且是（尤其是）那決定人性與命運的心智與人格的問題，最後只能援引整體論的基本概念來解決（只要它們是人類能解決的問題）。基於這個原因，我稱我們的宇宙為「整體論宇宙」（The

Holistic Universe），因為整體論下列各項的基礎：宇宙的構造、宇宙的多樣化形態和過程、宇宙過去的歷史、宇宙對未來的承諾和影響力。

杜拉克寫道：

今日的心理學家談論的「完形」（Gestalt）、「自我」、「人格」或「行為」等，都是1910年之前專業文獻中找不到的術語。社會科學談論的是「文化」、「融合」或「非正式團體」。「形式」（form）一詞，更是人人琅琅上口。這些都是整體、模式或結構的概念，只能做為整體來理解。

同樣地，我們有一個「完形」模式，做為經濟生活的重心，那就是工商企業。「自動化」只是一個粗糙的字眼，用來描述把實體生產過程視為一種整體結構和真實的獨立存在物（true entity）的新觀點。同樣地，「管理」是描述整體結構的術語。

最後，當我們研究史穆茨的進化觀念時，我們看到一個可能對杜拉克造成的有趣影響。史穆茨特別感興趣的是對不連續性概念（concept of discontinuity）的使用。史穆茨寫道：

創造性的進化，似乎是以分成許多小步或分期式或增量式的創造力在向前邁進。我們無法說為什麼應該是這種不連續性，而不是平穩地持續前進；我們只能注意到這個事實，這似乎是一種普世現象。

杜拉克長期以來一直用類似的術語在談論進化。例如，他寫道：

只有在整體結構產生質的變化時，量的變化才有意義，「聚沙成塔」（the grains of sand have become a sand pile）這句希臘謎題就是這個意思。這種轉變並非連續的過程，而是不連續的事件，在一舉跨越某個質的門檻之後，聲音串成可識別的旋律，言語和動作結合成行為，多項程序構成管理哲學，原子從某個元素變成另一個元素。

杜拉克將我們的時代定義為《斷層時代》：

這本書可被視為一個「預警系統」，指出仍不為人知但正在改變經濟、政體、社會之結構與意義的斷層。

最後，正如我們所見，杜拉克把給予我們一個「整體」（whole）概念的新哲學，稱為一個普世的卻又特有的現實，無論那是「系統」、「有機體」或「情境」，而且「不是願景，而是一門學科，一門關於質性（qualitative）與不可逆變化的嚴謹學科」。史穆茨於 1925 年在南非川斯瓦省的艾林市（Irene, Transvaal）完成他的書，他在序言中寫道：

> 我認為整體論和整體觀點將會證明，它們對人類的科學與哲學、倫理學、藝術和相關學科的一些問題有重大影響。無論我對這個觀點（它已陪伴我走過充實的人生）的偏愛是否能獲得其他人的認同，時間也會證明的。

我們相信時間確實已證明，整體論的理念已被其他人接受。「杜拉克企業」已有效地將它推銷給企業的經理人。

從我們今日可擁有的唯一觀察角度來看，《斷層時代》是杜拉克的社會哲學的綜合與總結，透過他多年來平素對迫切問題的關切，這個哲學觀逐漸在他的思想中成形。

PART

II

管理學的實踐與理論

CHAPTER 06.

杜拉克：經理人的教授

尤偉克*撰

杜拉克著作等身。在我的書房裡，那些著作占據了我書桌後方的書架上，那是我身為管理學研究者，為想要反覆查閱的書籍所保留的位置。簡言之，那些書是和泰勒、甘特、費堯及少數後輩作家的著作放在一起，連同一箱書（如果被流放荒

---

* 尤偉克（L. Urwick）

尤偉克現年 78 歲，目前已退休，住在澳洲雪梨市。他將自己的職業生涯描述為「五花八門」。在他 48 年的活躍生活中，有七年擔任士兵，七年擔任官僚（其中五年是日內瓦國際管理學院院長），八年擔任企業主管（從事手套製造和糖果業務），最後 26 年則是 Urwick, Orr and Partners 公司的創辦人暨董事長，這是一家知名的英國管理顧問公司。他榮獲 C.I.O.S. 金質獎章（Gold Medal of C.I.O.S）、華萊士．克拉克獎（Wallace Clark award），並且是唯一一位同時擁有甘特獎章（Gantt medal）和泰勒金鑰（Taylor key）的非美國人。他最知名的著作是《行政管理要素》（*The Elements of Administration*）。

島，並被限制只能攜帶一箱書時我會帶的書）。

如果問我為什麼？我會回答：

（1）因為杜拉克寫的英文清晰、簡潔、生動、有趣易讀。鑑於英文不是他的母語，這一點本身就是一項非常偉大的成就。我認識的人當中極少人的寫作能力像他那樣優秀，目前在撰寫管理學相關著作的其他人也是如此。

（2）但是優良的著作就是如此而已，除非它表達的想法具有內在價值。杜拉克的理念一直都是原創的，既有趣又有挑戰性。他的最新著作《斷層時代》充滿挑戰，由於他是紐約大學（New York University）的教授，對於那些可說是「他自己的參照群體（reference group）[註1]」的學術界同儕來說，尤其是如此。

（3）雖然杜拉克著眼於未來（他的最新著作充滿前瞻性），但他的研究穩穩扎根於現在，因為現在是由過去發展而來。我們可能生活在一個「斷層時代」，但是個人的所有知識的終極是智慧，而智慧知道不能迫使人們去改變，只能引導他們接受變革，並得協助他們跟上變革的後果。

（4）因此，杜拉克（他同時也擔任多家卓越企業的顧

註1　這通常是指個人所在的社會群體，其價值觀、態度、行為會影響此人的行為與觀點，並成為此人評價自己的比較標準。在此是指可能受到他的影響的學術界同行。

問）已撰寫具有洞察力與遠見的管理學著作。他也沒有忽視過去。雖然有太多管理領域作者都忙於展現其前輩犯了多少錯誤，以「追求浮名」（seeking a bubble reputation）（莎士比亞指的是「那個花俏的名聲」〔that bauble reputation〕嗎？），杜拉克卻將知識視為一個連續體（continuum）。知識是一座大教堂，歷經好幾世紀緩慢發展，每一代人都添加其貢獻，例如加一個額外通道，這裡蓋一座塔樓，那裡添一個扶壁。知識不是偷工減料的公寓，那樣的公寓每隔十年左右就得完全拆毀重建，因為新技術使我們能夠在同一地點改建而創造雙倍的可出租價值。

由於我的學術經歷被第一次世界大戰打斷，此後我專心致志，先是投入商業實務生涯，然後建立了一個管理顧問的合夥事業，對我來說，杜拉克的書籍當中最有價值的是《彼得·杜拉克的管理聖經》，首次出版於 1954 年。

我經常查閱它，而且總能發現新洞見和新建議。杜拉克是一位大思想家，不受當前的學術風尚或經濟舊規所限制。

企業的目的

杜拉克在《彼得·杜拉克的管理聖經》的開頭，探討了這句虛偽行話（cant）：獲利是企業的目的。如果企業有任何社會目的、任何可證明社會應保有該機構的目的，則那個目的不能是為特定個人謀取利益。「有沒有獲利動機，和了解企業的行為、利潤、獲利能力無關。如果某人決定經商賺錢，這件事只跟他自己和記錄天使（Recording Angel）（註 2）有關，並沒有告訴我們，此人是做什麼生意，績效又如何。」

他繼續說：「以獲利為目標的概念比無關緊要地獲利更糟：這個概念會造成傷害。它是社會誤解獲利本質、對獲利抱持根深柢固敵意的主要原因，而這正是產業社會最危險的弊病之一。」

他清楚、簡潔地說明，企業目的附帶一個條件，即其目的「必須落在企業本身以外。事實上，它必須落在社會之中，因為工商企業是社會的一個『器官』。企業的目的只有一個有效的定義：創造顧客。」

在《彼得．杜拉克的管理聖經》中，於將近四百頁之後，他重提這個重點。「沒有一個社會可以持久建立在這個信念上：私人的惡行變成公眾的利益（這句話最初是荷裔英文作家曼德維爾〔Bernard de Mandeville〕說的）。因為在美好、道德長存的社會中，公益始終必須倚靠私德……每個領導團體都必須……能夠聲稱，公益決定了該團體自己的利益。這個主張是領導者的唯一合法基礎；讓它實現是領導者的首要職責。」

註 2　在猶太教、基督教、伊斯蘭的天使學中，上帝指派了記錄天使，負責記錄每個人發生的大事、行動或祈禱。

「對資本主義和資本家的敵意，是合乎道德和倫理的。資本主義遭到抨擊，不是因為它效率低下或治理不善，而是因為它憤世嫉俗。況且，建立在這個主張私人惡行變成公眾利益的社會，是無法長久存在的。」

「如今在這個國家（美國），主張相反的原則——企業的管理必須以公眾的利益為企業的私益，這件事不僅已能做到，甚至可能已是司空見慣的事。我們有愈來愈多的管理層宣稱，在其日常行動中實現這一原則是他們的責任，這一點是我們的國家與社會迎向未來的最大希望，或許也是整個西方社會未來的最大希望。確保這個主張不只是在口頭上說說，而是變成鐵的事實才是最重要的，這是管理層最重大的責任。」

這是我所知，對於「自由社會」中經濟要素（economic element）目的最為清楚的表述。

「人際關係」與「人事管理」的缺點

由於杜拉克對企業目的有這一清晰看法，對於要實現企業目的必須滿足的人力條件，他也有同樣清楚的觀點。我向來認為，《彼得．杜拉克的管理聖經》的這一章〈人事管理破產了嗎？〉，是他對於所讀過的關於企業活動中人力因素既有妥協之道，最具建設性的分析。

杜拉克回答了他自己的標題提出的問題：「不，人事管理沒有破產。它的負債確實沒有超過其資產。但它肯定是無力償還債務，肯定無法用現成的績效現金，履行它隨意許下的有關工作者及工作的管理的承諾……。也許最大的營運資本是我們已學到的不要去做的事，但是哪個銀行家會對這種『抵押品』提供貸款？」

而且他對於這種不理想情況緣由的分析手法也是同樣明確。「人事管理仍被認為是一項專業，是企業的附屬品」，而**不是**每個經理人工作中的一個基本元素、最重要的元素。

他區分了人事管理和人際關係，但他對這兩者的說法，是可以相互為用。兩者都受害於被視為「意外且偶然」，其實它們是極其重要。人事管理和人際關係都避開了「工作者管理中的兩個最重要的領域：工作的組織和工作者的組織」。它們接受「兩者本來的面目」。

我置身於大型組織的第一個經驗，是在德皇威廉二世（Wilhelm II）所稱的「那支可鄙的小軍隊」中擔任一名非常低階的軍官，最初它是 1914 年英國派往法國一支有六個師的部隊。四年半後大屠殺（大戰）接近尾聲時，這支英國軍隊有將近一百個師，我注意到一個奇特的事實。除了在戰爭的最後一年才參與大屠殺的美國軍隊外，英國軍隊是在那漫長的戰事中，唯一未發生叛亂（或近乎叛亂）而瓦解的軍隊。

我因而得出結論（一個不情願得到的結論）：英國軍隊吃

苦耐勞而未喪失凝聚力的能力，必須追溯到其軍官（尤其是低階軍官）和其他軍銜之間相當特殊的關係，這種關係是在 19 世紀英國長期服役的職業軍隊中所建立。英國官方在第二次大戰時出版的《英軍訓練手冊》中用一句話說明了這個關係：「軍官的第一職責是關心，也就是了解他的士兵。」

但在我閱讀杜拉克的篇章時，才明白為何是如此。在企業內，我們把人事行政管理和人際關係視為「企業的附屬品」，也就是說，是和企業生存所需做的「真正工作」無關之物，而非為了讓工作正確做好的必要之物。

正如我所知，在英國軍隊中，所有提供人事服務的專業部門在良好的現代企業中都可以找到：醫療服務、補給服務、娛樂安排、薪酬支付等，那些就是杜拉克所描述的「企業中的人事主管通常負責的必要事務」。

但是除了這些專門的服務，還有一個傳統，即直接指揮士兵服役的單位或編隊的軍官是負責任的，他不僅是優秀的軍人，並以他服役的排／連／營／旅／師／部隊感到自豪。而且年輕的軍官從入伍的那一刻起，就被反覆告誡這個教訓。對於這種團結情況，軍事作家使用了「士氣」一詞，它被定義為「道德條件，尤其是關於紀律和信心方面」。有經驗的軍官能在很短時間內，分辨某軍事單位的士氣是高昂、普通或低得危險。保持其兵團的士氣，是各級軍官的首要職責。

這意味著在軍中，人事管理不僅被視為「直線」功能

（line function）[註3]，而且是僅次於戰鬥、並為了戰鬥而進行訓練的最重要功能。當人事管理被視為專業時，它會面臨的兩難困境就不存在了。正如杜拉克指出的，在人事管理被視為專業的地方，「人事管理必須篡奪營運經理人的功能與責任，或是營運經理出於自保，必須限制人事管理部門只能處理次要的雜務。」

在人事管理不僅被視為「直線」功能，且被視為戰鬥效能的必要條件之處，企業中經常出現的「直線」[註4]與專業服務之間的衝突，在軍中就很少見。而且，如果這樣的衝突出現，那並不是因為專業服務在干擾直線管理人員的「權威」，而是因為專業服務人員未能充分發揮其專業職能。直線軍官都贊同那些職能對於戰鬥效能極其重要。在企業界，良好的人事管理是工作效能的關鍵。但若人事管理人員在和直線管理人員爭奪對員工的控制權，人事管理就不可能做得好。只有在各級直線經理都把人事管理當成其工作的一個重要部分，而且認為專業人員部門的存在是為了協助他們履行職責，人事管理才有可能做得好。

註 3　指直接關聯到組織的主要目標與使命的功能。

註 4　在企業中，這通常是指製造產品或提供服務。與之相對的是專業服務功能，即人力資源、行政、財務等。

過往的價值

杜拉克也在同一章表達他對過往的深摯敬意。他提到由泰勒及其追隨者所發展的科學管理，「可說是有關工作者與工作的一套系統化哲學。整體而言，它可能是自《聯邦黨人文集》（*Federalist Papers*）以來，美國對西方思想最強大、最持久的貢獻。」

自 1940 年代中期以來，學術界有愈來愈多群起非難泰勒的聲音，若不是囂張地漠視泰勒的作為與著作，就是惡意的批評。其中大多數被視為嚴肅的批評，都是荒謬的。正如昆茲教授在 1961 年以美國管理學會（American Academy of Management）會長身分正式發言指出，有些「作者似乎變得過分關注貶抑輕視（downrating），有時會扭曲其他人所說、所想或所做的事情。」

以前的著作被描述為「古典的」（classical）[註5] 或「傳統的」。當然，這些詞語在美國學術觀點快速變動的風氣中，都是貶義。其含義是「過時的」、「已被取代的」。杜拉克絕不會這樣蔑視過往。他在《彼得．杜拉克的管理聖經》中提到的關於泰勒的段落就是一例。

另一例是他對於在 1967 年被授予泰勒「金鑰獎」（Key）

註 5　泰勒於 20 世紀初發起的科學管理革命，導致古典管理理論的誕生。

的評論：

貶低泰勒的流行遊戲，並未比貶低牛頓（基於他在 300 年前創造物理科學而未能預測到量子力學）更有意義。的確，就像是牛頓給了我們古典物理學，我們才有量子力學一樣，今日我們之所以能擁有現代管理理論的種種新的閃亮工具與概念，是因為泰勒在 75 年前創立了工作研究與組織研究。

說得好！那是對管理學研究的一個真正有建設性的貢獻。

有跡象顯示，其他管理學者開始追隨杜拉克的引領。在 1969 年美國管理學會（American Academy of Management）年會上，佛羅里達大學的法克斯（William M. Fox）教授發表論文〈什麼是古典主義者？〉（What Are the Classicists?）時說道：「我覺得古典派的標籤既不準確也無用處。迄今，所有被我指派『為古典主義者下定義』這個任務的研究生，似乎都得到這個相同的結論。」簡單地說，「古典主義者」（classicist）是指使用「古典主義者」這個術語的作者，其獨特思想首次介紹給漠不關心的世界之前，就冒險撰述管理學的人。

誠實正直

或許杜拉克對管理學最有價值的貢獻，是他反覆強調誠信

（integrity，或譯誠實正直）是經理人必備的素質。因此：

在實務中，管理層必須展現出它了解誠信是對於經理人的一項絕對要求。

以及：

管理層不應任命認為智力比誠信更重要的人，這種人是不成熟的……如果此人缺乏品格和誠信，無論他多麼見多識廣、多麼聰明、多麼成功，他都會造成破壞……在任命人員擔任最高職位時，再怎麼強調誠信都不為過。

在這本書的其他十餘處，我們一再發現這些類似對誠信的強調。

「誠信」這個詞是什麼意思？一本標準的美國詞典給了以下定義：「1. 遵守道德原則和品格完善；正直、誠實。2. 完整、齊全或未減少的狀態。3. 完好無損或完善的情況。」

《牛津簡明詞典》（*Concise Oxford English Dictionary*）更簡潔：「誠信：完整、完善、正直、誠實。」

為何誠信如此重要？有一位背景和杜拉克截然不同的人用一句話闡述之。曾於二戰時在緬甸指揮盟軍的陸軍元帥史利穆爵士（Sir William Slim）於 1953 年時任澳洲總督時，在澳洲管理學會（Australian Institute of Management）雪梨分會的午餐會上表示，任何行業的領導者都必須具備五項基本素質：勇氣、毅力、靈活的思維、知識和「最後一項素質是其他所有素質的根基：誠信，它讓人們信任你。」

他贊同美國陸軍參謀長薩默羅爾（Charles P. Summerall）將軍早先的一項評論：「領導者希望部屬成為什麼樣子，他就必須是那個樣子。領導者怎麼想，部屬就怎麼想，而且部屬準確無誤地了解其領導者的想法。」

這只是前文引述的杜拉克觀點：「資本主義遭到抨擊……因為它憤世嫉俗」的一個正面陳述。沒有人想要有憤世嫉俗的部屬，這樣的部屬會公開表示或告訴自己：「我很好，傑克……不管團隊或公司其他人發生什麼事情，都跟我無關。」凡是會這樣想的人：「我不在乎美國或我的城市、甚至我的隔壁鄰居發生什麼事，只要我的日子過得很好」，都是國家與社區的差勁公民，也難免都是差勁的工作者。因為現代技術的結果是，工作者之間錯綜複雜的合作遠比以往任何時候都更重要。個人方面不受約束的利己哲學，會使他無法成為工業社會中堪用的公民。

相對來說，如果團體中其他人員是滿足的，那麼單單有一個這樣的部屬就比較無害。只顧追求自己利益的上司，破壞了他自己職權的道德基礎，因為職權源自一個來源且僅有一個來源：需要完成的工作。職權是為了完成一個共同目標而凝聚行動之所需。正如已故的巴納德指出，「一個命令（訊息）是否具有權威，這個決定取決於該命令所發布的對象。」職權來自下級：它是被賦予的。而且職權永遠不會被賦予以追求自身目的而為人所知、並非追求團體成立的共同目的的個人。

換句話說，「身教勝於言教。」（An ounce of example is worth a ton of precept.）依我之見，正是因為杜拉克把這條真理看得（且表達得）如此清楚，他的《彼得・杜拉克的管理聖經》，是自泰勒撰述了《科學管理的原則》（*Principles of Scientific Management*）之後，關於這個主題的最佳著作。

當然，這個對職權中固有責任的定義，並不是書中的全部內容，那只是其哲學的核心。但正是責任這一項，加上他對誠信的堅持，賦予整部著作統一性和價值。

視野的範圍

杜拉克的第二項卓越素質是他的視野廣博。大多數管理學的研究者都將自己局限於商業領域；這是一種受限制的做法。公共行政、軍隊管理、醫院管理和其他許多職業，全都運用管理知識。正如已故總統羅斯福（Franklin D. Roosevelt）在 1937 年所說，「缺乏良好管理的政府，是蓋在沙地上的房子。」

十年前，我應邀為美國機械工程師學會（ASME）每十年進行一次的研究撰寫一篇文章：〈管理學的十年進展〉。在此情況下，ASME 要求美國大約 50 位知名教授和管理學學生，各寫一封信給我，回答某些問題。其中一個問題是：「過去十年來出版的最佳管理書籍是哪一本？」

ASME 挑選的兩名通信者之一是杜拉克，他回覆說道，是伍卓夫（Philip Woodruff）對前英屬印度公務員的兩卷追憶式研究《印度統治者群像》（*The Men Who Ruled India*）。來自美國的這個選擇最初似乎令人驚訝。為什麼這兩位美國教授都覺得伍卓夫的書和它記錄的發展演變，如此有趣且中肯切題？在美國，英國在印度的統治，傳統上被認為是官僚化帝國主義的惡例。

我們距離這些事件發生的時間太近，而無法看到全面。但這會是歷史的判決嗎？我第二回從頭到尾讀完伍卓夫的書並思考杜拉克的觀點後，得到的結論是，他很可能是對的。英國在印度的統治是開明管理的一個顯著範例。在一百五十多年裡，英國的統治把一個充斥著宗教衝突、派系交戰和數十個小主權國的大陸，整合成印度和巴基斯坦這兩個新興國家。

當然，還有一個軍力因素：英印軍隊。但是相較於大陸面積、問題複雜性、好戰與不好戰的人民混居（兩者必須隔開），以及散居各地的驕傲、嫉妒和相互敵對的太子黨，英印軍隊的規模很小，它很少超過 25 萬人。印度曾經發生過一場兵變，但大致上被一直保持忠誠的當地軍隊遏制了。

在印度獲得獨立大約十年後，我和印度皇家工程師講習班的一位工程師上校共進晚餐。他講述了一位英國中校的故事。中校先前是一個英印營的指揮官，幾年前他去探視舊部。晚餐到了尾聲時，他轉向他的東道主，當時的指揮官（一位印度中校）說：「你知道，如果我閉上眼睛，感覺就像是八年前：什麼都沒有改變。」印度中校回答說：「非常感謝你的讚揚。我們就是努力在保持它維持不變。」

這個部隊其實只不過是一支警力，其背後是一小群精挑細選的專職行政人員：前英屬印度公務員。也許這個文官制度就是以這種典型的精神在 20 世紀發展起來，對印度國民和對英國出生的考生同樣開放，只要他們能通過極端嚴格的入學考試，這是獲得備選資格所需的。伍卓夫寫書是為了紀念和追憶這些人。

他們是如何受訓練？可以肯定的是，沒有使用現代管理的新工具和新理念。其中大多數人從未聽說過泰勒，但他們都是受過高等教育的男性。前英屬印度文官的入門考試是個艱巨的難關。其中一些人畢業於牛津大學貝利歐學院（Balliol College, Oxford）。在喬維特（Benjamin Jowett）於 1893 年去世的多年後，貝利歐學院反映出他的知識廣度和奉獻精神[註6]。

註 6　貝利歐學院是牛津大學最著名的學院之一，培養出多位英國首相和政界重要人物，它是在 19 世紀中期喬維特出任院長後，才逐漸發展為牛津最重要的學院之一。

他們學到了什麼？其中許多人參加了稱為「榮譽考試」（honour moderations）的中級考和被稱為人文學科（litterae humaniores），即俗稱「greats」的學士學位考試。「Honour moderations」涵蓋希臘和羅馬的語言，「greats」則涵蓋希臘人和羅馬人的哲學、宗教、藝術、政治。「Greats」教導學生公正客觀，以及能夠將其環境中的問題，視為總體環境的一部分。然後，經過更多的語言和印度人民觀點的特別訓練後，他們被送到印度，經常在很早年就承擔很大的行政責任。

教學或研究

他們被教導得極好。喬維特的傳記作者說：「在他去世時，貝利歐學院的幾位研究員希望有更多空閒時間進行自己的學習和研究，花較少心力輔導其學生的課業，主要是為求知而求知，而非為了別有用心的目的，無論那些目的多麼有價值。」

喬維特從不隱瞞自己的觀點，即教育（而非研究）是導師首要也是最終的職能。他似乎認為，研究往往是一種自我放縱，欣喜地逃避一項更急迫（甚至可能更乏味）的職責。除了一些很傑出的教師之外，如果塔樓中的一個研究室對他們來說極其重要，那麼他們應該做出那種犧牲，以便在其中工作，並以他畢生所獲的成果做為回報。使用公款讓自己選擇要做的事變得容易是錯誤的。如果教學是他們的職責，他們必須把學生放在第一位，在其餘時間做研究。「那種犧牲」之語，指的是喬維特從未結婚一事。

「正義之士」

在此杜拉克似乎又屬於「知識的偉大傳統」，而不是較現代的理論或觀點。他在《斷層時代》的最後一章〈知識有未來嗎？〉中指出，以知識為基礎的社會所關注的重點，要求控制知識來源（即大學）的那些人承擔一個特殊責任。「只要涉及龐大經費，就必須小心提防那些精明的操作者。如果知識社群不自我控制，就得接受外界控制。同樣地，不能因為沒有人從中圖利，不道德行為就能獲得寬恕。」

全世界的學生都在反抗。為什麼？在一年多前流傳的一本小冊子中，哥倫比亞大學（Columbia University）商學研究所所長布朗（Courtney C. Brown）教授對於這個問題提出了部分答案（哥倫比亞大學也遇到這個難題）：

學生感覺到教師對課堂教學工作不夠投入，會把其他事務置於教學工作與師生互動時間（office hour）之前，因為教師抱怨在課堂上由於學生人數（太多），加上伴隨被描述為「學術專業化」發展而來的其他做法，無法進行他們想做的討論。……在多數大學校園內，這些教師的特性很明顯，但程度各有不同。對教學工作的投入，往往被賦予次於個人專業興趣的第二優先地位，無可避免就會愈來愈依賴助教、學生助理和其他類型的初級指導。這種情況已發生在教育費用劇增之時。學生往往有吃虧上當的感覺。

布朗教授的同事張伯倫教授（Neil W. Chamberlain）嚴厲批評布朗的觀點，說它展現出「對教育過程的誤解」。

西式的工商企業是受到學生抨擊最嚴重的機構。但學生或任何其他群體都不會因為**可能**發生在他們身上的事情，而拿自己的未來去冒風險，並使自己現在無利可圖。他們的抗議都是由現狀引發。他們占據了哥倫比亞大學的辦公室，不是紐約的工商企業的辦公室。如果哥倫比亞大學的教學讓他們對現在的境況如此不滿，以致公開反抗，則該大學同一批老師指出了我們社會中令人不滿的其他特點，也是徒勞無益。這是個古老的智慧：「先去掉自己眼中的梁木，然後才能看得清楚，去掉你弟兄眼中的刺。」（《聖經 · 馬太福音》第 7 章第 5 節）

杜拉克雖然本身是教授，但並未犯這個錯誤。他直截了當地說：「一個掌權的團體如果不為其道德負責，就會腐敗並墮落。」而且他提出這些相關問題：

要求具有博士學位的規定是否合理（也許在自然科學領域例外）？有沒有證據顯示博士學位能讓人成為更優秀的教師，

甚至更優秀的學者？或者訂立這項規定的主要原因，是要讓那些已經在學術收費站（academic toll-gate）用時間與金錢繳付足夠費用的人，能夠得到職務和報酬？

根據我的經驗，企業管理方面的博士學位是教育一代代年輕人的直接障礙。經驗豐富的管理實務界人士如果沒有學歷，就沒有機會教書。博士學位是技藝工會的「門票」，不是對於擔任教師的優良技巧的任何測試。各大學在管理領域對此條件的堅持，是法國人所形容職業偏見（*déformation professionnelle*）的明顯例子。

由於杜拉克看到了這些問題，也清楚表達出來，他引發了每個肩負沉重實務責任者的共鳴。在此引用他的兩個句子做為結束：

知識成為工作和績效的基礎，讓知識人必須負起責任。他如何承擔這份責任、如何履行這份責任，很大程度上將決定知識的未來，最後甚至可能決定知識是否有未來。

這就是我將他形容為「管理者的教授」的緣故。

CHAPTER 07.

對《彼得·杜拉克的管理聖經》的評價

芮奇*撰

在盛行的觀點中，先知的角色是發預言來預測未來。事實上，他的任務沒有那麼神祕，但更重要。他需要了解人們以及他周遭的社會，並利用這種了解來協助創造未來。杜拉克在管理實務中作為分析家、解釋者、顧問的角色，這和他作為其時代先知的角色，是不可分割的。

---

* 芮奇（Ronald S. Ritchie）

在加拿大多倫多的帝國石油有限公司（Imperial Oil Limited）工作已超過20年，目前是該公司的副總裁和董事。他曾為加拿大政府做過特殊的工作，擔任政府組織皇家委員會的常務董事。此外，芮奇先生正在完成為加拿大總理所作的一項研究，其主題是建立一個持續研究公共問題的研究所。他曾撰寫《北約，一個經濟聯盟》（*NATO, The Economics of an Alliance*）和關於經濟與公共事務的各種文章。

歷史上的偉大先知透視錯綜複雜與爭議重重的面紗，發現了該時代社會的真正本質、社會的發展方向、發生作用的各種根本力量。《舊約聖經》（*Old Testament*）中烈火先知們警告以色列子民，最大的威脅不是外來壓迫的枷鎖，而是自身造成的靈性貧乏。他們呼籲民眾悔改、追求一個新目標、一項新志業。在 19 世紀，托克維爾（Alexis de Tocqueville）[註1]的洞見，揭示了大眾民主（popular democracy）[註2]的重要根基，並揭露了其內在傾向，既有可取之處，也有不可取之處。他的目標讀者是他的法國同胞，他們骨子裡沒有大眾民主的經驗。他的實際讀者要廣泛得多，所以他的努力成果影響了現代民主在其發源地的發展。

杜拉克的風格和語氣更像是托克維爾，而不像激昂的舊約先知，但在很大程度上他是那時代的社會分析家、批評家暨預言家。雖然對於同一時代的人物與事件做出正確的評斷很困難，但似乎可以確定，杜拉克的主要洞見將經得起一個世紀的考驗，正如它們已通過了 30 年的考驗。

註 1　法國政治學家、歷史學家暨社會學家，以對美國政治體制與社會制度的研究而聞名於世，他的大量著作對今日的政治與社會問題仍有很大影響，其中以《美國的民主》（*Democracy in America*）最知名。

註 2　大眾民主是一種基於公民投票和大眾意願而授權的直接民主概念，源於民粹主義的政治哲學。

杜拉克也是一位專家型記者、研究員、顧問、分析師、綜合者、創新者，尤其是管理實務的詮釋者（interpreter）。詮釋者不是一個可單獨成立的或附屬的職業。他對於管理的一切觀點，都是他談論現代社會本質和其中起作用力量的重要內容，是具體的闡述。他經常在出版了社會分析書籍後，繼而出版管理書籍：《工業人的未來》（1942）之後有《公司的概念》（1946）；《新社會》（*The New Society*，1950）之後有《彼得．杜拉克的管理聖經》（1954）；1950 年代末的《明日的地標》之後有 1960 年代中期的《為成果而管理》與《杜拉克談高效能的 5 個習慣》。如果這個模式繼續下去，1969 年出版的《斷層時代》之後在適當時機，杜拉克將有另一本書問世，對管理思維的進展做出直接貢獻。

這些著作中的每一部都聚焦於：我們不斷發展的工業社會、在其中起作用的力量、此一社會的需求，或以這些做為基本架構。管理理論與實務並不是抽象、知識的概念，而是從專注用心於任務的本質、人的本質、我們置身的社會集體努力的本質中，獲得的既實際又具有啟發性的智慧。管理知識是社會知識的一部分，其應用對我們社會的未來非常重要。

《公司的概念》出版後不久，一位評論家寫道：「希望作者的才華很快就會用於更有價值的主題上。」這位評論家認可所讀之書的品質，但未能領會書中關於大型公司做為我們時代的代表性機構這個核心訊息。25 年後將會更難再犯同樣的錯誤，因為杜拉克和這個轉變有很大關係。

管理的任務

杜拉克的洞見對於我們了解管理與管理過程上所做的貢獻，很大程度上來自他堅持把任務（task）做為基本的決定因素。企業必須獲得成果，成果塑造了企業本身、其管理人員、知識工作者、其餘工作人員的角色，並定義各自需有的績效。任務本身或在其內執行任務的環境，都不是個人心血來潮或偏愛的產物，而是社會決定。個人必須做的是確定能獲得的成果，並充分了解其必要條件以做出足夠貢獻。雖然杜拉克沒有使用「情境權威」（authority of the situation）[註3]這個詞語，但他的分析始終與之有關，也和它所需的條件及其提供的貢獻機會有關。

因此，他從企業做為現代社會履行其基本經濟功能的特定機構開始探討。企業密切參與現代社會的社會與經濟發展。但

註 3　情境權威理論的代表人物是傅麗德，她主張企業依目標所要完成的工作係由任務來決定，而非個人的權威。在任何情境下，理性的人都會對「哪些人需要做哪些事，以得到最好結果」這件事有共識，所以只要命令是針對情境的需求而發布，自然就會產生權威。此時部屬也比較不會有受到上司支配的感覺，困難的監督問題將可迎刃而解。

是正如所有良好的定義與描述，這兩個陳述既包括也排除了一些事物。經濟活動和社會的許多其他關切事項有關，並受之影響，但不包括它們。因此，企業的主要角色並不為社會的這些關切事項負責任，除非社會要求在經濟過程中履行那些責任。企業作為執行經濟任務的機構，其形狀、大小、過程是由現代的生產與經營決策的時間範圍、將物資與人力資源結合成生產組織所需的經濟績效，以及執行任務所需的聚合規模（the scale of aggregation）[註4]所決定。

相對地，經理人的任務取決於企業的任務。他們的焦點必須放在企業的內部與外部需求上。事實上，組織中的所有參與者（無論是管理的、專業的、文書的或勞力的），都必須聚焦於企業的需求上。對於經理人來說，這意味著接受以企業的客觀要求為指南，來管理企業本身、經理人、工作、工作者。

管理一家企業，需要了解對經濟績效的需求，並承諾予以實現。第一步是需要確定企業的真正內涵。為此，不是要往內部看，而是要往外部看，因為是客戶在決定是否有企業，是客戶的感知（有意識或無意識地）在決定該企業是什麼、它滿足什麼需求、提供什麼價值。早在「市場定位」（market

註 4　在商業上，這是指組織能夠有效益、有效率地執行特定功能或任務時，所需整合的資源與勞動力的規模，可能涉及資本、技術、勞動力等資源的匯聚。

orientation）和「行銷短視症」（*marketing myopia*）（註 5）成為常用術語之前，杜拉克就告訴經理人，企業的核心是行銷和市場創新，不是生產流程。他描述了像史隆（Alfred P. Sloan）和羅森華德（Julius Rosenwald）這樣的企業領導人，是如何僅僅基於這個前提就創造出極成功的企業組織。同樣，遠在系統方法（systems approach）（註 6）廣泛應用於商業和其他社會過程之前，杜拉克就在強調，需要觀察特定企業活動和從初始資源到最終消費整個過程的關係，並引用西爾斯百貨（Sears, Roebuck and Company）和美國電話與電報公司（AT&T）的成功故事。

雖然許多管理理論家一直默認，管理者關注的是已知和已定義的任務，但杜拉克向來宣稱，就管理企業這一任務來說，企業家的任務是其核心。借用另一個情境的語言，經理人從事「創造未來」的工作。經理人今日的職責，是為只能在未來產生結果的事情做決定。他的職責還包括捨棄過去的活動（其中

註 5　這是萊維特 1960 年在《哈佛商業評論》發表的一篇經典之作中提出的行銷概念：企業如果專注於滿足顧客的需求，而非專注於銷售產品，業績就會更好。萊維特是本書第一篇文章〈杜拉克的鮮活遺澤〉的撰稿者。

註 6　這是一種將複雜的現象、流程或問題視為相互關聯的系統，而非孤立的部分或事件來思考和分析的方法。它研究系統內不同組成部分或元素之間的關係、回饋迴路和動態，以及系統和其環境之間的相互作用。

有的是從來不該做的，有的是一直做得很成功，但現在已過了鼎盛時期）。管理層的經濟績效任務不是靠適應環境或做出反應來實現，而是靠創造與變革。因此，需要實行「目標管理」，這個概念和詞語是杜拉克在 1954 年的《彼得・杜拉克的管理聖經》中引進，已經成為管理方法的常識。

任務導向（task orientation）的行為準則，也是杜拉克關於如何管理經理人的觀點的核心。每個管理職位必須名副其實，也就是必須基於企業的需求，而且職位具有的權威和承擔的責任必須以任務為重心。如果一個任務太大，非個人所能完成，就需要團隊來執行，在執行長的角色上尤其如此。管理應該以目標為依據，經理人要能自我控制，並且應該以對企業績效的貢獻來評量。任務導向和貢獻的檢驗，決定了向上、橫向和向下關係的性質。從這個觀點來看，上級的關鍵貢獻是協助，而非指示與控制。

企業的一個主要需求是持續培植明日領導人。在 1940 年代，杜拉克強調，經理人只有在被賦予管理職位時才能得到發展，這樣的機會應該在其職業生涯早期就出現，而且是在企業的某個層級，讓他們可以犯錯而不會招致太嚴重後果。在通用汽車公司的分權治理中，他描述了一個組織系統以足夠大的規模提供這樣的機會，滿足了現代企業對經理人數量持續升高的需求。與成果導向（results orientation）一致的是，這個系統強調自我發展、專注於建立優勢，並阻礙長期晉升計畫或潛力等級的評定。

管理的結構在經理人和企業的管理中都扮演一個關鍵角色。這裡再次強調，任務導向和企業的客觀需求是關鍵因素。對於所需的活動、決策、關係必須進行定期分析，以保持管理結構適合需求。眾目標必須形成一個結構，使得（並要求）所有經理人的經營績效，具有最少數的管理層級，並有利於培訓明日的經理人。

管理任務的第三部分是對工作和工作者進行管理。在此，重點是僱用整個人，亦即認識到人類獨特的生產潛力，並據此安排工作與工作場所，以便每個人的強項優勢、積極主動性、責任心和能力，成為企業整體實力與績效的來源。這需要安排所有職務，以便每個職務都構成一個獨特階段或完整步驟，其速度與節奏取決於個人的表現，而非取決於在個人表現之前或之後的工作，並包含對個人或個人想法的挑戰。必須尋求的是一種責任感，那是可以被誘導和鼓勵，但無法買到。

工作者需要能讓他衡量自己的貢獻與績效的那種資訊。他需要共享管理願景。只有讓他在一定程度上參與規畫職務或參與企業社群與資訊服務的組織和管理，他才能同享管理願景。心理上所需者，大部分現在已廣為人知，但把這類知識轉換成實際的管理實務與工作氛圍的艱巨任務，只有極少數人在處理解決。

對於工作與工作者進行的管理，包括管理今日的知識工作者與專業人員。知識已成為現代經濟中的核心生產要素，知識工作者接替了昔日的勞力工作者（包括熟練或不熟練的）。知識工作者的崛起成為企業的主要元素，更強烈凸顯出組織絕對需要專注於任務與成果。唯有如此，知識工作者的努力才富有成效。在讓人們了解知識工作者的崛起對管理的影響方面，杜拉克的貢獻超過大多數人。在他看來，「使知識工作富有成效，將是本（21）世紀最重大的管理任務，正如使勞力工作富有成效是上世紀最重大的管理任務。」知識工作者就是專業人員，不是經理人，但他有責任確保自己對企業的任務做出貢獻，並在很大程度上有責任設定自己的績效標準。相較於非專業員工，他更能促成企業管理願景終極目標的實現，即所有成員、各個工作者都承擔重要的責任與決策權。

決策是管理層的主要活動。事實上，決策是管理者特有的活動。再者，根據企業的客觀要求進行分析，可以了解決策責任的許多需求和有效做法。這種分析告訴我們哪些決策可以簡化為例行工作，並在組織的較低層級處理，哪些是少數的策略性決策。它有助於找到正確的問題，並展現出找到替代答案並加以評估的必要性。決策分析明確顯示，決策和不確定的未來有關，目標不是最小化（或降低）風險，而是根據相關的期望找出正確合宜的風險，並承擔那個風險。最後，它顯示哪些人應該參與每個決策，以及必須落實並跟進哪些事情以確保獲得成果。

企業本質上是個社會組織，也就是人類的組織。社會決定了對企業（因此也是對管理層）任務的要求。同時，社會還施加了經濟任務原本所沒有的其他要求和限制。在我們的社會中，個人具有至高無上的地位，職場生活的要求與氛圍，不得和我們社會對個人的基本信仰與承諾相衝突。這引來了關於工作場所內個人尊嚴與機會均等的問題，也將道德的考量引進企業的內部組織關係與結構中。

管理任務和企業績效的這些方面經常成為杜拉克對這個主題的論述重點。他強調誠信是經理人的重要素質，是企業內可接受的有效人際關係的必要基礎。他強調在晉升和管理人員培植決策中所涉及的生殺大權，並稱之為重要至極、不可交給單一上司的決策。在這一切領域中，企業的即時功能需求與社會的期望相互交織，社會期望企業是以符合個人地位及目標的方式來履行其功能，並能強化社會對個人地位與目標的觀點。

企業行為理論

管理層對企業負責，但透過企業，它對社會有個功能性的、明確界定的責任。它扮演的是經濟功能的角色，除了直接源自其經濟責任的權力之外，在社會關注的其他領域它沒有權力。即使它對企業僱用的社會成員行使權力，但若超出企業的客觀需求範圍，就是非法。管理層與企業和其他機構皆有實現基本社會價值的目標（尤其是實現個人的成就感），但他們透過創造商業機會（而非承擔那限制或超出其主要功能的社會責任）來實現這一目標。

管理層對企業職責需要持續關注，以確保其現有的行動與決策，在未來不會導致公眾輿論對企業或其功能造成威脅。換句話說，管理層必須時時警覺公眾思維的趨勢，及其對管理層履行任務方式的重要性，這是管理層主要職能的一部分。

杜拉克對管理哲學與實務的分析，具有現實世界的氣息。他和許多其他管理學者不同，他的做法不是建構一個智力支架（intellectual scaffolding），然後掛上從企業經驗中挑選或編造的適當例子。相反地，他深入研究了企業經驗以及管理層在社會中起作用的力量。在這個基礎上，他得出了成功解讀現實情況的結論與解釋。

在《公司的概念》中，他開始把公司當作是具有代表性的美國社會機構來研究，不是專注於抽象原則，而是專注於對一家公司：通用汽車的分析；人們可以公允地將該公司視為大企業的各種機會、問題、危險、成就的代表。從當時算起的20年前，史隆制定了行銷方案、管理組織、環境氛圍，使通用汽車這種規模、多元化、有效能的公司能夠立足於世。杜拉克所做的是把這兩者呈現在世人面前：一是對於已完成之事的報告，二是對於顯示其普遍重要性的解讀與分析。

1950年代初期，杜拉克在《彼得．杜拉克的管理聖經》

中，尋求「縮小能實現的事和正在實現的事之間的差距，以及管理領域的領導者和一般人之間的差距。」他說，這是「一本實用的書……很適合沒有直接管理經驗的人，以及管理層的人員（閱讀）」。這本書就像他寫的其他書籍，展現了他擔任企業顧問多年獲得的商業管理實務與問題的詳細知識。它的主要原則是基於西爾斯百貨、福特汽車（Ford）、IBM 等公司具有重要歷史意義的經驗。那些原則的相關性明顯可見，與之相關的深入見解與觀點，在重新聽到時往往令人耳目一新，且讓人信服。

令人震驚的是，杜拉克的著作持續有其實用性與重要性。過去數十年變革如此快速，經過 25 年（即使只經過 10 年）後很難避免被時間所淘汰。這種可能性在文學、藝術、科學、技術方面都很大。過去 25 年肯定已經使大部分有關管理的早期著作失去吸引力。但這種威脅似乎不曾觸及杜拉克的著作。今日閱讀《公司的概念》的人，可能比 25 年前的大多數讀者更能體會其完整含義與適切性。

例如從那時以來，對於企業組織規模的問題，在政治界和專業界都有很多爭論，但是杜拉克在 1946 年將大型企業視為現代工業社會的原型組織的觀點，在今日更具說服力。他說，大規模的好處在於使企業有一個政策，並有一個專門的政策制定團體，它和日常問題離得夠遠，所以能以長遠眼光考量組織與社會之間的關係。八年後，在《彼得・杜拉克的管理聖經》

一書中，他指出，企業的規模不會影響企業的本質與管理企業的原則，也不影響管理經理人、工作和工作者的基本問題。規模影響的是管理層的結構。他說：「企業的規模取決於它需要的管理層結構。」太小的企業會因為它能支持的管理結構很有限而受害。龐大到無法管理的企業，需要太多管理層，這些層級在實際經營業務的經理人和最高階主管團隊之間形成了障礙。他在這方面的觀點觸及下列事項的核心：組織理論、大型企業管理結構的需求、多角化事業組成的企業的管理風險。他的看法對於當前有關綜合企業集團（conglomerates）的爭議，有很大貢獻。

過去數十年間，管理學一直在分權與授權、幕僚與直線及職能關係的優點和要件上來回討論。分權向來被視為大型組織和地理範圍廣大的組織的基本模式；授權則幾乎本身就是目的。管理範圍的適當層面已有學術性的精確研究。當電腦的第一波浪潮席捲管理場景時，有關分權與授權的第二波思維脫穎而出。有些人認為在電腦時代，決策權力必須再次集中化。後來，分權得以利用電腦做為盟友，確立它能增強分權管理以處理決策事宜的能力。

在《公司的概念》中，杜拉克對這些問題的分析在 1970 年似乎就如在 1946 年一樣中肯適切。他當時的觀點是基於通用汽車的實際工作經驗與成就。他看到通用汽車的分權制目的，是將企業最大的統一性和事業部最大的自治及責任相結合，就如同每個真正的聯邦制度，其目的在於透過地方自治來實現統一，反之亦然。他認為這不僅限於事業部經理人和總部經理人之間的關係，理論上還擴及所有管理職位以及與通用汽車商業合作伙伴（尤其是汽車經銷商）的關係。以分權制做為管理原則的目標與要件的分析，在今日就像在昔日杜拉克論述時一樣合理有效，也像當初史隆設計它時一樣合理有效。同樣合理的是認識到：中央集權不能培養未來的領導人。換句話說，中央集權違背了經理人的一個主要職責（即決策）。

《彼得．杜拉克的管理聖經》還廣泛探討了聯邦式分權制，以《公司的概念》初步分析與深入見解為基礎而著墨更深。兩書論述的一切都基於已有實證的經驗，並受到企業需要績效和經理人需要發展機會的考驗。聯邦分權制則需要目標管理等方法，此法將經理人的願景和努力聚焦於企業績效和成果上。分權制和各單位的目標管理破壞了「管理範圍」這一整體概念的適切性。用杜拉克的話來說，相關的概念變成了「管理者的責任範圍」，即一個上司能夠協助、教導、幫助多少人實現他們的工作目標。西爾斯百貨的經驗被引用來顯示一個副總裁可以管理 100 家分店，每家分店都是一個負責行銷和盈利的自治單位。每位分店經理可能有30名部門經理在他手下工作。

《公司的概念》提出了另一個基本觀點，杜拉克在後續的著作中有進一步發揮和詳細闡述。如今經過了 25 年後，這本書仍然代表極重要的預言，還不是廣獲接納的當前管理實務指導方針。當時，他強調擁有工作且透過工作（in and through work），找到個人在工業社會中的尊嚴與成就感的必要性。他把個人成就感和只能透過具有重要性的現實才能夠產生的個人價值感連結起來。一方面，他指出了無建設性、消極的員工對資歷和經濟狀況改善的重視；另一方面也指出了員工的挫折感、缺乏地位、缺乏平等晉升機會，也缺乏對企業整體的了解；從而呈現這兩方面之間的關聯。

《彼得・杜拉克的管理聖經》對這個分析做了更深入的探討。其分析始於一個基本假設：人們想要工作。它聚焦於企業的客觀需求，以及其中涉及的人類需求。在此過程中，它以相當富有同情心的方式，揭露了人事管理的許多主要潮流中，有些是無關緊要且徹底失敗。它強調要籌畫安排工作，使工作構成一個獨立的階段或完整的步驟，並提供激勵以獲得最高績效，其中一個重要因素是個人責任感。這種責任感無法買到，但在適當的氛圍中隨時會迸發出來。責任感隨著管理願景而出現。激發這種管理願景的建議，在這兩本書中都有詳細說明，至今聽起來仍然是有生產力的方法。管理願景的一些要素是企業所有成員都需要的。對於愈來愈多的專業和知識工作者來說，管理願景更是絕對必要，因為只有在他們至少能確實領會一些管理願景時，個人固有的自主性才會投入支持企業實現其需求。杜拉克在 1946 年、1954 年以及其後所描述的深入見解，如今就像他首次闡述時一樣中肯適切、很有需要（也許現在更有需要）。我們的工業社會中，不再能維持一個由中心下達命令的階層組織，連虛構的也不成。

結論

如果杜拉克只寫了《彼得・杜拉克的管理聖經》一書，他對於了解管理任務及其固有要求的主要貢獻，基本上已經完成。他的後續著作《為成果而管理》和《杜拉克談高效能的 5 個習慣》充滿富有成效、令人振奮的深入見解；不僅如此，還展現了 1954 年的分析中肯適切和實際應用，而不是擴大分析範圍。閱讀這些書籍可以提升自己的眼界、增強理解和能力。兩本書都是解說「如何做」和「為什麼要做」的書籍，具有杜拉克在管理領域所有著作的基本特徵：適用感（sense of relevancy）與即時感（sense of immediacy），實踐管理藝術的經理人和僅僅試圖了解社會一個重要領域的門外漢，都同樣有這些感受。這種適用性與即時性，在他 25 年和 15 年前的著作中就如同他今日的著作一樣引人入勝，充分證明了本文開頭的斷言：杜拉克確實是他的時代的先知。

管理學文獻很少摻雜那些涵蓋人類歷史進程或涉及哲學、宗教、軍事科學、生物學、政府等領域的參考資料。也許是因為在杜拉克想要成為管理學學者之前，他是哲學教師暨歷史與國際金融學的研究者，他的著作中融入了這些參考資料。這些資料並非為了虛飾其文，而是大大增添了他想傳達的意義，且其頻率和適切性（aptness）頗有助於解釋他成功地穿透表面現象與傳統智慧，洞察過程（process）與社會需求的真正本質的思維品質。

在討論企業規模時，我們會想起生物學的這個法則：生物體在成長時，其體積與表面積之比愈大，其內部細胞與外界的接觸就愈少。因此，隨著生物體的成長，它們必須發展出呼吸、循環、排泄等特殊器官。正是這個法則限制了生物體的大小。因此，我們對極大組織中的某些特徵、特定需求和特有危險，就有了新層面的了解。在討論決策時會大力強調，必須考慮替代方案，那是提高效能的關鍵。下列事項表達了這個論點：羅斯福總統在其眾多顧問之間創造意見分歧與爭論的習慣；甘迺迪（John F. Kennedy）總統對豬玀灣事件（Bay of Pigs）的反應；1914 年俄羅斯帝國沙皇無法阻止已經啟動的動員，正如其參謀長的報告所說：「陛下，這是不可能的；一旦動員開始，就沒有召回動員的計畫。」

視角如此廣闊的效用，是將管理實務帶入人類經驗的主流，強調管理實務所靠的基本要素，並在某種程度上賦予它應有且需要的地位和更廣泛的理解。

CHAPTER 08.

對《杜拉克談高效能的 5 個習慣》的評論

莫里斯*撰

正如杜拉克所說，高階主管的效能是個太明顯的主題，似乎不需要受到學術研究的關注。然而，杜拉克的《杜拉克談高效能的 5 個習慣》是個充滿智慧與機智的寶庫，其中有陳述簡潔明瞭的豐富實例，閱讀和反覆閱讀都是一種愉悅和靈感的來源。我猜想，高階主管（不論老少）與管理學的學生，將在未來多年持續發覺這本書是一流的進修資料。

---

* 莫里斯（Thomas D. Morris）

莫里斯目前是達特工業（Dart Industries）公司副總裁，負責企業發展。從 1961 年到 1968 年，他擔任美國國防部助理部長。加入達特工業之前，他擔任利頓工業（Litton Industries）全球副總裁。在他於 1956 年進入政府服務之前的十年中，他是管理顧問公司韜睿諮詢（Cresap, McCormick and Paget）的合夥人之一。他撰寫了許多有關綜合管理的文章。

在撰寫本評論時，我仔細重讀了原文（我第一次閱讀時它是印刷前的校樣），心裡想著三個問題：

（1）在杜拉克對高階主管效能的分析中，我認為其中最有意義且最有說服力的發現是什麼？

（2）有沒有任何我想要爭論的觀點？（畢竟杜拉克本人鼓勵辯論。）

（3）有沒有任何重大的遺漏缺失？

在討論我的看法之前，我想強調，我贊同杜拉克在引言中表達的期望：《杜拉克談高效能的5個習慣》將不會是這個領域中的首次努力結果，這個領域應該成為管理教育的一個重要主題。

現在開始進行手頭的評論任務。

我認為哪些發現最有意義且最有說服力？

我認為整本書中最強有力（其表達如此中肯剴切，而成為對管理學的一項新貢獻）的一句話是：

> 效能對於人的自我發展、組織的發展和現代社會的成就與成功運作，至關重要。

杜拉克在這個聲明中，為我定義了衡量管理者與組織的一個標準：評估強項和指出弱點的標準。

回顧過去 25 年來我對超過 100 個組織所進行的研究，如今我意識到，在大多數情況下，管理者的效能是我判斷組織效能的關鍵指標，而組織效能會隨著管理者的存在（或不存在）而快速改變。我親眼見過的最顯著改變發生在國防部（過去 27 年中我有 13 年在該部工作）。在那段期間，國防部的管理出現了兩個進步非凡的時期（就其在歷史上的時點而言）。其中一個發生於第一任國防部長福雷斯特爾（James Forrestal）的領導下，另一個是在擔任國防部長最久的麥納馬拉（Robert McNamara）領導下。有趣的是，這兩人很相似：他們都非常熱情積極、幹勁十足、力爭上游、以身作則。毫無疑問，他們的工作效能幾乎天天都在提高。結果，周遭的人也都跟上他們的步調。然而，由於缺乏有活力的領導，國防部的管理效能也曾經處於低潮期。

這使我想到，我認為杜拉克最卓越的原則：以貢獻做為評量管理者效能的主要指標的重要性。在這一點上，杜拉克提出了許多值得引述的語句，每一句本身都是激動人心的想法。

大型組織的需求，必須靠平凡人達到非凡的績效來滿足。

當高階主管致力於提升自己的效能時，他們提升了整個組織的績效水準，也提高了眾人（他們自己和其他人）的眼界。

這是透過以身作則加上個人奮鬥來界定領導力的一個極珍貴定義。杜拉克接著說：

領導力可以將員工的目光從對問題的糾結執著，提升到對機會的遠見卓識，從對弱點的擔憂關切，轉為對強項的開發利用。

對我來說，這些經驗之談為「積極思考的力量」這個老生常談，增添了一個最有價值、最實用的層面。當杜拉克說管理者們「需要學會餵養機會，消弭問題」（need to learn to feed their opportunities and to starve their problem）時，他貢獻了一句有價值的俏皮話。杜拉克接著說：

組織之所以更有效能，不是因為他們擁有較優秀的人才。他們擁有較優秀的人才是因為他們透過其標準、習性、氛圍，激勵員工進行自我培育發展。而這些標準、習性、氛圍又源自個人透過有系統、有重點、有目的的自我訓練，成為高效能的管理者。

杜拉克的這本書中提供另一個有價值的洞見，是將「知識工作者」明確定位為我們大型機構組織中的「重心」，包括管理者與個別的專業貢獻者。

杜拉克自己指出了關鍵原因，他說：「『知識工作者』……正迅速成為已開發國家的主要資源……只有『知識工作者』的生產力，才能使已開發國家在低工資的開發中國家競爭下，維持其高水準的生活。」而對這一點的關鍵觀察是，「管理者本身就是決定性的知識工作者。他的水平、標準和對自己的要求，在很大程度上決定了周遭其他知識工作者的動機、方向和奉獻精神。」

杜拉克認為，「知識工作者是否為管理者，並非取決於他有無管理任何人員。因為知識的權威，無疑和職位的權威一樣合情合理。」長期以來，這是職務評估與薪資管理方面的純粹主義者（purists）（註1）一直不願接受的真理。「為經理人和個別的專業貢獻者建立平行的表彰與獎勵階梯」是不可避免的發展，但其進展仍然太慢，尤其是在軍方的階層組織中，軍中為確保大多數戰鬥軍官年輕且精力充沛，而實施強制退休制度，導致流失訓練有素的管理專才。這個做法使政府喪失一些最優秀人才，他們由公費培養，卻在職業生涯效能的巔峰時期離職。對於軍中需要較多將官職位以提供機會給非戰鬥專家一事，國會可能不太理解，其原因之一是國會的工作人員中，知識工作者太少。

註1　指在職務評估與與薪資管理方面堅持僅以職位為依據，不認為知識同樣具有權威。

有一次在討論內部組織時，杜拉克將它描述為「成效中心」，而不是「利潤中心」。這個討論的核心在於杜拉克的以下話語：「內部的人數愈少、規模愈小、活動愈少、組織的存在僅僅是為了服務環境，則組織愈接近完美。」這也適用於非營利機構和政府機構，當然也適用於管理顧問公司。我一直覺得杜拉克本人是我所認識最有效能的管理顧問，正是因為他沒有任何工作人員和機構需要管理。

一個主要挑戰包含在杜拉克的下述兩句話中：「如果我們無法增加資源的供應，就必須提高它的產量。而高效能是使能力與知識的資源產生更多、更好成果的唯一工具。」

這本書的最後一句話：「高效能**必須**靠學習而得」，既是一個結論，也是對所有知識工作者的呼籲。句中的「必須」是用斜體字樣，具有雙重含義：第一，高效能無法透過正常的教育過程獲得（杜拉克說那無法靠教導，但可以靠學習而得）；第二，管理者必須學會具有高效能，因為這是「使現代社會的經濟富裕、社會能成功運作的最佳希望。」

上述的言論是我挑出且認為在《杜拉克談高效能的 5 個習慣》一書中最有意義、最令人信服的主題；這本書熠熠生輝，充滿了睿智的觀察和簡潔的語句。（我重新閱讀時，在其他許多句子下畫了線，希望未來能回顧思考這些語句。在本文末尾，我附上從各章中選出的一些短語，都是我感到值得深思的。也許其他讀者會想要將你們的選擇和我的進行比較。）

有無任何我想要爭辯的觀點？

是的，當然有一些。

整體而言的一個批評（或可說是讚美），是杜拉克試圖在《杜拉克談高效能的 5 個習慣》中，將太多哲學論述擠入不同主題內。將許多主題寫進一整章內，每個主題只有一段或更少篇幅的單獨論述。我只希望杜拉克在不久的將來能夠「修訂並擴展」他的論述，因為這本書只是個起頭而已，它應該是一本包羅更廣的論述著作。

我覺得書中有幾個具體的陳述可能會讓一些讀者誤解，或似乎和該書的主要目標不一致。我將這些語句稱為「異議」（雖然這個詞可能太嚴厲），列出如下。

異議 1

杜拉克寫道：

> 做一名有效的管理者並沒有什麼可誇耀之處，那就只是像成千上萬的其他人，在做自己的工作罷了。

在我看來，這個陳述和杜拉克曾多次提過，關於真正的高效能執行者多麼稀少、執行效能對經濟與社會多麼重要等語句，是互相矛盾的。正如前文所指出，我衷心贊同這句話：

「執行效能是使現代社會的經濟富裕、社會能成功運作的最佳希望。」

在我不同意的那個陳述中，杜拉克可能是指（在可能實現的最美好世界中）執行效能應該沒有什麼可頌揚的，因為效能必須變得普遍。但我擔心我們離這個值得追求的目標還很遠。

異議 2

根據定義，會議是對有缺陷組織的妥協，因為人們如果不是在開會，就是在工作。

我認為這是一個誇大的陳述，是為了強調無價值會議的危害。杜拉克後來指出，高效能管理者使用會議、報告和其他溝通工具來實現預定的目標。但關鍵在於**規畫與目的性**。若要激勵和溝通，沒有比經過良好規畫、運作熟練的團隊活動（會議、研討會、培訓會——隨你稱呼）更有價值的工具了。

國防部長麥納馬拉比杜拉克更不喜歡開會，但他每週一上午都會準確地和他的主要部屬開會，但從不超過一小時。他把這些會議用來進行富有教益的溝通。麥納馬拉和杜拉克一樣，是卓越的教師，他利用幕僚會議來實現教導目的。最令人難忘的事情之一發生在他上任後的最初數星期內。當時他要求中央的服裝採購署安排一系列滑稽短劇（由真人模特兒表演），展現出陸海空三軍和海軍陸戰隊隊員所穿的運動衫、工作服、女子運動燈籠褲等缺乏標準化。當每個短劇在幕僚會議上演出時，麥納馬拉部長當場決定四個模特兒中哪一個穿著，將被所有軍種採用為共同標準。當短劇演出結束後，麥納馬拉說（大意如此）：「過去一小時內，我做了許多決定，解決了自國防部成立以來一直存在的爭議。這些決定都不重要，重要的是，我做了決定。我們應該從中學到的教訓很簡單：快速做出不重要的決定，因為行動比不行動好。要將你的時間與精力用於真正重要的、將產生重大結果的決策上。」當時在場的每個人都領會了這個訊息。我建議杜拉克在《杜拉克談高效能的 5 個習慣》的下一版中使用這一案例研究。

異議 3

高效能管理者不會競速。他們設定輕鬆的步調（easy pace），但維持穩定前進。他們會集中精力（自己和組織的時間與精力），一次只做一件事，並且最先做最重要的事。

再次，我猜想這些是為了強調一個觀點而誇大其詞的陳述。事實上，在麥納馬拉領導下的國防部，最有效能的時期之一是 1961 至 1964 年。當時五角大廈引進了最有效能的方案規畫系統，展開了一場防務規畫與制定決策的革命。全員五萬人的國防供應局（Defense Supply Agency）成立，這是國防後勤史上最重要的改善管理行動之一。儘管遭到國會內反對關閉那些設施的議員強烈反對，但有數百個不需要的設施被關閉了，國防管理的各方面都做了影響深遠的改善。

這些創新是在大力收集事實、綜合事實，然後制定非傳統決策方案後的產物；是在數百個專案上全力以赴的最大努力。在這四年中，獲得了十年的進展。如果沒有這種迫切感、願意冒險和做出許多決策的勇氣，這些行動中的大量項目，可能至今還在五角大廈的檔案櫃中靜待關注。

在五角大廈行政效能最高的這個時期，參與其中的人沒有抱怨，也沒有因為競相實現目標而感到精疲力竭。也許只有少數組織在其歷史上，有一些時候能證明如此持續的活動節奏合乎情理，但是任何一個努力超越競爭對手或達到新高度的組織，皆需有超出輕鬆步調的速度，來激勵人們去取得成功所需的績效。

異議 4

決策的第一個原則是：除非有歧見存在，否則不做決策。

再次引用原文：

> 只有歧見才能為決策提供備選方案（alternative）。

我完全同意，健全的決策不是由一致的協議或欣然的共識自動產生，除非這些幸運的情況事先經過對備選方案的客觀探討與辯論。但我的經驗是，強制式的歧見常常會導致粗暴、情緒化的意見分歧，而且經常會挖掘出根深柢固的觀點，例如那些關於陸海空三軍應該統一到什麼程度的典型爭論。

如果不是因為意見分歧，那麼要如何產生備選方案？當然，我們應該尋求（並鼓勵）由夠資格的倡議者提出所有真誠、合理的觀點。但軍方已學會另一種技巧，通常更聰明、更有用。那就是對每個合乎邏輯的備選方案進行系統化模擬，並檢視其優、缺點。我再三看到，那些堅持對問題採取某個解決方案的人，在參與這個模擬過程後說服自己，另一個備選方案更好。正是由各軍種組成的一支聯合團隊所做的這種分析，在1961年震驚了五角大廈，建議國防部長麥納馬拉批准成立一個統一的供應機構（現在稱為國防供應局）。多年來，這一直是國防管理中最廣受抵制的創新之一，因為這些備選方案沒有經過充分模擬。

在此（如同在其他案例中）我對杜拉克的措辭提出異議，可能更關注的是語義而非實質。但我的經驗顯示，微妙之處可能代表這樣的區別：展開令人沮喪的傳統辯論，或開始考慮對備選方案下明確的定義。

或許我贊同的技術應用中最引人注目的是體現在「預算議題」的流程中，這個流程已成為五角大廈的標準作業程序。每年在預算編列期間，麥納馬拉部長會做出幾百個決策。為了確保做出最明智的決策，每個問題都以一份備忘錄的形式記錄下來，其中分析並評估每個主要替代方案所需的費用。有個專責事務處或軍事服務機構會準備議題備忘錄，然後交給財務官、研究與工程主管、人力資源主管、採購主管、系統分析主管、聯合參謀會議依次傳閱。人人都有機會發表意見。

然後麥納馬拉做出了決定，但在他有機會檢視那些備選方案和上述幾位批評者的評論後，他讓方案提議者有申訴的權利。這是一個完全公正且詳盡的決策流程。它鼓勵在闡明事實以支持有用的備選方案時，能盡量客觀，但不會為了尋求異議而強制要求提出異議。

我的吹毛求疵就到這裡為止。現在讓我回答我提出的第三個問題。

這本書中有無任何重大的闕失？

《杜拉克談高效能的 5 個習慣》一書多次強調，書中提出的原則普遍適用於大型組織，不論是軍方的、政府的或私營企業。我認為這個假設可能還需要未來的研究。我推測，依據組織的規模、環境，以及其高層主管、知識工作者和勞動力的典型成分等變數，我們可能會開發出幾種組織模型或概況（profiles）。我推測，在這些模型之間，管理者效能的要素將會有所不同。麥納馬拉和福雷斯特爾的技巧，在全面配備高素質專業人員（且他們願意為追求任務而獻身）的五角大廈運用得非常成功，但若是在專業水平和奉獻精神較低的組織，不一定能展現高效能。

我還認為，杜拉克的這本書在一個主要面向上不平衡。它的主要焦點在於管理者為個人，以及他應該如何利用自己的時間和強項。這本書只是附帶提及管理者應該如何管理他人的工作，和如何利用整個組織的時間與強項。因此，我認為應該還有另一套原則和技巧（其水準與重要性等同本書中所探討者），來闡明如何使管理者善用其組織的人力資源以提高效能。我推測，這樣的原則不僅需要刻意制定和下屬打交道的策略，還需要敏銳察覺組織內所有層級的意見領袖的態度、情緒與反應，並了解和這類意見領袖進行溝通並加以激勵的策略。

我在此所提的這些事情，較常被歸類到含糊的「領導力」這個詞。但是，必然存在一整套原則與技巧，能在目標設定、輔導、回饋與檢討、表彰與獎勵績效等方面，以及在提供積極環境與前進動力的其他所有事項上，區分有效能和無效能的領導人。此外，必定還有需要確認、記錄、說明的新技巧與新原則，那是關於：在各種情況下的有效溝通技巧；AT&T 公司之類企業的規畫、執行策略；建構組織以使一組管理團隊能做最強力的互動，諸如此類。

杜拉克說：

專注於貢獻本身，可提供有效人際關係的四個必備條件：溝通、團隊合作、自我發展、他人的發展。

實際上，專注於做出貢獻確實在這些方面很有助益。但人際關係中有個很重要的特質，只靠貢獻是無法達到，那就是能夠察覺是什麼激勵了他人，並能根據這些知覺感受來和他人打交道。許多軍事領袖擅長專注於做出貢獻；有些軍事領袖在激勵他人方面就不是那麼在行。在高度專業且紀律嚴明的軍事組織中，這不是嚴重缺陷。但在許多其他類型組織中，這很可能是個重大弱點。

對《杜拉克談高效能的 5 個習慣》評論的補充

以下是杜拉克書中的一些摘錄。我在此引述，不是為了提供該書一個完整概要或評論，而是為了凸顯書中強力表達的一些重點；在我看來，這些重點值得那些想要探索執行效能的藝術與祕密的人，一一去檢視。

「掌握你的時間」

我發現最振奮人心的討論是「授權」。書中清楚有力地指出，授權不是將「我的工作」交給別人去做，而是把管理者無需親自完成的事，讓別人去做。高效能管理者發現，有太多重要的事需要由自己完成，他必須「將任何可由他人完成的事交給他們」。不過，高效能管理者不是為了減少自己的工作量而授權他人。

另一個寫得很精采的段落，是因人員配備過剩（無論是數量或素質）而浪費時間的問題：「如果團隊中的高階人員……花費了過多的時間在『人際關係問題』、人員爭吵和摩擦、權責糾紛、合作等問題上，那麼幾乎可確定，工作人員的數量太多。」接下來杜拉克指出，大材小用的人會損害整個團隊的效能。「他所能做的只是惹麻煩。」杜拉克說。

杜拉克陳述的另一個可喜的真理是：高效率的工廠是一個寧靜的地方……吶喊聲事先已被料到並被轉化為例行事務。

「我能貢獻什麼？」

在我的文章正文中，提到關於這個主題（我認為這是全書中最重要的主題）的一些引述句。以下是我特別喜歡的另外一些引述句：

在很大程度上，組織是一種手段，可克服道德對任何個人做出貢獻的限制。

管理者失敗的最常見原因，是無能力（或不願意）隨著新職位的需求而改變。第二次大戰時期，在華盛頓這是許多能幹的人擔任管理者後失敗的主因。

麥納馬拉的故事顯示，管理者擔任的職位愈高，他在外部的貢獻就會愈大。一般說來，組織中的其他人無法像他那樣，能在外部自由行動。〔在此特別是指獲得國會的理解和支持。〕

但如果交流是基於向下的關係，則交流幾乎不可能發生……專注於做出貢獻會帶來橫向的交流，從而使團隊合作成為可能。

古往今來一直有這個問題：如何從「訊息」中獲得「交流」……我們自動化處理訊息，處理得愈多，就愈需要創造有效的交流機會。

〔在知識型組織內〕，人們必須自願依照情境的邏輯與任務的需求（而非正式的權責結構）進行合作。

專注於做出貢獻的管理者，還能激勵他人發展自己，無論他們是下屬、同事或上級。他設定的標準不是個人的，而是基於任務的需求。

「使強項富有成效」

這個主題充滿了有用的、引人深思的詞語。

使強項富有成效是組織唯一目的……組織的任務是利用每個人的強項做為共同績效的基石。

人類的卓越只能在一個領域內實現，頂多只能在極少數的領域內實現。

非常強大的人既不需要組織，也不想要組織。

在組織中，個人能使自己的強項產生效益，使自己的弱點變得無關緊要。

〔有效的管理者〕不會一開始就認定工作是大自然或上帝創造的。〔他們〕知道必須從個人能做什麼開始，而不是從一項工作需要什麼開始……他們需要知道的是個人的強項，以及他能做什麼。

尤其是，讓老闆的強項富有成效，是下屬自身具有高效能的關鍵。

讓強項富有成效既是一種態度，也是一種習性。

管理者的任務並不是改變人類。而是……其任務是利用個人的一切強項與抱負，來大大增加全體的績效能力。

「要事先辦」

正如杜拉克指出，這個主題和時間管理有密切關聯。（雖然每個主題都值得單獨探討，但若這兩章是相連的，閱讀起來可能會較容易。）

對我來說，這個領域的一些要點如下：

如果有個能達到高效能的「祕訣」，那就是集中注意力。

管理者做事集中注意力的第一個原則，是擺脫已經失去生產力的過往的方法。

現在迫切需要一個有效行政管理的新原則，根據此原則，政府的每個作為、每個機構和每個計畫，都被認為是暫時的，並在歷經固定的年限（也許是十年）之後自動終止，除非在對於該計畫、其成果和貢獻做了仔細的外部研究後，透過新立法特別延長有效期。

有效的管理者在展開新活動之前會先捨棄舊活動。為了維持組織的「重量控制」，必須這樣做。但應該和經過考驗並證明自己實力者（也就是老手）一起展開新活動……。只有在能幹的人才負責主其事的情況下，機會才會被利用。

如果是讓壓力（而非管理者）來做決定，那麼可以預料，重要任務將被犧牲。

極少數管理者能集中注意力的原因，是難以設定「在後順序」（posteriorities），即決定不處理哪些任務，然後堅持這個決定……。然而，關於設定優先順序與在後順序，最重要的不是智能分析，而是勇氣。

集中注意力（亦即強行決定把時間與活動用在真正重要且優先之事的勇氣），是管理者成為時間與活動的主宰（而非其代罪羔羊）的唯一希望。

「決策的要素」

〔關於魏爾（Theodore Newton Vail）的案例研究令人驚嘆。正如杜拉克所見，他的研究理念驚人地符合事實。〕即使在今日也很少有商界人士了解，若要有高生產力，研究必須是「解構者」（disorganizer），必須創造一個不同的未來，並對既有的情況持反對態度。

決策的五個要素是經典的且非常正確，列出如下：

1. 這是一般情況或例外情況？
2. 這個決策必須達到什麼樣的目標〔例如「邊界條件」（boundary conditions）是什麼〕？
3. 在考慮做出這個決策所需的妥協、修改、讓步之前，需要周詳思考什麼是「正確」的。
4. 將執行決策的行動納入決策中。
5. 將「回饋」和實際的事態發展相比較，測試決策的效能與效果。

「有效的決策」

雖然我同意（《杜拉克談高效能的5個習慣》）所持的基本理念，但我發現一些言過其實之處，正如我在評論中已討論的。下列的陳述不可被當作是普遍的通則：

> 決策的第一個原則是除非有歧見存在，否則不做決策。
>
> 第二個是，只有歧見能為決策提供備選方案。
>
> 首先，需要歧見來刺激想像力。
>
> 歧見是我們所知的最有效刺激因素，尤其是在被迫經過合理推論、深思熟慮、有文字記錄時。
>
> 為何決策應該是令人反感的，沒有固有的原因，但大多數有效的決策都是令人討厭的。

CHAPTER 09.

向了解工業社會中的行為邁進

贊德*撰

從最有意義的角度來說，行為科學研究的是影響人類行為的因素。數千年來，偉大的思想家一直力圖要了解人類的行為：他做了什麼以及為何要那樣做。他們的努力可以在許多思想體系中找到：神學、哲學、政治學、社會學、人類學、心理學、文學、戲劇等。例如神學家田立克（Paul Tillich）、從神

---

* 贊德（Dale E. Zand）

贊德是紐約大學企業管理研究所的管理學教授，也是該校管理領域的主任。他受過工程師培訓。贊德博士專精於量化方法和行為理論。他是《董事會的管理》（*Managing the Board of Directors*）、《組織發展計畫對感知的影響》（*The Impact of an Organization Development Program on Perception*）的作者，同時也是數項關於組織變革研究和小組行為研究的作者。

經外科醫生轉行為精神分析學家的佛洛伊德、戲劇家莎士比亞，雖然都從不同角度出發、以不同形式表達自己，但都對了解人類的行為做出貢獻。

若要涵蓋這許多不同的體系，需要超凡卓越的智力。能勝任這件事，並能以洞察力闡明人類生活與工作中的黑暗面、惱人面者，最為不同凡響。杜拉克就是其中之一。我們很難找到一位作者能夠望其項背，一貫地識別、清晰地探索人類在努力應對工業社會生活困境中的許多關鍵問題。本文的目的是回顧並擴充他的一些行為概念。

個人必須成為能勝任的「工業公民」（industrial citizen），這是杜拉克的主題。工業公民不僅為企業的經濟目標做出貢獻，而且還影響（並負責任地批評）企業在社會中運作的情況。在這個基本意義上，公民身分是杜拉克處理工業化民主政體的關鍵問題的核心，即維持組織與個人之間微妙但必要的權力平衡。

有效的公民身分，要求個人既是組織的一分子，也是社會的一分子。個人必須界定並實現在組織內部的目標。但他對危險的權力失衡情況也必須有所警覺。他必須察覺可能破壞個人或組織的威脅，並採取行動予以消弭。如果個人沒有達到工業社會要求的行為能力，其生活將在組織的暴政和混亂的無組織狀態之間搖擺不定。

杜拉克對工業公民身分的概念，可能顯得太過雄心萬丈，是超出人類能力所及的處方。然而，我推測這個概念是預言性的。只有透過學習來因應他發明的組織，個人才能夠在工業化中存活下來。

杜拉克的著作闡述了三個基本主題，支持他對工業公民身分的概念：

（1）工業化造成的文化衝擊

（2）組織的影響

（3）個人獲得績效的動機

工業化造成的文化衝擊

工業化就像所有的文化歧異一樣，是隱伏的；在一般觀察者看來，工業化對行為所造成的更嚴重、無處不在的影響，並不明顯。杜拉克認為工業化是一場文化動盪，是一座社會火山，在人類農業、以家庭為中心的景象中爆發。

工業化不僅是技術上的變革，更是人類社會條件（social condition）的革命性變革。它破壞了個人與自己、家庭、工作和同伴的關係，甚至顛覆了個人對人生意義的概念。這些是極巨大的人類困境。人們獲得了更多的物質利益，但愈來愈難應對工業化帶來的挑戰。

杜拉克擱置了當前經濟與政治理論中使人們喪失人性的抽象概念，轉而關注工業化如何持續傷害家庭，這種關注是了解工業化社會中個人行為的基礎。

在工業革命之前，家庭是基本的社會單位和基本的工作團體。每個人（從最年幼的孩子到最年長的成人）都是有生產力的個人。生產團體與社交團體同一個，生產力、人際關係、人類成長環境是一致的。

每個人都依照自己的能力，為家庭的需求做出貢獻。每個人都懂得自己生產的東西。產品幾乎就是人的延伸：是他建造的房屋、他製作的工具和陶器、他所做的衣服。

個別的工匠累積了聲望，品質則與個人的名聲相關。個人靠工作贏得自己的地位。工業化改變了這些情況，而且不可逆地改變了人類的行為。在一次巨大變革中，生活的節奏和意義都被改變了。家庭遭到破壞，個人的獨立性、成長、成就感都被削弱了。

這種社會侵蝕的主要受害者：家庭，被工業組織所取代。男性、女性，一度還包括兒童，早出晚歸。原本齊聚一堂的家庭變得四分五裂，其存在受到威脅。人類只有透過從容不迫、低壓力的互相接觸，才能夠發展出個人誠實正直和自信自在的成長意識，而這種感覺正陷入危險中。

早在一百多年前，家庭的淪落就已清楚顯現，但到了 20 世紀中葉，許多人認為家庭已適應了工業化。杜拉克質疑這個信念。當西方世界在 20 年前進入前所未見長達 20 年的經濟成長時，他的《新社會》一書重申家庭破裂這個主題。如果期待杜拉克能預見這種破裂的具體形式，是不切實際；然而，他擔心的核心內容非常準確，令人不安。

許多人以為家庭已經適應工業化一事，但其實那只是虛構的，人類家庭在工業化的運作下將進一步受到傷害。郊區（中產階級與通勤者的郊外住宅區）已成為現代的、有大型落地窗的無父家庭代表。隨之而來的代溝不是年齡差異所造成，而是冷漠時代的結果。工業化導致城市化，兩者結合起來繼續困住家庭。

過去 20 年來的孩童，如今已成長為青少年和年輕成年人，他們視自己的父母如同陌生人，而父母對他們來說確實是陌生人。每天八小時的工作，加上至少兩小時的通勤、午餐、加班、出差、週末工作，許多人還在夜間兼差，我們發現中產階級的父母每天離家至少 12 小時。即使工作日的法定工時已經縮短，相較於百年前的情況，並沒有多大變化。

工業的便利設施，例如汽車與電視，提升了物質生活水準，但也因此造成了家庭破裂的新層面。汽車讓人們得以即時前往各地，所以購物之旅取代了父母對兒童成長問題的認真探討。電視取代了父母做為模範，並促使人們在家人在場時保持情緒孤立。汽車與電視皆成為家庭成員避免相互交流的額外工具。

嬉皮士世代或垮掉的一代（beat generation）[註1]轉向毒品和群眾運動，是在成長的關鍵時期對於空洞的家庭，以及缺乏和可靠的父母進行有意義接觸的反應。這是在尋求相互關係與寧靜安詳，這些特質是空洞、工業化的家庭無法提供的。

這是杜拉克的功勞：他有遠見，要再次喚起人們對這個影響的關注。在他的著作中，他說：「工業化使家庭與社會分離。」禁止工業僱用兒童「並不能解決工業社會中的兒童問題。家庭做為一個生物單位，尤其是情感單位，仍然像以往一樣不可或缺。家庭與社會的分離，使家庭在情感上變得更加重要……在傳統社會中只是小問題的情感牢固關係的干擾，如今成為嚴重危機，而且引起『適應不良』、『精神官能症』或『情結』，對個人和家庭生活同樣具有破壞性。」

如果我們要了解在工業化社會中的行為，我們必須從家庭開始。我們必須直接處理工業化對成長中孩童及其父母的關係的破壞性。父母和兒女之間的距離並不神祕。如果我們停下來檢視一下，就會立刻看得很清楚。例如我們看到許多孩子在被問及其父做什麼工作時感到茫然和困惑，令人寄予同情。他們

註 1　這是指 1950 年代中期在美國出現的一個文化運動，主張反傳統、反文化、反消費主義，重視個人自由，以凱魯亞克（Jack Kerouac）、金斯堡（Allen Ginsberg）等作家與詩人為代表。他們的作品通常表現出對生命、自由、愛情和冒險的追求，以及對社會道德與政治制度的質疑和反抗。

看到父親早出晚歸、疲憊不堪且暴躁易怒，所以他們想像不論他做什麼工作，一定是很可怕的。行為科學家稱此為社會化，也就是新成員學習他正在進入的社會的價值觀、規範及所需行為模式的過程。

對許多年輕人來說，我們為獲得經濟福利而採取的方式，似乎給人類帶來太高昂的代價，以至於社會可能無意間教導了他們（新成員）這件事：以人類的沉淪換取這種物質利益，這個代價太高了。如果他們檢視自己的家庭生活，並閱讀國內有關貧困與飢餓的報導，則這個廣泛存在的信念（即經濟福利會帶來社會福利），看來是虛假的。顯然，工業社會不能漠視它灌輸給新成員的負面態度與觀念，並期望在未來兩三代，社會以同樣方式組織和運作。

多年來，低度工業化國家一直抵制工業化帶來的對自我、家人、工作的疏離感。當我們摸索著貝爾（Daniel Bell）所稱的「後工業社會」（post-industrial society）時，我們能否重新獲得那些低度工業化國家的人民不願放棄的個人誠實正直和相互關心？

組織的影響

除了瓦解家庭，工業化還增加了個人的脆弱性。杜拉克觀察到，在工業化社會中，組織（而非個人）才有生產力。組織結合許多人的工作，製造出有用的產品，無論是飛機、汽車或鉛筆。個人現在依靠的是進入組織的機會。個人如果被拒絕進入具有生產力的組織（無論原因為何），則不僅在經濟上貧困匱乏，心理上也會抑鬱沮喪，最終他們會淪為被社會遺棄者。

即使個人已經在組織內工作，經濟情況可能已大有改善，但在心理和社交方面仍然很脆弱。別人很難（甚至不可能）看出個人做了什麼工作，因為他只是眾多投入者之一，眾人的努力組合成最終產品。如果他是個經理人，他的工作是無形的，而且快速消失於集體的努力中。

聲望（即個人被公開認可的能力）開始取決於個人在組織中的職位，而非他的工作。在任何會議上，我們可以看到人們是按職位（如生產部副總裁等）來介紹和服從對方，而沒有真實了解彼此的工作內容或品質。因此，判斷能力的基礎已經不是個人做了什麼，而是他表現出做了什麼，正如戲劇《如何在商場不勞而獲》（*How to Succeed in Business Without Really Trying*）中的諷刺。

然而，組織最重要的影響在於它如何指導（或阻礙）成年人的發展。杜拉克認為，大量生產不僅是一個技術原則；「它是把人們組織起來一起工作的一個普遍原則。」此外，它不局限於製造業，還適用於所有工作，包括文書、科學研究、醫學等。這些觀察結果對行為有巨大影響。

分工與專業化（工業組織的本質）不僅使大多數工作變得

重複、沒有挑戰性，而且阻礙（甚至中止）了人類在早期發展階段的成長。這一點在管理層對個人學習的負面態度中表現得尤其明顯，達到荒謬的地步。組織通常願意培訓人員從事某個工作，但是一旦任務完成，個人進一步的學習如果和工作沒有明顯關聯，就會被認為是干擾，可能會破壞生產的順利進行。結果，組織的要求和人的本性之間常常存在矛盾。

人類學家喜歡提醒我們說，人類擁有任何已知生物中最大的頭腦，人類是獨特的，因為他能夠把事物象徵化，能思考過去、現在、未來，並能想像行動及其結果。人類憑著平凡的體質，而能設法存活下來並傳播文明，主要是因為具有解決問題的能力。

然而，工業化把人們組織在一個原始層級上工作，使人退化成不動腦筋的工具，而文明顯示出人類並非不動腦筋。追求大規模生產的組織是基於低層次的身體與心智勞動。組織對人類行為的最深遠、潛藏的影響是它有這個傾向：會阻礙個人的所有成長發展，只要那沒有直接關聯到個人的工作。

支持這種狹隘的人類觀點的主要論據，是企業首先必須履行其經濟責任。我同意杜拉克對企業經濟功能的強調，但我和他的看法不同的是，我認為微妙但刻意地將人類發展的限制歸類為道德問題，是誤導且危險。我們可以研究組織如何利用其他「免費的」資源，來對組織的錯誤管理人力資源進行最佳分析。正如空氣和水，人類的成長潛力是一種「免費的」資源。

所有人類天生都具備這種資源，無論是否需要它來完成工作。

基於企業是一個經濟機構的原則，我們可以說，經濟的評量應該引導企業的大多數決策。然而，有太多時候被歸類為道德問題的事情，其實只是粗糙、誤導經濟評量的結果。例如空氣汙染、水汙染、人力資源的低度開發多年來一直被視為道德弊端，但其實並非如此。這些問題都是馬虎草率、被誤導的經濟決策的結果，是基於一個信念：如果組織濫用空氣、水或人類成長能力等自由財，它無需承擔任何成本。

盛行的原則是，沒有單一組織需要為其環境的有限惡化負責。要求組織對於在損益表中無成本的活動負起道德責任，毫無意義。每個組織都正當地使用經濟的準則，走自己的路，直到累積的惡化達到災難性水平：人們再也無法呼吸霧霾、飲用水源或覺得工作有意義。將這種惡化稱為「生活品質」的改變，並將之提升到道德弊端的水平，是忽視最基本的經濟學。曾經是豐富、免費的物資，現在已成為稀缺、昂貴的商品。

每家工商企業都有一個被忽視的成本。那不是破壞資源的成本，因為無需付出代價。那是把被破壞的資源恢復原狀的成本，一個「恢復」成本。在我們誤導的計量系統中，恢復成本不是組織的成本，而是被聚合起來稱為公共成本（public cost），是人人皆須經由納稅所支付。

在進一步探討之前，我必須釐清一個微妙但極重要的破壞方式。無法再被工業利用的資源是廢棄的資源。在這種情況下，組織為尋找替代物或替代資源，需承擔直接的經濟成本。然而，工業對於資源的品質要求相對較低，無論是空氣、水或人力，因此資源可以大量減少而仍然可被工業利用。不過，可被工業利用但不能被人類利用的資源，是被破壞的資源。

這個「破壞－恢復」的過程有四個重要特性，這些特性是組織對個人衝擊的核心，是對行為的重要挑戰。

首先，是剝奪了對資源的利用。如果一項資源被破壞了，則間接的、非工業的使用者（人類）就被剝奪了使用它的機會。例如完全適用於工業用途的一個湖泊或河流，可能是當地居民終身大部分時間都無法使用的。密西根湖（Lake Michigan）就是一例。估計如果所有工業汙染立即停止，該湖需要 20 至 50 年才能恢復原狀。

其次，成本由施害者轉嫁給間接使用者。資源被破壞的受害者需支付調適（accommodation）的成本。工業組織仍然擁有可用資源，所以想要有清澈之水的人必須挖更深的井、走更遠的路，並支付恢復設施與政府監管機構的費用。

第三，「恢復」成本通常超過預防成本。從源頭預防水汙染，比在汙染後清除汙染物的耗費較低。

第四，也是最關鍵的，就是可能無法恢復原狀。資源的破壞可能是無法逆轉的。就物質資源來說，以為損壞後還有恢復之法的假設，是大有問題的；對於人力資源來說，則是謬誤。事實上，我們力圖拯救受到心理、社會傷害的所有經驗都告訴我們，逆轉傷害的努力不僅成本高昂、困難重重，而且有許多時候是辦不到的。吸毒成癮、酗酒、精神病和許多種精神官能症都可能不可逆轉。從歷史上看，治療者的恢復率低於20%。

本文已談及的關於物資的破壞情況，同樣適用於人力資源。如果一個組織糟蹋了人類，將他們用在低發展水準而損害其成長，那麼這些人對組織有多大用處？組織糟蹋人類且未能挽回的情況，有個普遍例子。這不是唯一之例，但我們在此引用它來說明糟蹋和挽回的過程。

人類受到傷害的情況，有一種形式稱為「抑鬱心理」。它表現為不願冒風險和不願質疑上級決策，因為害怕遭到組織驅逐。這種從眾（conformity）症候群被歸結到許多經歷了 1930 年代大蕭條、40 歲以上的人。這些人在組織中擔任定義明確的工作，而且具生產力。然而，第二次大戰後空前的 25 年繁榮，對他們的態度與行為幾乎沒有產生任何影響。組織本身無法清除它對這些人所做的事情。

由於經濟評量不佳，組織將繼續以上述的「破壞－恢復」模式來對待員工。組織對個人提出低發展水準、低品質的要求。個人被剝奪了使用較高能力的機會，並被阻礙成長，這些問題都轉嫁給了個人。他必須支付成本，並找到拯救自己的方法。「破壞－恢復」過程的經濟學是將這些困境移轉給工業社會的受害者，也就是作為「間接使用者」的個人自己。

在任何定義明確的任務中，人們能夠達到高效能，而且具有高效能。關鍵問題不在於生產力，而在於讓生產力發生的環境。組織對個人成長的態度，就是賦予生產力意義的環境。從歷史上看，組織雖然會阻止未直接關聯到工作的個人成長，但還是勉力獲得了生產力。如今有一個新戰場，組織必須關注生產力，但同時再也承擔不起阻礙個人的成長。

未來的世代將不再容忍「個人成長會妨礙生產力」的觀點。他們正在努力成為負責任的「工業公民」，致力於防止組織對先前數世代的人造成的傷害。那個傷害是什麼？杜拉克說得鏗鏘有力：「將個人的成長能力轉變成對他自己和他的同胞的威脅，沒有比這一點更大的罪惡了。」

認為生活品質僅限於組織之外的物理環境，是管窺之見。我們知道在工業社會內，生活品質中關鍵的人性化，是產生於組織內部並向外擴散。在教育普及的社會中，個人的成長機會和對個人未來的影響，是生活品質的核心。如果沒有這些機會與影響，物質方面的福祉就成了一種假象。工業組織愈早面對這些糟蹋人類的影響，並納入經濟評量，就能愈早有效地管理它們對人類的真正衝擊。

個人獲得績效的動機

在工業社會中，有一種動機性的矛盾現象。理論上，組織的存在是為了增加個人的產量。實際上，許多組織使人們變得消極。杜拉克中肯剴切地說明了對科學管理洞見的誤解，是如何成為人們消極怠工的主要原因。

首先，他說下述信念的邏輯是錯誤的：「由於我們必須把工作分析為最簡單的動作成分，所以我們也必須把工作安排成一系列的個別動作，每個動作盡可能由一個工人執行」。這種信念混淆了分析與整合，忽略了拆開（了解元素）和組合（將元素組合成以前不存在之物）這兩者之間的根本差異。例如將字母組合成單詞：我們可以把所有的聲音、單詞、思想分析成字母表中的 26 個字母。但若我們想說「貓」（cat），那麼只因為我們用「C-A-T」這三個字母拼寫這個單詞，而期望我們說「C-A-T」，則沒有意義。

「確實，我們可以透過改善個人作業的執行方式，把工作改進到最佳地步。但是讓工作愈接近僅限於單一動作或操作，並不會使執行的個人表現得愈好。」這樣的邏輯忽略了「這個事實，即人的特定貢獻一貫是執行許多動作，進而整合、平衡、控制、評量、判斷。」

杜拉克提出的第二點是，科學管理鼓勵將規畫與執行分離。他指出：「再次重申，一個正確的分析原則被誤解為行動原則。」規畫與執行是兩回事，而且對於較輕鬆、較有效率的工作，規畫具有重大貢獻，這是一個極有價值的見解。但是從工作分析中發現規畫與執行之間的區別，並不表示規畫者和執行者應該是兩個不同的人。

這兩個傳統科學管理的盲點，是工人抗拒生產力與變革的根源。基於這些原則的工作分派，抑制（而非促進）個人的發展。「工人獲得的是經驗與習慣，而非知識與理解……他應該去做，無需去懂。」

這些工作分派原則，經常被應用於組織各層級的經理人和知識工作者身上。但此外還有另一個障礙，使得許多經理人感到極度無力。理論上，許多組織聲稱，希望將決策權力下放到盡可能低實施層級去做決策。實際上，我們發現幾乎相反的情況，因為許多高層經理人有一種幾乎是病態的害怕下屬將會犯錯的恐懼。結果許多組織以這個隱性原則在運作：所有未明確授予下屬的權力，都保留在上級手中。

雖然組織普遍希望能激勵員工有良好表現，但上述情況導致例行的、過度簡化的工作和關係。在那種關係中，下屬的資訊不足、缺乏權力、不願持有異議，也不願展現創意。即使在這些情況下，人們仍然能夠工作，並且富有成效。但對組織來說，在這些情況下要求員工對工作有積極的動機，其實就是要求員工同意，自己身為人類的許多能力未能使用或不可使用。人們仍將執行任務，但不是因為組織的環境如此，而是雖然組織的環境如此。

如何才能擺脫這種消極的陷阱？杜拉克說，我們需要「用內在追求績效的自我激勵，取代外部施加恐懼的鞭策」，但是靠滿足感是不成的，因為它和績效有含糊不清的關聯性。他說：「責任是唯一能產生效果的，無論個人是否願意，組織都必須要求他負起責任。」

我們如何達到負責任的貢獻者的目標？杜拉克在《彼得．杜拉克的管理聖經》（1954 年）中的回答，再次展現出他卓越地預見了行為科學家在其後 15 年所發現和報告的內容。扼要地說，他建議以下數點：

（1）高標準的績效。

（2）提供工作者自我控制所需的資訊。

（3）參與攸關工作的決策的機會。

（4）工作應該是由一個統合的整體所組成，包含一些挑戰性、技能元素或判斷力。

（5）工作應包括一些規畫。

（6）慎重的人員安置，其中工作可能會依據個人的技能與興趣進行修改。

《彼得．杜拉克的管理聖經》出版後的數年中，李克特（Rensis Likert，1961 年）、赫茨伯格（Frederick Herzberg，1959 年）、弗魯姆（Victor Harold Vroom，1964 年）、巴斯（Bernard Morris Bass，1963 年）的出版物都以研究方式，為杜拉克的建議提供了佐證。

實施這些建議的努力仍在進行中，未來還會持續進行很長時間。這些是人性化工作的基礎，為設計出能夠激發自我指導、自我成長、自我糾正的組織與工作提供基礎，同時讓經濟目標得以實現。

結論

若要激勵個人有好表現，必須考慮到每個人的工作，但此外還需培養工業公民意識。人們必須被激勵，不僅要工作，還要改善工作生活的品質。這是新觀念。從歷史上看，人們認為自己是組織的受害者，而組織是由一個朦朧的、難以企及的菁英團體所設計並操控。但是在組織中，人們擁有的自由遠多於他們實際使用到的自由。

「現代的組織要求個人學會他以前從未能做到的事：聰明地、目的明確地、刻意地、負責任地使用組織。如果他逃避這個任務及其所需要的決策，組織確實會成為他的主宰……若要使我們的社會自由，就需要讓個人學會如何管理組織：如何使組織和他在組織中的工作，為他的目標、價值觀和渴望的實現而服務。

在激勵人們展現身手方面，組織與個人的立場一致。如果人們沒有積極發揮能力的動機，組織與個人都會受害。但是個人必須採取行動，使組織在激勵人們方面具有吸引力。他的行動使被稱為組織的虛構事物成為事實。因此，我們繞了一大圈回到了杜拉克所提的「工業公民」的概念，因為學習如何在組織中行動、對組織發揮影響力，是工業社會對人類提出的挑戰。

CHAPTER **10.**

工商企業的研究者

賀爾尼*撰

在某些圈子裡，杜拉克確實已成為他那時代的傳奇人物。一個重要問題是：為什麼？

他寫了一系列關於管理實務的書籍，這是獨特的努力。然而，這些書籍都屬於概論（generality）層級，提供的實用意義有限。

他還寫了一系列有關我們社會結構的書籍，其中提出的需求多於解決方案，甚至有些解決方案屬推測性。然而，這些書籍的觀點也是具獨特性。多元化社會的概念並不新穎，但是將各種組織視為一整個有機體的一部分，並以工商企業做為比較

*** 賀爾尼（M. L. Hurni）**

賀爾尼目前擔任迪克（A. B. Dick）公司副總裁。20 年來，他曾擔任奇異公司（General Electric Company）多個營運和員工管理職務，並且經常撰寫管理文獻。

的標準，這個概念與眾不同且令人耳目一新。

這是一種錨定風向（anchor to the windward）的做法，可防止推測性思維漂移過度而陷入感情用事。我們不斷被提醒，儘管表面上是「進步」和「美好生活」，但我們仍然生活在嚴格的紀律之下。人們也許能批評杜拉克的論述太籠統，但不能抱怨他的思維膚淺。

或許他成功因素之一，可以總結於他最新著作《斷層時代》中的一小段話，該文刊登在「國際管理進展委員會」（Committee for International Progress in Management）最近一期的報紙（CIP Map）中。內容如下：「看仔細了，各地的經理先生、社會心理學家先生、政府先生、城市規畫師先生和學生們，這位教授也許年已六旬，但他能讀懂你們。」

記者

杜拉克是個觀察者，接著成為記者，他有一種天賦，能以簡潔方式記錄許多人感受、相信和期待的事情。他一直在為相對而言比較沉默的一群人發聲，他們的個人滿足感來自經濟績效，而非闡述觀點。以記者的角色，他表達了我們社會中極有活力的那群人觀點。

在記者職位上，他也不同於其他大多數對「我們社會的經濟機構」進行觀察的人。他關注的重點不是物質的展現或技術，而是思想與信念。結果，他的報導經常顯示具有先見之明，因為創造未來的正是思想與信念。

自從他寫了《公司的概念》後，多年來他一直在觀察工商企業內綜合管理與部門層級的經理人。他也一直在刻意收集信念、觀點、構想，即使表達得不夠清楚或完整。這些都是他的資料庫。他依據該資料庫造出簡明陳述的天賦，由下面數例可以看得最清楚：

根據定義，新組織可說是把現有資源投入於未來且高度不確定的結果中。

其職責是需要行動而非僅是擁有知識的任何人，是在未來工作。

創新就是冒風險。現有資源被投入於未來且高度不確定的結果中。

創新的目標是實際應用，其目標不是知識本身，而是有效的變革。

管理層最重要的試金石是企業績效，成就（而非知識）仍舊必然是證據與目標。

利潤不是企業行為與決策的解釋、原因或理論基礎，而是其有效性的檢測標準。利潤不是原因，而是結果：是企業經營績效的結果。

會計師歸之為「間接費用」（overhead）的東西（這個術

語明顯帶有道德上的否定意味），其實包含了最有生產力的資源，即經理人、規畫者、設計師、創新者。

因此，我們需要一個生產力的概念，它能綜合考慮到所有投入的努力，並且要表達出努力和結果的關聯性，而非假設只有勞動力是唯一具有生產力的努力。

管理層是專門負責使資源具有生產力的社會「器官」，也就是承擔有組織的經濟進步（organized economic advance）的責任，因此反映出現代的基本精神。

工商企業存在的原因是提供經濟物品與服務。

在每個決策與行動中，管理層始終必須將經濟績效放在首位。管理層唯有透過自己創造的經濟成果，才能證明其存在與權威的合理性。

這些是沒有證據支持的簡單陳述。然而，它們看來幾乎不證自明。深思熟慮的企業家往往會說，「這正是我的信念」或「這精確地表達了我的經驗。」

奇怪的是，這些陳述都是在概論的層次，並未提供實用的意義。然而對於那些投入現有資源於未來及高度不確定結果的個人，以及自覺對員工、股東、客戶負有責任的人來說，這些陳述充滿了意義。

對於業績一直很差（即使知識豐富）的經理人來說，「管理層最重要的考驗是經營績效」這個陳述無需進一步證明。

因此，杜拉克首先就是一位與時俱進的人。由於一些情況或個人意願，他早年就和當前社會中最具活力的團體：工商企業建立了關聯。不過，他的關聯不是參與其中，而是成為企業的密切觀察者。

其次，他能「讀懂」那些參與其中的人，對他們有同理心，並以其中許多人能接受的方式，表達他相信和感受的事情。這些素養構成了可信度的基礎。然而，儘管這些特性非常重要，但只能部分說明為何杜拉克受到關注。

這些多次被引用的陳述（已列出其中一些例句），不是沒有上下文。杜拉克過去 20 年的書籍分為兩個系列：一個關注的是企業中的管理工作，另一個關注的是對社會演變的剖析。正如先前已指出，這兩者並非沒有關聯，因為工商企業不是存在於真空中。企業存在於社會中，並受到其中變化的影響。另一方面，社會從企業中獲得了重要支持，也依賴它；事實上，如果沒有企業，社會無法以現有的規模和範圍存在。

因此，杜拉克選擇了兩個充滿活力且重要的主題。對於我們社會和其中目的，我們的觀念已經改變，而且還在顯著改變中；這些變化經常會使個人感到不適應、苦惱，而非感到驚喜。另一方面，企業為我們社會現有的範圍、目的、期望，以及對其個人的要求，已做出很多貢獻，這些觀念並不是終點。此外，企業出於選擇或需要，已承擔許多社會功能，對於企業中的個人來說，企業不僅是謀生的來源，也是個人存活的一個原因。

在《明日的地標》一書的前言中，杜拉克簡述了他寫作該書的目的。他說：「在我看來，我的任務是理解而非創新，是描述而非想像。」對所有參與其中的我們來說，理解的欲望必然存在，而思慮周詳者理解後的看法和貢獻，顯然是可取且受到讚賞的，無論人們是否完全接受其解釋。

報導、描述、嘗試理解似乎是杜拉克所有著作的中心主題，而非僅限於《明日的地標》一書。這個「觀察四面八方」並報導的任務，無疑促成了杜拉克的傳奇。這有點像實現伯恩斯（Bobbie Burns）的願望：看到的自己就是別人所看到的他。但在多方觀察和報導的過程中，杜拉克也記錄了他所見到（並理解）的工商企業管理的定義依然不明的過程，從而做出重大貢獻。

工商企業的研究者

我很想將本節標題命名為「管理科學家」。在這個時代，推測往往被認為是知識，「人工科學」也輕易被接受，無需實證檢驗或實際測試，因此「管理科學」迅速發展。其中許多是以「硬科學」（hard sciences）中的數學為基礎，不考慮管理者的工作主要內容，也不考慮正在被管理的工商企業。

例如有一大批「管理數學」（managerial mathematics）理

論是基於這個假設：風險可定義為所有可能結果皆能被描述，且發生概率皆可被說明的情況。這個假設在數學上很方便，本質上採用笛卡爾式的分析和推理方法，但可能根本無法描述商業中的創新推動力和所涉及的風險。

如果我們停下來思考一下，這個假設其實更符合物理學描述的情況。它回答了以下問題：「我在一次嘗試中觀察到特定現象的機會有多大？」或是「我可能需要嘗試多少次，才能觀察到特定現象？」

這顯然是一個靜態或確定的情況。它適用於物理學問題，但不太清楚是否適用於企業的推動創新，例如人們通常無法享有嘗試無限次的奢侈機會。

而今，杜拉克既不是數學家，也不是行為科學家或執業的經濟學家。因此，他無法從一個安逸、熟悉的學科中汲取資訊並得出結論。對他來說，重要的是回到主題（即企業與企業管理者／經理人）進行檢視。這使他有別於大多數管理科學家，後者可說是一直留在他們早期的學科領域內。因此，在這方面杜拉克被視為工商企業的研究者。

對工商企業經理人的工作進行的檢視，獲得一些重要的見解，也成就了一系列書籍，其中《彼得．杜拉克的管理聖經》是核心。

這系列的書籍也可以視為一種企業哲學，雖然它缺乏「硬科學」中其他學科的經濟性與簡練精確性，例如布瑞奇曼（Percy Bridgman）的《物理理論的本質》（*The Nature of Physical Theory*）。這樣的哲學需求是明顯的。身為學者、政治家、公民，我們必須對企業如何運作有愈加深入的了解，以便在努力實現社會期望時，不會摧毀企業。

對企業管理者來說，這些書中的見解並不是特別新穎，他們在生活中經歷了那些見解。再說一次，這些見解本身並沒有很多實際操作上的意義，但經驗豐富的管理者很可能認為它們不證自明。其中包括以下幾個見解：

A. 管理者的基本任務

這些任務包括：

（1）為組織設定目標（例如決定其目標應該是什麼）、動員組織的力量以獲得相關績效，並決定如何評量其績效。

（2）安排籌劃其組織以獲得整合與協同的績效。

（3）實現高效能。

這個三部曲很有趣，因為它對管理者工作的本質提出了兩個常見的觀點。其一是所有管理者的工作都相同，無論是製造業的經理或是企業的總經理。其二是可以發現企業的目標就像發現物理定律一樣，風險與不確定性（前文我已提及）因此成為統計力學（statistical mechanics）的問題。

的確，製造業經理會執行上述三項任務，但特別是在第一項（為組織設定目標）方面，他被指定或受支配的事情，遠比總經理的來得多。所有管理者工作的相似性，都必須考慮到程度和範圍的不同而調整。

眾多管理科學文獻似乎都忽略了這個情況，結果很多事務被混雜在一起，沒有區分適用的工作類別，或是與特定類別相關的自由程度。

事實上，在《斷層時代》的〈向組織理論邁進〉那一章中，杜拉克對三類工作的措辭非常微妙，以至於有一點已不再清楚：他是不是認為設定目標是管理者的工作，或是管理以外的某種工作（也許是創業之事）。在《彼得·杜拉克的管理聖經》中，他把設定目標是管理者的工作說得更加明確。可能是在談到為多元化社會的各種組織設定目標時，他對於工商企業之外的組織，其管理者的工作受到的限制，有一些疑慮。

然而，依杜拉克的觀點，設定目標的工作不是統計力學、管理科學和物理科學不是同義詞，這些似乎很明確。以下引文可闡明這一點：

管理不只是被動、適應的行為，而是指採取行動，讓最理想的結果實現。

它（管理）意味著努力塑造經濟環境的責任。

其職責是需要行動而非僅是擁有知識的任何人，是在未來工作。

對組織來說，設定目標並沒有「科學的」方法。目標是正確的價值判斷……。一個原因是，決策都面臨無可救藥的不確定性，都涉及到未來。

而且，關於未來我們沒有任何「事實」可言……。

人們傾向於試圖依據過往的趨勢來預測未來、進行規畫，然而在規畫的起點一貫地都必須承認，未來將會不同。

我們需要一門學科，它能根據事件與現象的方向和未來狀態，來說明事件與現象，而不是從因果關係來解釋（你可能會說這是在計算可能性）。大自然透過多樣性與競爭來防範生命的風險。

換句話說，企業經濟學的指導原則不是利潤最大化，而是避免損失。

B. 工商企業的獨特情況

對於參與並負責管理企業的許多人來說，深思熟慮後會發現企業在不斷變化的環境中有一種獨特性，這使得企業的管理，不同於政府機構、教堂、學校系統、醫院的管理。

杜拉克似乎也抱持這種觀點。他對企業實際情況的研究，不同於從另一門學科的角度觀察企業的表象，他也因此引起管理科學家、社會學家、政治家的關注。

企業管理者可能會對杜拉克一些看似不證自明、簡潔明瞭的陳述感到震驚，例如「企業目標只有一個有效的定義：創造顧客。」但經理人會同意這確實是核心目標，也是企業和其他組織不同的標誌。事實上，爭議點可能不在於企業目的，而在於杜拉克對實現此目的背後的手段（即行銷與創新），這一陳述的簡潔性。同樣，人們幾乎無需解釋杜拉克的話，只需引述他的話。杜拉克用西爾斯公司的故事，來說明他所謂的創造顧客和創新是什麼意思。杜拉克說：「西爾斯成為一家企業……意識到美國農民代表一個獨立且獨特的市場。獨立，因為他們的孤立使得現有的分銷管道對他們來說幾乎無法進入；獨特，因為他們有特定的需求。」

因此，「要把西爾斯打造成一家企業，需要顧客和市場，特別是農民認為有價值之物。再者，還需要在五個不同領域進行創新。」為了簡潔起見，在此描述如下：

（1）尋找和開發供應來源。

（2）研製一個郵購目錄，使之能取代人們前往城市購物之旅。

（3）創造對商品的品質與價值、對公司的可靠性的信心。

（4）設計並建造郵購設施。

（5）建立一個人性化的組織。

有了這五項任務，人們可以原諒杜拉克的一個籠統用語：「創新」。這確實是個有許多面向的用語。

從西爾斯公司創業的變遷波折中，杜拉克得出結論如下：

（1）工商企業是由人（不是由外部力量）所創立和管理。

（2）工商企業不能用利潤來定義或解釋。

企業目的只有一個有效的定義：創造顧客。

市場不是由上帝、大自然或經濟力量所創造，而是由商人創造。

在各種情況下，都是商業行為創造顧客。正是顧客決定了企業是什麼，因為只有他們……透過願意為商品或服務付費，將經濟資源轉化為財富。

因為企業目標是創造顧客，任何企業都有兩個基本功能：行銷和創新。它們是創業功能。

行銷是企業顯著不同的、獨特的功能。企業之所以不同於其他所有的人類組織，是因為它行銷產品或服務……任何透過行銷產品或服務以實現自身目標的組織，都是企業。任何組織若是缺乏行銷或行銷只是次要之事，就不是企業，而且絕不應被當作企業來經營。

依照杜拉克的看法，企業的第一個獨特性來源，是它行銷產品或服務的事實。他所指的並不是組織圖中的一項功能（即行銷），而是指企業從設計、製造到銷售的核心關切重點，以及這種企業的總經理的主要關注點。

第二個準則是創新的事實，這是一種特別的創新，聚焦在成長方面，即提供更好、更經濟的商品與服務。這是創造顧客、為顧客提供服務的手段。

正如西爾斯公司早期故事所說明，創新隨時可以擴展到企業的許多層面，因此不能再如行銷那般被視為一個獨立功能。正如行銷一樣，創新是普遍的關注點或焦點，同時也是組織內共同利益、整合和紀律的普遍來源。

個人可以根據自己的技能和洞察力進行創新；但在特定的企業內，創新的方向和目的是「被指定的」（given）。如果一項創新發生在這個範圍之外，它可能是不相關的，因此可能成為一家新企業的起源；或可能需要對現有企業進行部分或全部改組。

關於企業本質與目的相關敏銳觀察，對於企業經理人行事作為的原因，提供了一個新觀點和一些深入見解，這種深入見解和典型的描述有所不同。其獨特性在於，人們採取行動是為了創造或保住顧客。這意味著企業管理者是在市場的客觀紀律下工作。他還有一個外在的評量標準：獲利能力。

因此，有一種封閉的循環存在。企業管理者可以為企業設定目標，因為他必須找出人們需要的東西。他的目標不能是異想天開或隨心所欲，因為他面臨的是以產量和獲利能力為準則的評量，而這兩者都是企業存活所需。基於事物的本質，即使他有很多自由去行動，他還是必須承擔責任。

利潤是企業追求的結果，不是對企業行為的解釋，這一點應該也很明確。

C. 企業目標的二元性：現在與未來

企業同時存在於現在與未來。產品和服務的壽命必然受到經濟變化的限制。企業受到下列各因素的變化所影響：人口與收入、生活方式與消費習慣、人們的期望與價值觀。它也愈來愈受到諸多領域的技術變革所影響，包括工程設計、物流配送等，範圍極廣。還有，必須有效提供當前產品與服務問題。

因此，企業管理者的關注點跨越現在與未來，而且這兩者都和企業的存活有關。他們關切產品或服務何時會過時被淘汰，也關切什麼東西會取代它們。他們關切當前的營運，因為今日的獲利幾乎是企業存活的絕對條件。總之，必須有個動態平衡的條件存在，某個特定企業才能持續存活。既不是自然法則，也不是社會法則。

杜拉克身為企業的研究者，非常了解這種情況。管理科學家和應用於企業的功能學科的師生，是否也有類似的了解，就不是如此明顯可見。在呼籲人們關注這種二元性、動態平衡方面，杜拉克在學者與作家中脫穎而出。他的眼光超越了當前的產品與服務的邏輯。對他而言，事態不斷變動。

1958 年，芝加哥大學出版的《商業期刊》（*The Journal of Business*）發表了杜拉克撰寫的一篇文章，標題為〈企業目標與存活需求〉（Business Objectives and Survival Needs: Notes on a Discipline of Business Enterprise）。這是他所做的另一個陳述問題的努力，和《斷層時代》第 9 章相似。此文列舉了整體看待一個企業所需的五個觀點。

我們可以如此看待企業：

（1）是人類組成的組織。

（2）存在於不斷變化的社會與經濟中。

（3）從產品與服務的角度來看待。

（4）從創新與變革的角度來看待。

（5）從獲利能力的角度來看待。

這些都是同一實體的不同真實層面，但在我們檢視這五個層面之前，無法建立關於企業的任何理論。

本文無意要檢視這五個層面，只檢視攸關企業目標二元性（現在與未來）的兩個層面。企業不是處於靜態平衡狀態，而是處於動態平衡狀態。重要的是，投機性思想家就像杜拉克一樣了解這一點。靜態平衡只在某種程度上適用於今日的產品、競爭對手、市場、工廠、技術。另一個觀點是明日，今日必須為明日作好準備。

關於今日要為未來作好準備的問題，杜拉克在《商業期刊》的文章中指出：

企業的存活有一個絕對的條件，那就是獲利能力，原因在於本文至此所談的一切都會招致風險。這個機構的目的、性質和必然情況就是去冒風險、創造風險，而風險是實際成本，是任何會計師都能明白指出的實際成本。唯一的區別是，在未來已成為過去後，我們才會知道成本有多高，但風險是成本。

除非我們為成本作好準備，否則我們將破壞資本。除非我們為損失（即未來的成本）作好準備，否則我們將破壞財富。除非我們為風險作好準備，否則我們將破壞生產能力，因此，獲利能力至少要能應對我們必須承擔、創造的風險，這不但是企業、也是社會存活的絕對條件……。

這裡說了三件事：首先，獲利能力必須是一個目標。這是企業的本質，因此獲利能力不受企業家的動機或「系統」的結構影響……其次，利潤不是「創業家的份額」（entrepreneur's share）或是對某個「生產要素」的「報酬」。它不是向企業索取的款項，而是企業索取的款項，如果沒有利潤，企業就無法存活……最後，「利潤最大化」是錯誤概念。問題是：本企業最少需要多少利潤？而不是本企業最多能創造多少利潤……

現今人們無法立法規定利潤多少；只有市場中的顧客才能做到這一點。然而，可以在看似出於誠信的情況下，透過某種手段立法設定一個獲利上限，或基於當前的運籌物流，以數學方法建立獲利最大化的模型。在我們努力解決通貨膨脹問題的今日，這似乎特別適宜。

同一篇文章中的第二個觀察涉及時間的久暫：

我們如何在永久性長期努力的支出和具有即時影響力的任

何決策之間，取得平衡？其中一個只有在遙遠的未來才看得出成果（如果有成果的話）。例如人才的培養（這是需時 15 年的工作），其效益未經測試也無法評量，是有關信任與信心的長期決策。另一個決策立即呈現結果。然而，忽視其中之一可能削弱企業的實力。因此，在目前和未來……都必須滿足某些現實的短期需求。

在此杜拉克是以工商企業為研究對象。希望這個例子能讓讀者對於那篇完整文章中，關於企業這種實體存在所需的要素、其重要成分之一（人員）必須知道和必須做的事情、他們需要遵守的紀律，以及企業可發展的特性（包括已建立的內在的、有意義的監管系統）有所領悟。希望讀者閱讀後，對於為何這樣一個實體可以被管理，有一些感受。

今日有很多學生沒有認真思考管理哲學，他們往往從方便的部分（例如倫理道德或方法論）入手。杜拉克努力著眼於整體，即使只是大略地，但這樣做使他對創造特定行為的必要事物，以及我們尚未發明的系統化方法的基本條件，有了基本的理解。

社會學家

也許看來有些奇怪，杜拉克就不同的主題寫了兩系列的書，而且或多或少是同時進行。

無論杜拉克要研究我們社會的演變趨勢與結構並提出報告的原因為何，有一點是清楚的：對於認真的工商企業研究者來說，檢視他生活於其中且與之互動的環境，是必要的。如果沒有做到這一點，對企業的研究就不完整。他對企業與環境這兩者的關注因此始終如一，而且由於他考慮了兩者，所以也是獨樹一幟。如果沒有其他因素，我們社會中創造財富的機構其存活能力，可能會受到社會如何演變的嚴重影響。不論我們喜歡與否，我們也必須確保社會足夠符合其本質與需求（至少在我們為了有系統的經濟發展，創造出一個同樣有效但不同的工具之前是如此）。

在此我的目的並不是探討有關他對社會思維的發展，或他這些年觀察到我們社會快速變化的紀錄。在此是要闡明他研究的兩大重點（即企業與社會環境）之間的關係。為此，將使用《斷層時代》中的兩個觀察結果。

在第 9 章〈向組織理論邁進〉中，杜拉克提到一個首要的領域做為建立理論的起點，即如何決定組織應該有哪些目標。他說，「存活不是一個充分的目標。組織的目標是要對個人和社會做出一個具體的貢獻。」

我們或許可以進一步說，許多這樣的社會機構將是花錢的組織，和直接創造財富的企業不同。因此，創造顧客與創新的需求，不一定是固有的；最重要的是，也不一定是所有組織的目標。設定目標的人員可能是在外部從遠處負責，而非在內部直接立即負責。

客戶往往是整個社區，其成員並不直接冒險地為獲得的服務支付「美元」（bucks）。的確，作為個人，他們可能無法選擇要冒險地投入金錢，因為那通常是透過人民投票或法令去做的。公立學校稅金評估就是一例，國民住宅則是另一例。

在這種情況下，杜拉克指出：「在擺脫昨日方面，醫院和大學只比政府略好一點。」他還說：「企業在這方面做得相當好。對於昨日，商界人士就像官僚一樣感情用事，一樣不願放棄任何東西……但幸運的是，他們無法自由地沉溺於自己的偏好中。他們受到客觀的約束，即市場的約束。他們有個客觀的外部評量標準：獲利能力，因此他們遲早會被迫放棄不成功和無收益的部分。」

顯然，杜拉克從他對工商企業的研究中學到了東西。他能夠且確實區分社會機構之間的差異，而且由於機構的固有性質不同，有些需要較多約束，有些需要較少約束。

對企業來說，有三件事情使管理切實可行：

（1）每個特定組織的客觀評量標準。

（2）組織的多樣性與競爭性。

（3）對於結果的有意義的意見回饋。企業組織必須能自立存活，必須能夠獲利。

管理不是抽象地設定目標而不深切關注結果；也不是單單

計畫而不為結果承擔個人責任，也不是管控他人提出的計畫。成功的管理首先需要符合一組條件，例如上述的三點所描述的情況，然後為目標和結果負起個人責任。

對於將工商企業展示的管理實務應用到其他組織，近來有許多討論。除非其他組織能滿足上述三條件，否則這種應用做法是愚蠢的。如果管理者的情況無法達到這些條件，則所謂的經理人仍將只是苦惱的管理人員或官僚。

這個任務的挑戰，或許是在《斷層時代》中關於知識、知識工作者、知識的未來這些章節中，闡述得最清楚。在該書第17章〈知識有未來嗎？〉說得最中肯：

> 知識社會的主要道德問題，將是「有學識者」（也就是知識人）的責任。……他們（知識人）決定什麼政策可在國防或經濟等關鍵領域被認真考慮……他們在很大程度上負責培養年輕人。

杜拉克含蓄地表示，「有學識者」已經成為許多領域的目標設定者，而且他們已承擔此一角色與權力地位，卻不受外力約束，無需為結果負責。

不知名的人文學科教授可能啟發了年輕人感受他人苦難的能力，卻未能使他們對我們仍存活其中的自然界，其嚴峻與紀律有同等理解。需要理解並尊重後者，才能確實達到前者。

聰明的學者可能會撰述有關我們社會的富裕之事，卻不懂富裕的起因，也不知這種總體富裕中有多少必須再度投入社會，做為創造財富的成本。正如我們今日透過經驗而知，我們並非萬事皆能，而試圖憑眾所周知的經驗與直覺來改善世界，只會削弱我們的力量。

「系統方法在社會政治領域能否奏效，還有待我們證明。」不過我們已經在授予這個領域的博士學位，好像這個方法確實有效。

因此，對於我們社會的許多機構，目標是在外部被設定的（可能是不經意設定），目標設定者對後果沒有負責的意識。事實上，這些目標設定者甚至可能沒有意識到他們已經成為體制的一部分，因此要對機構的存活能力負責。

杜拉克的《斷層時代》中有六章是在探討知識、知識工作者、學校、政治與知識產業的責任，而且理由充分。目前，知識產業或許是社會最關鍵的部分，因為從長遠來看，它已成為目標設定者，但並沒有明顯的固有方法來進行自我規範或客觀評量。這樣一來，將使得多元化社會中機構的管理問題變得更加複雜。這也使得教學、管理、組織理論的概念變得更加困難，也更具推測性質。

杜拉克身為社會學家，不僅能察覺出演變中的社會機構，還看到根本的差異，以及機構整合和逐漸統一的固有需求。他也理解工商企業具有的獨特屬性，這些特性使企業在某種程度上可以被管理和自我管理。

在《明日的地標》一書中，他談到企業經過一段時期的演變，從整體被視為各部分的總和，演變到「各部分存在於對整體的考量中」。

道德學家

無論社會是移動過這個門檻，或是回落到（希望至少是）一個較簡單的穩定狀態，這首先是行為問題，然後是根據該行為採取的行動問題。

《明日的地標》是杜拉克努力要概念化、理解並大致概述新世界觀（即新道德觀）的嘗試。因此，我們也需要將杜拉克視為一位道德學家（moralist），對新世界觀的關注和對企業的研究一致。

在這個許多人感到自己不適應世界的時代，科學家們試圖證明我們能適應這個世界，因為我們的基因模式和其他生物非常相似（但他們的努力不太成功）；如果我們不思考行為及行為在我們世界的意義，對杜拉克著作重要性的討論就不完整。

以下一些引句，或許可以說明（推測）杜拉克觀點，並可能激發對《明日的地標》的新解讀。

數千年來，人類所有社會機構的首要目的是防止（或至少減緩）變革的快速推進。

對照之下，如今我們已不再了解變革本身究竟是好是壞的問題，我們從變革是常態這個定理開始出發。

大自然是藉著生物多樣性和競爭來對抗風險。

生命是在物質上加以組織。〔因此，生命體是某種反熵作用（negative entropy）[註1]，就此意義而言，生物體從純粹的隨機性中創造出一些複雜的動態結構。〕

新觀點是將人類視為秩序的創造者。〔因此，人類個體和集體成為一個朝向「在」宇宙中的諸多目的的手段（而非人類本身就是一個目的）。〕

結論

「秩序制定者」概念是傳統的，只是對秩序本質的看法已改變。如果個人能夠真正犧牲起初即已擁有之物，則「犧牲自我」（犧牲不是為了獲得某物）的概念是新的，只是其範圍已改變：為了不確定的目標而努力，並冒著個人失敗的高風險。責任的概念並沒有改變，只是其範圍和影響的概念已改變。傲

註1　反熵作用或譯反能趨疲作用，熵是指無序狀態，反熵是指生物體藉著消耗能量來抵銷宇宙向更大的無序性和隨機性（即熵）移動的自然趨勢，以維持並增加其內部秩序和複雜性的過程。

慢之惡並沒有減少；對於具有深思能力的人來說，傲慢之惡在實際應用中的含義只會強化。這裡強烈暗示，我們可以將自己的古老信念翻譯成現代術語。

知識工作者應該受期待要將抽象的目標轉化為他在行領域內的行動術語，這不僅是組織的固有要求，也是歸屬倫理（ethic of belonging）的一個要素。這一點再次引來這個問題：為什麼杜拉克已成為他所處時代的一位傳奇人物。他是個傑出優秀的記者和駕輕就熟的多產作家。此外，他還是一位深思熟慮的觀察家和認真的研究者。獨特之處在於他拒絕被分門別類；他尋求理解整體，而不是部分，即使只是粗略地理解。

PART III

創業：經濟層面

CHAPTER 11.

杜拉克對行銷的影響

柯爾賓*撰

許多人認為杜拉克是社會哲學家、經濟哲學家、企業管理通才，他對行銷發展和理解的貢獻，可能大於任何「行銷專家」。雖然這個評價似乎有些矛盾，但我將在本文中嘗試用邏輯與證據，來說明這個看法正確。

這個評價背後的原因，可分為兩個基本類別。首先，不論是在商業界或學術界，杜拉克都不是行銷人員，因此他的觀點視角，遠比行銷人員的更客觀、更真實。單就這一點來說，他還不足以成為「企業行銷觀點」的開創性「代言人」。但杜拉

*** 柯爾賓（Arnold Corbin）**

柯爾賓是紐約大學企業管理研究所的行銷學教授。他擅長於行銷規畫以及將財務分析應用於行銷決策。柯爾賓博士的著作包括《行銷管理》（*Management in Marketing*）、《行銷決策練習》（*Decision Exercises in Marketing*）、《美國行銷的新趨勢》（*New Trends in American Marketing*）、《實踐行銷理念》（*Implementing the Marketing Concept*）。

克除了是客觀的觀察家，還具有一種罕見的特質組合：非凡的見識、敏銳的洞察力、生動的想像力、有創意的分析能力，以及能夠直指問題核心，並提出需要人們注意、激發思考的重要問題。

這些智力資源應用於企業管理領域，已產生許多對行銷的重要貢獻與深入見解；評估這項應用在真正企業世界的角色時，激發出有益的討論（有時甚至是爭議）。本文中，我打算討論並評價過去 15 年間，他在大量著作中，例如從《彼得·杜拉克的管理聖經》到《斷層時代》，以非常卓越的連貫性發展並闡述的主要觀點與信念。

在進行這項回顧和評價時，首先我們要探討一般情況，然後才討論特定問題。因此，起點將是在工商企業與經濟中，他對行銷地位與角色的概念。在把這個概念發展為整個討論的基本參考架構後，我們將進一步把它連結到企業家的另一個關鍵功能：創新。建立了這個穩固的基礎後，我們就能處理他對其他有關行銷主題的看法，例如以行銷為一門學科、市場、產品政策、行銷研究、定價、廣告、分銷、經濟發展、消費主義。最後，我們將嘗試做個簡要的綜合與總結。

行銷的意義與角色

杜拉克這些年來一貫在做的最大貢獻之一，就是他對於行銷所抱持的廣泛概念：「從企業的最終結果，亦即從顧客的角度來看待整個企業。」在這個觀點中，「行銷是企業凸顯自己的獨特功能。」對他來說，行銷不僅是企業的一項功能，而且是把整個企業視為一個經濟機構的方式，目的是尋求並滿足顧客的需求與欲望。用他的話來說，企業目的是「創造顧客」。

如此看來，行銷不是公司內某一群人從事的某一種工作，而是所有部門與管理高層的決策者都應該持有的一種基本觀點；它應該遍布整個企業。

雖然這個理念並不是原創（杜拉克甚至歸功於一百多年前的麥考密克〔Cyrus McCormick〕才是原創者，而奇異公司在其 1952 年的年報中實質上表達了這一觀點），但杜拉克肯定是最善於表達這個理念的發言人暨倡導者之一。不僅呈現在他的著作中，也呈現在他對頂尖企業的諮詢活動中。

這種「企業的行銷觀」，和大多數企業家與行銷人員持有的狹義「行銷」意義，形成了很鮮明的對比。1961 年，杜拉克稱這個意義定義了一種特定工作：「需要有系統、有規畫、有組織的努力，以尋找、開發和服務公司產品的市場，並確認、說明公司市場所需的產品。」但在 1968 年，他似乎進一步縮小了這個含義，他說，對大多數商界人士來說，行銷指的「不過是系統化且目的明確地組織所有必要的工作，以銷售產品、交付客戶、獲得付款。」

杜拉克激勵我們從廣義上看待行銷，即行銷應該要能夠激發企業中的每個人採取行動；我認為他做出了真正的貢獻。在這個意義上，它完全符合所謂的「行銷觀念」中，「以客戶為導向」的那一部分。另一方面，這個觀念還強調，獲利能力比僅僅為追求銷售量而追求銷售量來得重要。在闡述這個廣義的企業行銷觀點時，難道沒有必要將它與「行銷觀念」中的「追求利潤而非銷售量」這一元素相結合，以「封閉迴路」（close the loop）[註1]？確實，他在其他地方也討論利潤，強調避免損失和抵禦風險，使企業可以存活，而不是追求利潤最大化。而且他認為，除了行銷之外，企業的所有活動都是「成本」（再好也是「風險」），只有行銷才能產生「成果」，亦即收入。因此，實質上他暗示了這種關聯，即使他可能不曾明確、公開地闡述。

無論如何，很少有人會反對這個論點：正是杜拉克（可能甚於其他任何人）始終如一地大力倡導並宣揚以顧客為導向的必要性，以及行銷在企業中的核心角色。他在幾乎每本書、每篇文章、每場演講中，都強調並重申這一點。不幸的是，儘管他口才流利而且堅定有力，企業界仍有很長的路要走，不僅在接受這個概念上，在執行上也是如此。儘管「行銷」和「全面行銷做法」已成為流行詞語，但在許多案例中，這種變革是有名無實的。

註1　亦即使這個概念變得完備，沒有漏洞。

當然，我們很難以量化方式衡量「顧客導向」以及「採用（這個行銷概念）」的程度。威薩（Vizza）公司為紐約銷售主管俱樂部所做的研究顯示，只有少數公司回答已「採用這個行銷概念」。然而，他的標準基本上是關注公司的組織結構。我們沒有可驗證的「硬」數據（hard data），而且我懷疑我們能夠得到這種數據。因此，對於杜拉克的這個論點：多數企業未能採用真正的「行銷觀點」來經營其業務，我們很難提出異議，儘管他的早期著作《彼得・杜拉克的管理聖經》中提到，這方面正在獲得一些進展。

50 年前，美國商界人士對行銷的典型態度仍然是：「銷售部門將會銷售工廠生產的任何產品」。如今，這種日益增加（increasingly）的態度演變成：「我們的職責是生產市場需要的產品」。

這裡的關鍵詞是這個相對詞：「日益增加」。這必然是一個主觀的價值判斷。顯然，十年後，杜拉克必然已得出結論：日益增加的速度太慢了。我的經驗也傾向於證實他的結論：確實還有很長的路要走。

行銷與創新

杜拉克的卓越見識對於創新理論與信念發展所做的貢獻已經眾所周知，所以在此我們不必詳述。反之，讓我們專注於他對行銷與創新之間關係的想法。

起先，我們似乎可感覺到，他是將這兩種力量視為涇渭分明，但顯然他愈來愈視之為同一件事。

因此，在《彼得．杜拉克的管理聖經》中，他說一家企業只有兩個基本功能：行銷與創新。再者，創新就如行銷，貫穿企業的所有階段，並貫穿各種形式的企業，不限於技術方面。的確，他認為技術革命本身可能是無效益，除非在非技術領域（尤其是在行銷方面）進行了創新。

杜拉克在其後數年發表的數篇文章中指出，企業面對的首要挑戰，是以市場為中心來組織、管理、創新。

1963 年，他在對美國行銷協會（American Marketing Association）的演講中，將「行銷」視同「創新」，他說「行銷就是創新」。從上下文看來，他的意思不僅是說，在還不是很久以前，行銷的整個概念是一種創新；而且還說多年來行銷發展出來的工具和概念，也已成為重大的創新（例如分期付款和購物中心）。他還利用這個時機呼籲，未來在行銷方面需要更多創新。

在他最近的重要著作《斷層時代》中，他「封閉了迴路」：

> 企業界人士必須學會把「行銷」本身當成創新的力量來實踐……真正的新事物通常無法滿足已存在的需求。真正的新事

物會創造新期望、制定新標準、使新的滿足成為可能。因此，「創新式行銷」能創造市場。新技術總是需要新市場，而在新技術創造新需求之前，甚至沒有人會想到新市場。

其實杜拉克在此所說的，和他先前將創新與行銷視為兩個不同功能的說法完全矛盾。重點是，人們可以（並應該）在行銷方面（以及其他領域）進行創新，並單單利用行銷做為一種創新的力量。全錄公司（Xerox）進入複印機市場的成功傳奇，就證明了杜拉克論點的正確性。在我看來，這也證明了企業可以結合行銷上的創新（「我們會借給你我們的機器，你可以使用任何人的紙張」）和技術上的創新（靠影印來複製文件），從而達到綜效（synergy）。這再次證明了杜拉克觀點的智慧：在使技術產生經濟效益方面，行銷扮演了一個關鍵的角色。

如今，隨著科技與市場的變革日新月異，包括消費主義（consumerism）（註2）力量的爆發，企業有很多機會依循杜拉克的睿智鼓勵，將行銷本身做為一種創新的力量。的確，進行「強制性推進」的行銷研發努力，可能獲得很高的報酬。

註2　認為購買並使用大量商品與服務，對社會與個人皆有利的理念。

行銷是一門學科

根據杜拉克的說法，行銷已興起成為整個企業管理領域中唯一有系統的學科，也許是最先進的，當然也是所有職能商務學科之中，最「科學化」的一門。他還認為，過去 30 年間，行銷已發展出工商企業唯一健全的概念理論。然而，他當時沒有詳細闡述這些廣泛的通則，因此難以確知他在具體細節上的想法。儘管在行銷領域已取得這一切進展，但這個領域的許多學者可能會對下述主張提出質疑：我們已經為行銷學發展出一個統一的理論基礎，而且行銷學是一門有系統的「科學化」商業學科。當然，在行為科學應用於行銷方面，布里特（Steuart Britt）的評論：「我們似乎正在從『自高自大的無知』轉到『深思熟慮的不確定性』」說得很中肯適切。

因此，儘管杜拉克對於行銷學是一門有堅實概念的理論、有系統的學科評論而受到讚賞，但在初步基礎上，對於這些評論，我們可能需要抱持一些懷疑態度。

杜拉克的這個推論命題，已表達了如下觀點：行銷是所有企業管理與創業領域中最系統化的，因此也是最容易學習、最容易教授。在此，我再度冒昧提出一個觀點：即使承認了行銷學是系統化的，如果對行銷的教育工作者做個意見調查，可能不會出現他們支持行銷學容易學習、容易教授的論點。

市場

杜拉克對於我們有關市場領域的概念，提出了許多有用的見解與層面，不幸的是，這些不一定會被行銷人員在工作上所認可和運用。我列出其中最重要的幾個見解如下：

（1）客戶（「誰購買」）、市場（「在哪裡購買」）、最終用途（「為什麼購買」）的三層面概念，並且在行銷分析中發現這三者之間的相互關聯性，以及對某家特定企業來說，最重要的是哪一個層面。

（2）市場與分銷管道通常比產品更具關鍵性的概念，還有一個必然的想法是，所有的分銷管道同時也都是客戶。

（3）分銷管道的變化比技術、客戶期望、客戶價值觀這三者的變化更快速的信念。雖然這個信念可能是事實，但杜拉克除了這個陳述：「分銷管道的相關決策在五年後沒有過時的，我從來不曾見過。」之外，沒有提供任何堅實證據來支持他的觀點。

（4）他早期就看出並強調兩個「未出現在任何教科書中」的成長市場：「自由支配時間的市場、活動市場、人們購買不是為了擁有而是為了做事的市場」；以及「辦公室消費市場」：即商業產品與服務，是「受過教育工作者」的工具。

（5）令人耳目一新的概念是，愈來愈多的家庭是根據期望（而非收入）購物。「收入是一種約束而非動機——應該是這樣才對。」的確，這一點對未來消費者支出模式的改變，有重大影響。

產品政策

在這個產品政策領域，我認為杜拉克提出了幾個極具建設性的見解，特別是他嘗試開發有用的類別，以做為資源在面對「機遇」（而非「問題」）時最佳分銷（optimum allocation）的基礎。

當然，我指的是他的 11 個分類：

1. 今日的生財來源
2. 明日的生財來源
3. 具生產力的特製品
4. 開發中產品
5. 失敗的產品
6. 昨日的生財來源
7. 待補救品
8. 不必要的特製品
9. 無存在理由的特製品
10. 管理階層自以為是的投資
11. 意外爆紅的冷門產品（Cinderellas / sleepers）

當然，提出一個統一、包羅萬象的分類參考架構是一回事；企業家為實際分類產品（或市場、分銷管道或其他「成果領域」）而制定一套實用的決策規則（或準則），以便將資源集中在機會上，則完全是另一回事。

幸運的是，杜拉克提供我們「兩個簡易規則」，他說這些規則適用於他所有的分類（顯然，徹底失敗的產品除外）：

（1）性能與期望的任何重大偏差，都可能預示需要改變分類或至少重新分析。

（2）分析未來增量成長（increments of growth）的成本，顯示產品在其生命週期中的位置，及其預期壽命有多久。

增量分析的第二個概念，只是試圖將經濟學中的邊際成本與遞減收益的概念，轉移到產品生命週期的開發上。它尋求的是最佳點：停止進一步投入資源於產品的「平衡」點；一旦超過這個點，增量投入單位的增量產出收益將開始下降。

這個概念雖然理論上是正確的，但在現實的商業世界中很難實施。在實驗室中進行的實驗能夠較嚴格地控制相關變量。但在商界的動態環境中，為了追蹤因果關係，要改變一個因素並保持其他因素不變，極難成功。這再次顯示，儘管電腦和利用電腦的諸多技術已經問世，但企業管理層仍然面臨「原則」與「實務」之間，愈來愈大的差距。

順帶一提，既然我們在討論增量成本／收益分析，此時或許適宜評論杜拉克對於會計師對待成本方式的看法，以及他自己關於產品「真實成本」的概念。

杜拉克批評會計師，認為有下列缺失：（1）把無關特定生產單位的成本，分配給所有產品；（2）按銷售量（而非按交易）的比例分配這些成本；（3）關注每個產出單位（而非單一產品）的成本；（4）專注於利潤率（profit margin）而非利潤流（profit stream）；（5）沒有將成本歸類到它們所屬的經濟活動中。

雖然這些觀點中無疑有一些部分是真實的，但更多的是針對保守、傳統「真實吸收成本」（true-absorption-costing）的會計師。這些評論中有許多地方並不適用於新型的「管理會計師」，他們試圖將直接成本貢獻、敏感度分析和相關的投資報酬與風險分析概念的原則與技巧，應用於產品的製造和行銷策略決策，以及行銷績效的評量。事實上，我自己強調，財務經理和行銷經理之間需要更密切的合作關係，以確保成功實施這些新的分析技術，我甚至還有為行銷決策單獨記錄一套「帳冊」的想法。

雖然人們無法反對杜拉克的這個觀點：經理人需要找出產品的機會和真實成本，但他對「真實成本」的定義可能會遭到一些挑戰。對他來說，真實成本（除了材料和零組件成本之外）和交易數量（訂單、批次產量、叫修服務等）有直接關聯。雖然有某些行銷成本無疑明顯和交易有關，但也有其他的成本不是如此。例如銷售員的薪資不會因為訂單數量的增減而上下波動。其他行銷成本，例如銷售員的佣金，是和銷售收入金額（而非交易量）掛鉤連動；其他成本（如存貨保險）則和存貨的金錢價值有關。因此，我認為說產品的「真實成本」取決於產品導致的交易數量，是太過於籠統的概括說法；還有其他的成本也和金額有關。

再次回到主流評論，我們必須要讚揚杜拉克，不僅因為他強調必須將資源集中於能實現非凡成果的大好機會上，也因為他高度重視「機會在於不做某些事情，即快速、果斷地放棄一些事物」的領域。

他對「產品文化」的譴責真的強而有力。他正確地指責大多數企業犯了這項錯誤：無謂地堅持生產一大堆已無任何合理理由留在產品線的產品。事實上，他的這個觀點很有價值：堅持「全套產品線」的過時原則，是美國無能力在世界市場競爭的一個主因。正如他指出，我們補貼了一大堆「特製品」（其中只有少數產品能回收其真實成本），而在大量生產的產品上浪費了我們的競爭優勢。

結束這一節之前，我要談論一下杜拉克對品牌政策的看法。一方面，他似乎主張已建立品牌的消費品製造商採用一種品牌政策，允許他們也向零售商提供自有品牌（private brands）產品。他的觀點是，零售商必須擁有自己的品牌，因此在任何產品領域中，占主導地位的製造商應該把這一點化為自己的優勢，亦即也成為自有品牌的供應商。另一方面，他聲稱自己尚未找到一家消費品製造商能理解這件事：為何每家重要的零售商都必須堅持擁有一個自有品牌。然而，許多公司的實際品牌政策提供了充分證據，顯示他們不僅了解零售商需要自有品牌，還了解供應他們這些品牌的有利之處和獲利能力。例如，阿姆斯壯公司（Armstrong）以 Allstate 品牌出售輪胎給西爾斯公司，同時以自己的阿姆斯壯品牌銷售其他輪胎。

行銷研究

杜拉克在行銷研究領域的主要貢獻，在於強調任務「創意」（而非「評量」）的重要性；他這樣做完全正確。

例如除了所有標準的行銷研究問題，他還正確地強調應該專注於很少被問及的問題：迫使我們看到出乎意料的問題。典型的這類問題包括：（1）誰是尚未消費顧客（noncustomer）？（2）顧客總共購買了什麼——他如何花費時間和金錢？（3）顧客和尚未消費顧客向其他公司購買了什麼？（4）什麼產品或服務能滿足顧客真正重視的令他滿意的領域？（5）什麼能讓顧客不需要我們的產品或服務？（6）在顧客的心目中和所在的經濟體中，有哪些是有意義的產品或服務的組合？（7）誰是我們的非競爭者（noncompetitors）——為什麼？（8）我們是誰的非競爭者？有哪些機會我們之所以未見到或未利用，是因為我們沒有視之為我們所屬行業的一部分？

我詳細引述這些問題，是為了展示杜拉克為富有創意與想像力的行銷研究，所帶來的真正目標的深入洞察力——這種研究超越了例行的、定量的、刻板的、狹隘的、純統計的、技術導向的、測量導向的種類。不幸的是，這個種類在許多公司的當前研究活動中，占有相當大的比例。

杜拉克還告誡企業不要有太多行銷研究人員。他擔心研究經理可能變得太忙於「管理」和檢查數據，以至於沒有時間去提問適當的問題（如上所述），而且可能未察覺到市場中出現嚴重影響公司未來重大變化的可能性。相反地，個別的行銷研究人員如果沒有一個團隊的支持也會有風險；他可能會花太多時間去追蹤細節，也可能見樹不見林。

杜拉克強調洞察力的重要性，這一點在他〈研究管理的12 個寓言〉中的一個寓言獲得強化，亦即他列出的「將研究工作限制在已經存在一個明確、可定義的市場的產品上」。當然，他指的是「技術的」而非行銷的研究，但他很明確地將兩者聯繫在一起：你無法對一個真正的新產品進行「行銷研究」；你只能研究一個可以被定義和描述的產品、服務或市場。因此，如果你把技術研究限制於可以進行行銷研究的產品創意上，就不會出現真正的新產品或新製程。原因是真正的新穎，除了對現在（現狀）和過去（曾經）的統計數據，還需要有對未來（可能出現的情況）的判斷力、勇氣、洞察力。在我看來，這才是有創意、創新的行銷研究的真正作用：尋找並發現市場中潛在的機會（目前尚未解決甚至尚未意識到的「問題」），然後集中公司的資源，提供被潛在客戶視為解決方案的「解決方案」。換句話說，我們不能將整個環境視為一個既定事實（a given）；我們可以（也應該）為整個環境帶來先前所沒有的價值滿意度（value satisfactions）和問題解決方案，進而引發變化。對我來說，這是行銷的核心目的：不斷打亂平衡，引發對我們有利的變化。我們自己引起變化，遠比成為別人的變化的受害者，要輕鬆愉快得多。

定價

多年來，杜拉克對於「價格」的觀點一直別具一格且前後一貫。15 年前，他曾說我們不懂得如何定價，也不知道價格策略與消費者行為之間的關係。最近，他宣稱我們對「價格」仍然沒有足夠的了解，因為現實世界中發生的事和（經濟學中的）價格理論的預測，並不一致。因此，他得出結論說這個理論需要改變。

我當然贊同他的這個結論：絕大多數企業仍然認為，製造產品的成本對買家來說，是有價值且有用的訊息。他的下述說法是正確的：我們可能需要從注重生產者成本的理論，轉變到將「價格」定義為買家為獲得其購買特定產品或服務的價值滿意度而支付的費用。重心應該是買家獲得的價值，而非行銷人員的成本。

我們暫且放下杜拉克普遍上對於「價格」的評論，來談談他對於實際定價的看法，尤其是在製藥業。就某種意義來說，他認為製藥公司在這方面的判斷力很差：「將有品牌的化合物價格，定得遠高於同樣的化合物但以其科學名稱出售的學名藥（generic drug）。」這個立場可能會面臨至少兩方面的挑戰。首先，我們不能將所有製藥公司都共冶一爐。其中有些公司研究、開發、製造、行銷自家品牌的藥物。在多數情況下，他們是創新者，在市場上推出新產品和改善的產品。另一方面，其他公司是「沾創新者的光」；他們不研究也不推廣，只是製造（並以較低價格出售）已證實有效的學名藥。市場顯然是有區隔，而且兩種經營哲學皆有其空間。我的觀點是，發現、開發、推廣「品牌化合藥物」的公司，應該能夠為其產品定價（至少在產品生命週期的早期），而且這個價格應該足以讓他們收回在從未到達市場的無數失敗中的損失。否則，如何維持研究資金庫？未來的研究如何獲得支持？依我之見，在自由企業經濟體中，市場應該容得下這兩種不同類型的公司和兩種不同的定價政策。正如杜拉克自己強力指出，我們應該讓顧客投票選擇他們喜歡的候選人。由於不是所有顧客都有類似做法，有些人偏好一種類型，另一些人偏好另一種類型。最重要的考慮因素是自由選擇。

上述例子再次說明，需要避免對事物過度簡化和籠統概括的傾向。因此，在同一本書的另一處，談到美國家庭主婦「往往對價格十分敏感；如果有另一種品牌提供『折價五美分』的特惠，她就會捨棄最熟悉的品牌而去。」另一方面，杜拉克早期的一篇文章卻表達相反觀點和另一種概括說法：「家庭主婦在購買雜貨或任何超市商品時，會堅持按照她們的購物清單」，因為她們已經「預先選好品牌」（presold）。事實上，沒有所謂的美國家庭主婦，市場可能有不同的區隔；例如可能有些顧客對品牌的忠誠度很高，因此即使其他品牌以較低價格供貨，他們仍然偏好令他們滿意的品牌；也可能有其他顧客認為，某些品牌沒有好到讓他們寧願捨棄較低價格的好處。同一個買家在不同時間或不同情況下，可能會有不同作為。

廣告

關於廣告，杜拉克的主要觀點是，缺乏下列的訊息讓人感到苦惱：廣告如何運作、它能做到（和不能做到）什麼、如何測量其效果、它的經濟因素是什麼，甚或是有哪些關於廣告的假設可以測試。我確信，還有很多人有這種苦惱，包括學者和廣告業者。正如他精明地觀察到，有些人認為廣告是萬能的；另一些人則認為廣告毫無效果，純粹是浪費金錢。然而，他說，「甚至沒有人試圖去發現，廣告是否確實是經濟實惠的大量行銷方式，或是它的經濟因素是什麼。」（顯然，他認為博登〔Borden〕公司在 1940 年代關於廣告經濟效應的研究，並未提供足夠的說明，或是在當前情況下已經不再適用。）

儘管杜拉克個人承認自己對廣告毫無了解，他仍然評論說，「就是在這個商業領域，人人都是天才且每位副總裁都知道廣告應該是什麼」。然而，他認為這是對廣告的批評，不是對副總裁的批評，這和他呼籲應該有更多廣告資訊一事一致。

在某種意義上，他對於無法衡量廣告效果的評論，使得他在產品生命週期策略中提出的使用增量分析（輸入與輸出）的建議有些學術性，雖然也很合乎邏輯。他的這個陳述，「廣告、銷售和促銷費用尤其適合進行這種分析」，和他之前提到的關於我們欠缺廣告投資與成果之間關係的資訊一事，其實很難調和一致。

建立分銷管道

正如廣告一樣，杜拉克認為我們對於分銷（distribution）所知甚少——我們沒有真正了解分銷在經濟體中的作用與結構。雖然有許多專家專精於分銷的個別階段，但就其整體來說，專家卻很少。他強烈呼籲不僅需要新的經濟理論和分析概念，也需要更好的新資料。當他詢問，多少分銷成本是真正的「增加價值」，而多少分銷成本只是「增加浪費」時，他準確而簡潔地呈現出這個問題。

在我看來，除非我們能夠獲得有關分銷成本中有多少是「價值」、有多少是「浪費」的良好數據，否則我們就真的面臨這個矛盾：如果我們將「成本」等同於「增加的價值」，那麼分銷成本愈高，增加的價值就愈多；反之，成本愈低（分銷愈有效率），它增加的價值就愈少；這明顯是荒謬的。這凸顯出我們必須以更好的數據和分析概念，來區分「價值」與「浪費」。也許甚至不存在「分銷所增加的價值」這種概念，因為正如杜拉克指出，價值只能在市場上創造，也就是在企業外部；企業內部只能創造成本。因此，他對自己曾經談論「分銷所增加的價值」表示歉意。

同時，正如他中肯地指出，我們必須通力合作，提升分銷的生產力並減少分銷增加的「摩擦力」，以便在我們能支持大眾市場的地方降低分銷成本。他認為，零售管道是一個特別適宜提高生產力的領域，或許可以透過提升專業化（將銷售工作與非銷售工作分離）和提升機械化來實現。杜拉克也詢問，在超市和折扣商場充斥的世界，「加盟經銷商」還有多少經濟意義，特別是在消費性耐用品（durable goods）市場，加盟經銷商或多或少已經過時了。事實上，這種情況最終也可能發生在汽車經銷商身上。杜拉克說，還有兩個分銷無效能且成本高昂的領域，就是科學設備市場和工業品供應市場。

無論如何，我們肯定可以歸功於杜拉克早期就看出物流分銷過程需要採用「總成本」系統（total-cost systems）的做法。八年前，他敦促將分銷視為跨越法律與組織界限的流動來管理。在他看來，這是美國企業界最被忽視但最有前途的領域之一，只要給予分銷一個新定位：分銷的（高昂）成本證明了分銷在企業中很重要，那麼智慧加上辛勤努力在這個領域就可以創造可觀的成果。儘管他沒有提供任何具體的改善分銷效能的建議，實際上這是功能管理（functional management）的責任。他的工作是喚起人們對挑戰和機遇的注意。這一點他確實已經非常顯著地辦到了。

行銷與經濟發展

在處理經濟開發問題時，尤其是在所謂的開發中國家，注意力與努力通常是集中於成功擴展生產能力上。然而，在杜拉克看來（這是他的重要洞見之一），在這類「成長之國」的發展中，行銷是加速發展最重要的利器。

他的論點是，在這些地區，行銷是經濟系統中最落後的部分。因此他推論，在行銷發展上最要緊的是使經濟體中已有的資產和生產能力得到最充分利用。再者，它有助於企業家與經理人的快速發展，甚至可能是管理工作中最易於採取行動的領域，因為那是所有管理和創業領域中最系統化、最能傳授和學會的領域。

他的觀點不僅值得玩味，也很有道理。如果無法進入市場，生產能力並無用處。一旦市場開放，生產就會受到刺激；因此行銷對開發中國家的成長扮演關鍵的角色。

消費主義

消費主義是造成當前商業活躍動態的最新因素。杜拉克以其典型方式，為我們提供了一些重要的哲學洞見和非常明智的建議。

本質上，他認為消費主義是行銷概念的「恥辱」，是行銷概念失敗的標誌。這個概念要求企業從買家的角度來看待自己。對杜拉克來說，這就是消費主義，我們只是沒有實踐而已。這個評價和他先前所說的，將顧客置於企業世界的中心的哲學定位，完全一致。對他來說，消費者面臨的最大問題是缺乏資訊。如果他要在市場上保有選擇的自由，企業本身應該對強大、積極的消費者運動感興趣，並將之視為挑戰而非敵人。正如他所說：「我們必須停止將消費者視為威脅，應該視之為機遇。」

事實上，成功的行銷人員向來了解，這個機遇是業務成長的真正基礎，並將自己的構想和資源投入以充分利用它。因此，有點難以理解杜拉克的評論，也就是「我們在行銷領域一直在等待的機會，讓我們利用它。」這裡的關鍵詞是「我們」。「我們」之中有些人已抓住這個機會。也許他的意思是

「我們大多數人」還沒有做到。

無論如何，這種情況明顯需要企業方面積極主動，而非採取防禦性的後衛（rearguard）行動。這是杜拉克真正的訊息，而且是最有效、最適時的訊息。

綜合與總結

儘管行銷已有長足進展並引進了創新，但杜拉克認為未來幾年行銷面臨的主要挑戰與任務，不僅是要成為經濟與企業的創新者，適應截然不同類型的消費者市場（consumer market），而且還要尋找衡量效益的新概念與新方法，以及一個合乎需要的定價理論。我們必須學會透過對市場持有一個合理形象，理性地管理企業。正如他所見，我們的重要任務是：開發一個適合行銷已創造的大眾市場的行銷系統。

如果這是我們在行銷中面臨的挑戰，那麼我們非常幸運，因為在我們為這項任務全力以赴時，能夠接觸到杜拉克這位「思維通才」（the thinking man's generalist）暨最傑出的商業哲學家的啟發性理念與明智建議。在這個角色中，他確實幫助了我們更準確地規畫我們的路線。（畢竟，哲學是「人生舵手」，或者至少這是希臘字母 Phi Beta Kappa 的含義。）希望在他擔任「企業的監察員」（ombudsman of business）角色時，會繼續敦促我們，協助我們將短視、向內的目光重新引向世界，引我們到唯一真正應該關切的：顧客的世界。

由於杜拉克重視行銷與行銷領域的人員（包括學者和從業人員），加上他提出的挑戰，使得這個領域及其人員的閱歷與經驗更加豐富多彩。他敏銳犀利的洞察力和獨具創意的新觀點，對行銷文獻與實務的豐富充實，以及行銷在高階管理層眼中的能見度，都有很大貢獻。我們期待他未來做出更多貢獻，擴展我們的視野並挑戰我們的想像力。

CHAPTER 12.

美國企業的創新與創造力

凱米*撰

他們盡其可能地模仿一切，
但他們無法複製我的心思，
我讓他們氣喘吁吁地剽竊，
落後了一年半載。

——吉卜林（Rudyard Kipling）

* 凱米（Michael J. Kami）

凱米自 1952 年至 1964 年在 IBM 公司任職期間就對規畫（planning）很感興趣，在 IBM 公司他先後擔任產品規畫總監、預先規畫總監和長期規畫總監。從 1964 年到 1967 年，他擔任全錄公司的企業規畫副總裁。凱米先生目前是佛羅里達州企業規畫公司（Corporate Planning Associates）總裁。他撰述了許多篇關於規畫的文章。

經過將近十年，美國和國際商業界才真正感受到杜拉克思維的影響力。早在 1946 年，杜拉克在《公司的概念》中討論了分權化、企業的社會責任、「巨頭的詛咒」（curse of bigness）、充分就業的挑戰等原則。將近 25 年後，這些主題仍然很重要、很有價值、具有爭議性。1954 年出版的《彼得・杜拉克的管理聖經》已成為暴增的商業著作中領先的經典之作。然而，今日有多少公司切實在實踐杜拉克提出的許多基本、創新的概念？「我們的業務是什麼，應該是什麼？」仍然是執行長可以自問並詢問重要同事的最重要、最令人困惑的問題。有多少公司為其業務的各階段和各方面確立目標，並確實「依目標管理」？人事管理是否破產？以這些問題來詢問現今的許多公司，都很適切。

事實上，過去 20 年來杜拉克提出並討論的許多問題，似乎都被企業界大多數高階主管所忽視，也尚未解決。但在同時，一個令人欣慰的因素是，在（筆者）和最成功的頂尖企業高階主管的交談中，他們提到了這些問題。然而，隨著社會的演變，企業界和政府及社會機構的關係更加錯綜複雜，也更受到公眾監督和批評的影響，這些問題變得愈加重要且急迫。

回顧以往，對我而言，《彼得・杜拉克的管理聖經》是一本具有原創性、創新性思想的入門讀物。1958 年的嚴冬寒夜裡，我從郊區的威徹斯特郡（Westchester County）通勤到曼哈頓下城的華爾街地區，參加紐約大學一門研究生管理課程，也就是杜拉克正在教授的「創新管理」（Management of Innovation）研討會；這門課程是我個人思維的一個里程碑，結果也是我的整個事業生涯中的一個里程碑。

杜拉克雖然是卓越傑出的作家，但只是個平凡無奇的演講者，人們需要仔細傾聽，才能夠真正了解、感受並完全信服他的著作中提出的先進、獨特的概念。幾個月親身受教於他的體驗，讓我更加確信，他能夠提出一個強有力且實用的創新理論，有創意地指導美國企業界進行一個建設性變革計畫。我也確信，他認定這種變革絕對有其必要的先見之明，為 1960 年代理解並實施變革的「突飛猛進」（go-go）企業，奠定了超級成長和快速成功的基礎。

然則，為何杜拉克沒有更廣泛、更普遍地被譽為當今仍在成長的巨型企業集團直接（或至少間接的）創新思想的先驅？部分答案在於他引人爭議的才華。他大力陳述其結論，並且一次提出許多強有力的新觀念，但相對而言他花極少時間或篇幅來解釋他的推論演繹方法和獲致結論的理由。杜拉克更像是商業與社會預言家，而非逐步分析和剖析商業實務之人。他能夠領先他人預見變革，並經常在別人甚至還不了解問題何在之前，就提出解決方案。因此，杜拉克的追隨者更適宜被描述為他的信徒，而非學生。我很自豪成為其中之一。

杜拉克總是展現出一種神奇地以「嗅覺檢測」（smell test）聞到變革的能力，即使當時的證據指向另一方向。在多數成功的公司幾乎都是由一人掌控：例如 IBM 的華生（Thomas J. Watson）、美國無線電公司（Radio Corporation of America, RCA）的沙諾夫（David Sarnoff）、美國航空公司（American Airlines）的史密斯（C. R. Smith）時，他堅定地提倡分權化和明智的授權。當主導的信念是將工作細分為微細、自動、例行動作，以便個人在作業時無需思考時，他建議擴大職責和任務描述。他一直希望提升人事管理水平，並徹底改變其概念。他預見了讓工作適合員工，並將員工視為公司最重要資源之一的做法（當時任何層級的人都被視為「雇員」，按提供的服務獲得報酬，也受到雇員這般地對待）。

杜拉克深刻了解商業中飛速增長的變革力量，而且幾乎具有預見變革的洞察力，因此企業需要制定一個全盤的、全球的、綜合的長期計畫來應對變革。在那個時期，長期規畫幾乎從未發生，長期思考的普遍定義是：「午餐吃什麼？」

但是在我看來，他對於激勵企業的創造力與創新，並引領企業達到成長和成功新高度的最大貢獻，在於他對產品與服務加速過時的早期預警。對於政府與民間產業的研發開支大幅增加而造成的影響，杜拉克做了正確的分析。研究的激增產生了跨越技術學科和產業界線的成果。這種巨大的科學影響創造了新產品，使得既有的成功產品快速過時，其速度之快鮮少有人想像得到。化學產業衝擊了既有的紡織工業，人造纖維業嚴重破壞了天然纖維業。塑膠業蓬勃發展，攫取了先前由紙張、玻璃和橡膠產品占有的市場。

遠在萊維特的《行銷短視症》（*Marketing Myopia*）一書出版之前，杜拉克就指出，某一產業研究的副產品可能會完全改變、劇烈影響甚至摧毀另一產業中興旺且地位穩固的公司。杜拉克不斷提醒，甚至「針砭」（needle）高階主管們，要多加注意他們對所屬行業的定義；如果遵行這個實用建議，將會獲得成功；如果忽視，則是失敗的一個原因。產品創新與服務創新，是在美國產業內成長和存活的重要元素，因為任何產品的壽命都在縮短，我們周遭的許多技術突破則在迅速增加。這個趨勢將加速持續發展，許多公司尚有時間開始採行（杜拉克）在大約 15 年前提出的概念。

杜拉克還說，在我們的社會中，沒有物質產品這種東西。終端客戶或消費者購買的不是產品，而是那個被造物品提供的服務。這個概念的問題在於，它太過簡單、如此明顯。認真慎重的商界人士可能輕易會說，這是「對常識的心領神會」，或者更簡潔地說，「那有什麼新意？」

這就是杜拉克的才華甚或天賦難以解釋之處。許多人可能會指責他只是在談論、撰述普遍通則與尋常道理。但我們必須謹記，任何基本真理都可能被視為明顯的老生常談或深刻的生活之道，取決於我們只是談論或是劍及履及付諸行動。對於製造商來說，產品只不過是一種服務的這個概念，可能是個「討人喜歡的」（cute）說法。如果他從事製造洗衣機的行業，他將設計更好的攪拌機、添加更多種洗衣程序和水溫控制，並以 11 種令人愉悅的顏色提供他的產品，以不斷改進他那使用清水和洗潔精的器械。然而，由於他對自己提供的服務下了短視的定義：他的洗衣機和直接競爭對手相比的清潔能力，他可能會消失於競爭場景中。

另一方面，從杜拉克的角度來看這種情況，另一家製造商可能會說，洗滌服務基本上有兩個存在的原因。只要衣物可以重複穿戴，目標就是定期予以清潔；可能有許多其他方法能達到這個結果。敏銳且富有創新精神的製造商，會研究並試驗超音波技術，淘汰肥皂和清水。如果工程師的視野擴大，而且好奇心被企業、產品、服務的定義挑起，超出了熟悉且常見的範圍，則其他可能會有許多可以（且應該）探索的方法。但真正的創造力與想像力不應該止於此。

如果消費者的終極目的是穿著乾淨衣物，而這些衣物既實用又優雅、價廉物美、穿過即丟，那麼洗衣機的所有存在理由將在一夜之間消失。所有缺乏遠見而且沒有為變革力量作好準備的洗衣設備製造商，也將從美國商業舞臺上消失。所有拒絕以多角化經營進入新市場，並以新方式保護自己現今的營運的製造商，也將有同樣下場。

如果繼續使用前面的例子，我們就可輕易看出，穿過即丟衣服的發明和採用，會影響到零售、化學、紡織、服裝、家電等眾多經濟領域。試想一下，如果有人發明了兩種食品膠囊：

一種可以讓人體攝取到等同於日常飲食的所有營養成分，另一種可以讓人以為自己剛剛吃下一頓豐盛大餐，那麼美國經濟與美國人的生活方式會發生什麼事？廚房、食品業、家電業會從美國消失！不可能？還記得登月之旅曾經是科幻小說嗎？總之，如果出現了消費者的期望所要求的市場，最終就會有人滿足那個市場的需求。

但問題不是何時，而是誰會發明這兩種食品膠囊：食品業、家電業、房地產業、製藥公司，又或許是航空業（成為他們研究在太空中如何餵養人類的副產品）？

我正在轉述我認為是多年前杜拉克對我們說過的話，他當時所說的話很重要，但現在更加重要。

更重要的是要充分了解，企業必須達到一種獨特程度，不僅在創造新產品、新服務方面要如此，在它的整個組織之內也都要如此。如果沒有新產品，營運的效能將是枉費工夫；但新產品如果缺乏高效能的支持，也不能成事。杜拉克的「思維哲學」（thinking philosophy）很容易應用在企業的各個關鍵階段，以激起創新和改進的氛圍。創造變革也是創造不安與憂慮。這可能是那些尋求保持現狀的經理人（那些保守且反動的「即將領年金者」）反對的一個原因，他們拚命保護自己已落伍的工作，而導致曾經是進步且獲利的公司的衰敗，以及最終無可避免的倒閉。遺憾的是，美國企業的明顯演化顯示，縱觀美國歷史，1900 年頂尖巨擘公司的消失，和 1950 年代與 60

年代默默無聞的「年輕土耳其人」（young Turks）[註1]的崛起，並沒有激勵更多執行長把杜拉克的理念付諸實施。

「系統」一詞在當今的術語和商業行話中遭到過度使用及濫用，但這是一個重要概念，描述會影響一家企業內部與外部力量之間日益密切的相互關係。杜拉克非常重視這種「系統概念」（system concept）。他正確地預見了若要解決日益複雜的企業營運所形成的困難，需要分權（decentralization）和授權（delegation），同時也造成跨部門溝通和協調的問題。這是當前企業的矛盾情況：我們授權以加速決策、避免獨裁，卻造成了一個龐大複雜的溝通網絡，由許多「統治者」掌控。

明智的解決方案在於，根據企業的長期目標，制定一個預先決定且大家都理解的整體策略方向。這些目標是透過「協商」（而非強制性的命令或盲目的衝勁）選出和決定。杜拉克經常討論的「高層管理風格」，也是企業成功要訣中的一個重要的創新因素。

杜拉克的著作、他在紐約大學的課程以及之後我和他的來往，對我的商業思維造成深遠的影響。由於他的影響，我能夠

註 1　這是指當時出現的一群年輕且富有創新精神的企業家，他們顛覆傳統產業的既有秩序，挑戰老牌企業的主導地位。這個詞語原本是指在 20 世紀初力圖將鄂圖曼土耳其帝國現代化的一群革命派人士，後來被用來形容任何一群具有創新精神、試圖挑戰現狀的年輕人。

在企業營運講求實效與實事求是的做法之外，添加另一層面，即哲理的層面：企業思維的概念取向。這可能是高階主管最困難的心理調整。美國商界人士自豪地稱其業務運作為「真實世界」，他們的做法和管理學學生的理論與學術取向形成對比。對於處在高壓下、積極進取且極為忙碌的高階主管來說，要把抽象的概念性思維視為「冷酷現實生活」的一個必要部分並不容易。但是再一次，時間已證明我們再也不可能將企業世界和社會文化力量及環保力量分開。我們甚至可能正在接近企業不創造需求，而是消費者創造需求的日子！在杜拉克之前，管理理論強調的是企業內部，但是隨著他的強調客戶與知識為關鍵成果領域，他已徹底改變了管理世界的外部層面。

之前我提到大多數美國企業家並未實踐杜拉克的理論，但有一些商界領袖坦承受到他的影響。或許需要對商界領袖進行一項研究來確定他的影響範圍，以下只就這一點提出一些有文件記載的實例：

1948 年布里希（Ernest Breech）力圖將通用汽車的系統引進福特汽車，以重組疲弱混亂的福特汽車公司。他利用《公司的概念》作為最高管理層的手冊。布里希說：「我讓亨利・福特和他帶領的每個人都閱讀那本書。」

葛瑞斯（Peter Grace）是葛瑞斯公司（W.R. Grace and Co.）的總裁，他寫道，杜拉克是我們這個時代的頂級管理理論家，影響到他在組織、企業特色和創新方面的關鍵決策。

迪堡德（John Diebold）是迪堡德集團（The Diebold Group, Inc.）的總裁，也是自動化領域的先驅思想家暨實踐者，他評論道，雖然有些人認為杜拉克太過理論化，但他並不認為這是杜拉克的弱點，而認為是某些商界人士的局限。他指出，杜拉克可能領先他的時代，因為企業界的大部分運作趕不上杜拉克的思想深度。其他商界領袖的聲明只是重複同樣內容，但通用汽車總裁柯爾（Edward N. Cole）最終的支持才值得全文呈現。

我非常欽佩彼得·杜拉克思維的廣度和深度。他深入了解任何成功企業的關鍵基本面。他有一種神奇的能力，能夠快速、合理地抓住問題核心，同時消除經常會掩蓋問題和解決辦法之間最短路徑的大量傳統糟糠。

但是在我看來，他最偉大的貢獻向來在於他是個激勵者和創新者。透過他的不斷督促、智力激發和對企業的尖銳批判性分析，他一直在激勵管理階層加速尋找更有效的新方法、提升自身的成就潛力。他是富有挑戰性的提倡打破舊習者，懂得如何不斷攪拌鍋子，結果燉出來的菜餚總是更好吃。

在他的最新著作《斷層時代》中，杜拉克證明了他沒有受限於企業管理理論；但更重要的是，他對於企業和其他主要力量已經推動、正在推動和未來歲月可能推動社會的方式，有非常令人信服的觀察與評論。

杜拉克一直在挑戰美國企業要做得更好這件事，他認為企業還有很大的成長空間。他對於具有競爭力的企業其能量與能力，抱有極大信心。他告誡企業，必須從整個社會及其擴大需求的角度來看待自己的功能。但也許，最重要的是，他愈來愈迫切地警告說，企業和社會不能按照過去的趨勢來制定未來的藍圖；明日的挑戰和機遇太過龐大，不能用昨日的概念和程序來應對處理。

讓我們希望美國企業會聽取這個明智的建議。在我看來，這是唯一的行動方針，能使工商企業持續成為推動本國和全世界進步的充滿活力的強大力量。

重要的是，要注意在杜拉克的著作中，他從未將企業實務和美國及其他國家的社會與經濟變革分開。這可能是杜拉克和戴爾（Ernest Dale）、昆茲（Harold Koontz）、紐曼（William H. Newman）、史泰納（George A. Steiner）等同樣知名且頗受尊敬的管理學者之間，主要且重要的區別。杜拉克總是將「企業」和它的實務，置於我們社會的社經結構（socioeconomic structure）的正確環境內。隨著環境的變化，企業哲學也在變化。太多關於管理的書籍已經過時，甚至是誤導，因為作者沒有將他們的主題連結到環境的力量，而那些力量一直在運作。由於社會變革先發生，並促成大型企業變更主要政策，因此研究並了解這些事件，以及快速改變營運作業以趕上並利用這些力量，已成為成功管理企業的全盤策略的重要一環。杜拉克的一些書籍，早在1946年就開始正確預測到：技術與社會因素被大大低估的驚人變革速度、知識產業的爆炸性成長、中階管理層被壓抑的思維的解放、低階管理人員與工人欲知自己在全局中角色的近乎革命性的渴望。

創新、想像力、創造力對公司的進步極為重要。杜拉克的著作激勵了理解並相信他的理念者的願景。他的成長哲學始於為產品與服務創造一個創新的氛圍，並擴大自己的企業的定義。繼而他循著這個改善、改進的主題，建議改變基本的營運以適應不斷變化的環境，在下列各層面追求創新：組織、人事實務、社會責任、行銷、創新的實務。過去20年來，杜拉克的許多信徒已清楚看到，他對社會變革與企業變革的理解是正確的。企業界領袖們在多大程度上，於營運方面會接受並採用杜拉克最新著作《斷層時代》中，對未來事物所提的有時顯得武斷而強有力的含義？

他提出了足夠多的新概念，來進行企業結構與營運的大幅修改。我堅信，那些按照他的見解去做的公司，在1970年代可能會成為所屬領域的頂尖者，有如1940年代的通用汽車、1950年代的IBM和1960年代的全錄公司。

沒有什麼比帶頭引進新秩序更難掌握、更危險、更無法確定能否成功的了。

——馬基維利

CHAPTER 13.

管理時代的創業

羅伊斯*撰

在我們這個時代（許多知名權威人士稱之為「管理時代」），直到不久前，創業家仍被視為老古董，是放縱不羈的資本主義時代下的殘餘物；已成為和現代管理哲學格格不入（而非協調一致）的人物。

人們認為創業家已伴隨著對大企業的控制權而消逝，就像已故的克魯伯（Alfred Krupp）一樣，他生前已見到自己的公司在過度貸款的情況下，屈服於銀行和國家的支配。他那種直覺式、變化無常、極具個人色彩的領導風格，應該已被那些

* 羅伊斯（Gerhart E. Reuss）

羅伊斯目前是祕魯利馬投資公司（Adela）的執行副總裁。他曾擔任歐洲應用經濟研究集團（Prognos）的副經理直到 1961 年，並有許多年擔任墨西哥福斯汽車美洲公司（Volkswagen Interamericana）常務董事。羅伊斯博士撰寫了多篇有關投資和管理的文章。

取法史隆的專業經理人和行政人員所取代；史隆是繼杜蘭特（William C. Durant）之後掌理通用汽車的人。在一個擁有先進管理技術和決策輔助工具的時代，他應該已退休，因為這些技術與工具，大概沒有為兩位不負責任、唱獨角戲的德國大亨：汽車製造業的博格瓦德（Carl F. W. Borgward）和造船業的施利克爾（Schliker）留下什麼空間，這兩人在過去十年間已經黯然退場。

社會學家們宣布創業家已經過氣，是因為他們認為創業家是跟經營企業和個人財產控制權有關聯的人物，這個概念在當今企業的控制權與所有權分離的情況下已經過時。在解讀熊彼得這位在資本主義社會中探討創新創業家作用的偉大作家時，將他的「創業家」譯成「有創業精神的經理人」，已成為一種時尚。

從前創業家在中小型企業內生存且蓬勃發展，是眾所周知並受到讚賞的，但是在現代的工業世界，中小型企業被認為愈來愈不具有代表性。藉著帶領並打造新的綜合企業集團領導者，創業家似乎已重新出現在大企業的世界。然而，這也不符合學術界的模式。但是一般來說，綜合企業集團及其經營者，在我們的企業界中似乎還未被認為是常態。

但是突然間，在 1960 年代進入尾聲時，我們開始看到第一批創業家復興的跡象。終於人們愈加意識到，有一種像「創業精神」的東西，這種精神可能再次對我們的工業化社會和開發中國家造成影響。

不久前，在紀念紐約大學企業管理研究所成立 50 週年的一個座談會上，約有 20 位企業界領袖和教師與會。在此會議上發表的論文陳述，可能足以說明上述新意識的興起。ITEK 公司總裁林賽（Franklin A. Lindsay）的論文一開始就聲稱，迫切需要將創業精神注入美國企業界。ADELA 投資公司董事總經理凱勒（Ernst Keller）的論文寫道，拉丁美洲的最大需求（也是最欠缺的）是創業家，不是企業管理人員。麻省理工學院校長姜森（Howard A. Johnson）呼籲將管理教育的重心轉到創業的基本素質上。最後，杜拉克總結這些討論，他列出主要的重點領域，談到明日企業界領袖必須能夠為創業而籌劃，乃是首要事項。

因此，人們愈加認識到，工商企業有某種超越管理技巧的要素，而且雖然高度工業化國家的管理型社會特別需要創業領導力，但相對而言，開發中經濟體對創業的需求可能更大。顯然，「創業家」無法再度興起重現昔日的輝煌。另一方面，人們有一種不安之感，覺得許多根深柢固的管理原則和組織方案可能需要徹底改變，以使創業家能夠「為創業而籌劃」。

本文的其餘部分將探討以下主張，並討論這些分析產生的一些問題：

（1）確實有一套可定義的「創業」才能，但這套才能並不是我們現行管理體系的一部分，甚至（尤其）也不是現行管理體系中最先進、最複雜的部分。

（2）無論是在工業化國家或開發中世界，正是這套才能將 1970 年代成為企業領導力的關鍵（不僅只是有價值而已）。

（3）在 1970 年代，創業活動將不再局限於少數傑出的個人；在未來十年創業的核心問題將是如何組織並領導一個企業，使創業精神和創業行動能夠普遍盛行。

（4）在創業組織中，有三個最重要元素：組織的結構、獎賞與激勵措施、溝通。

創業才能：古典的與新穎的

古典的創業才能早在很久以前就被熊彼得所定義：富有創造力的思維、創新的精神、創新概念的實現。企業家的活躍動態角色也許在馬克思的《共產主義宣言》（*Communist Manifesto*）中表達得最有說服力。所有關於創業的古典定義，都是以創業家做為產業系統的主要推動者暨活躍因素的角色為中心。創業能力與精神的主要特徵可以列舉如下：

- 富有創造力的思維與創新的精神。
- 冒險的精神與承擔風險的意願。
- 在不確定且資訊不齊全的情況之下，做出決策的意願與能力。

- 將複雜情況簡化成一組較簡單的變量，以提升分析與決策能力。
- 把概念、構想、項目轉化為新創事業的能力。
- 面對逆境與挫折時的毅力。

由於現代商業生活日益複雜且相互依存，有兩個重要的新因素必須添加到這份清單上：

- 提升對現代商業生活的政治環境與社會環境的意識，既包括這兩者對特定新創企業與企業態度的影響及間接影響（repercussion），也包括兩者提供具挑戰性的新機遇潛力（此點尚未被充分認知）。
- 有效地溝通能力以及創造與他人有效溝通的基礎能力。

由於政府行動、公共政策、社會動盪對商業生活的影響愈來愈大，長久以來，人們一直認為，對商業生活中的政治環境與社會環境有高度理解是必要之事。然而，反應大多是被動的回應（*re*-action），亦即基本上是防禦性的，是對公眾調查或政府行動的反應。我們現在必須更充分了解的是，公共政策可預見的結果所帶來的新商業機會將提供創業挑戰：政府興建的房宅、貧民區的改建、城市的交通、超級城市的開發、新知識與資訊產業的興起，例如數據公用事業（data utilities）、調查產業（inquiry industries）和基於電腦的教育體系、公眾旅遊、娛樂、聯邦醫療保險（medicare）等。

關於溝通能力，這裡指的並不是資訊技術、管理資訊之類的能力，而是極受忽視的有效溝通觀點。在 1969 年 10 月的國際管理學會（International Academy of Management）東京會議上，杜拉克發表了一篇精采的論文分析了這個事實：有效的溝通只有一小部分取決於資訊的內容和訊息的傳達方式；更具決定性的是接收者基於個人經驗、志向抱負、參與投入和先入之見的看法。

因此，創業才能的一個重要成分是對於意外的、不墨守成規的、可能令人反感的新資訊保持開放態度，以及用最低度的「內建篩選器」（built-in filters）接收資訊，這類篩選器往往會篩選並分類下列資訊：超出現有經驗範圍、不符合既有觀點、傾向於推翻精心制定的計畫。

我們不難看出，為何上述的創業才能並非我們管理系統的一部分，以及為何我們現在需要「重振」創業精神，即使是管理良好的大型公司也一樣。

從教育方面開始，我們的商學院確實很少（或根本不會）鼓勵創業思維，也不培養創業才能（這是個人親身經歷後的感言）。商學院為學生提供各式各樣的技能和基本的功能知識，有時讓學生對量化方法有很好的理解，有時對問題的識別與解決方案的結構提供很好的分析訓練，有時對策略與政策問題的洞察提供良好訓練，通常也有良好的簡報設施，而且幾乎總是堅信：良好的分析技巧會將決策轉化為在客觀、可量化的備選方案之間所做的明確抉擇。

絕大多數企業會持續學校的初步訓練，他們培養員工創業能力的作為，也如學校一樣稀少。從一開始就被限制在功能性工作中，層層的組織階級將他們和真正的決策分隔開來，年輕的大學畢業生在進入企業生涯後，無法期望能培養出真正的創業才能。

然而，缺乏創業教育與培訓，只是創業精神在管理型社會中變得很罕見的部分原因。或許更重要的是，全球大型企業明顯傾向於將策略性思維建立在避免風險、損失最小化的基本目標上，而非大膽地在未知領域中開拓新機遇。像 IBM 推出 360 大型電腦系列和皮爾金頓集團（Pilkington Group Limited）引進玻璃浮製法之類的事件只是例外，不是常態。

大型公司現在仍然普遍的做法是把現有優勢發揚光大以擴大戰果，除非被競爭對手所迫，非不得已不會放棄現有產品線；僅僅小心翼翼引進創新；並仔細保護其組織結構，以防止創業動態對組織層級造成破壞性影響。

工業化國家與開發中國家的創業挑戰

在 1970 年代，這一切都必須改變。如果私人開創的工商企業再次成為迎接我們時代挑戰的動力與轉型力量，那麼企業培訓與企業實務的整個輪廓和焦點都必須改變。正如杜拉克在他最近出版的那本書中指出，我們正處於「斷層時代」。雖然我們仍然認為傳統產業在主導經濟領域，而且過去 30 年來所成長的新產業產量，對當今國民生產毛額的統計數字仍無顯著影響，但未來十年這一切都會改變。

新的需求正在出現；新技術正在從實驗階段轉到商業應用；資訊處理（handling）成本和加工（processing）成本可望大幅降低；更大的市場和更好的通訊可能會使對於新市場與更優良新產品的爭奪戰愈加劇烈。從長遠來看，更有影響力的也許是人才將更加轉移到能應對挑戰與滿足個人發展自由的地方，以及會讓人感覺自己能與他人共同努力做出受讚賞或明顯貢獻的地方。（任何曾經研究過去十年美國頂尖商學院畢業生就業統計數字的人都會注意到一個明顯的趨勢，即就業者遠離被認為停滯的、傳統的產業。若把畢業生在班上的排名和首次就業數據合而觀之，也許更能看出真實情況。最有可能的是，畢業生傾向於尋求能提供早期挑戰和全面參與的活動，這個趨勢會更加明顯。即使沒有其他理由，單單最後這一趨勢的存在，就足以促使人們重新審視產業或公司的政策與展望，因為長期而言，是有才華的人建立企業並使之成長。）

在工業化國家和開發中世界，1970 年代的十年期間將對新穎獨創的企業構成一些挑戰。雖然對某些領域未來發展的預測已經出現，但其完全影響尚未被感受到。以下只是工業化國家將面臨挑戰的某些領域：

- 知識產業的廣泛興起，從教育（程式化教學、教學機器、預錄影片教學、新教材和教學輔助工具、電腦化圖書館系統等）到資訊（處理、儲存、加工、檢索、中央知識和資訊儲存、資料利用產業（註1）〔data utility industry〕、先進的數據傳輸和印刷方法等）、出版、電腦與系統硬體和編程軟體，以及對行業的專業諮詢服務等，不一而足。
- 通信技術的進步，及其一切直接與間接的影響。
- 對低成本交通與公眾旅遊的需求增加，並有技術手段來促進其便利性。
- 對低成本住房與城市重建的需求上升，新技術也增多。
- 準備在不斷擴大的超級城市中生活。
- 社會福利計畫的經濟影響升高，現在和未來都是如此。
- 對創意休閒活動的需求（大眾化旅遊、體育運動、文化活動等）增加。
- 新合成材料的使用增加。

上述趨勢將附帶三個有趣的結構性發展：

（a）生產商的產業將更加以市場需求的系統化、完整的滿足為導向。（例如機床工業將把開發支出的重

註1　指工業化國家中涉及數據資料的處理、儲存、傳輸方面的產業，包括數據資料的整理、利用、提供相關服務的行業，旨在透過有效利用資料來協助解決問題、做出決策、提供價值。

點，從完善的特定機器的個別類型，轉向「生產系統」的開發，涵蓋製造某些類型產品所需的整個生產與內部運輸週期。）

（b）技術與管理的迅速國際化，其結果不僅是將技術訣竅的獲取，導向最先進的來源；也將人才的自由流動，導向提供最佳發展可能性的地點。

（c）在較大的經濟區域內，需要協調的宏觀經濟規畫的需求愈來愈大。飛雅特公司（FIAT）的裴伽伊（Aurelio Peccei）最近提出了振振有詞的倡議。

對於開發中經濟體來說，1970 年代也將帶來一些決定性的創業挑戰：

- 需要有更多的識別機會、項目研究的才幹，以及（尤其是）將構想和項目轉化為運作良好、能為企業帶來獲利的才能。
- 需要在產業開發項目中，發展更大程度的前向整合（forward integration）。
- 需要開發可行的方法來為基礎原物料進行農－工業加工，以提高目前出口的低附加價值。
- 低成本住房。
- 較有效率且較低成本的分銷、運輸、儲存系統，尤其是食品與農產品。
- 有效的行銷與銷售組織，用於出口活動和商品貿易。

- 在國際層面，需要制定有效的商品定價系統和緩衝庫存管理系統。

在 1970 年代的開發中國家，也將面臨一些政治和經濟問題，如果私有企業要繼續扮演活躍、積極的角色，這些問題必須找到具有創意的解決方案。

- 需要發展新的形式和被接受的標準，以便外國私有資本和外國私有企業參與在地項目。
- 需要明確界定公共的和私人的倡議在發展過程中的行動領域。
- 需要在經濟目標相互衝突的情況下（產業保護 vs. 消費者價格水準、外匯儲蓄 vs. 當地生產成本等），界定國家發展計畫。
- 在創造更大的市場區域、有建設性的引進知識、從規畫階段合作展開國家發展計畫時，私有企業需要發揮主導作用。

這些挑戰和此處未列出的其他許多挑戰，構成了 1970 年代創業行動的架構。

從「創業家」到「創業活動」

讓創業家從似乎被遺忘的狀態中重新振奮、興起後，現在是照慣例說明所需具備條件的時候了。當然，如果企業已成為社會企業活動中不帶個人色彩的典型，而經濟與企業活動發生在公共政策措施的一個複雜的直接與間接網絡內，則「創業家」不再是一個「指導形象」（Leitbild）。

然而，我們希望復甦、保存、加強、發展的是，創業的精神與才能，即使當今的社會結構不再要求創業者必須以業主兼經理，和個人企業主的形式來展現。

因此，組織實務的核心問題，是如何為創業進行組織籌劃。這個問題有三方面：

（1）**組織的結構**。如果企業要在觀點和行動上具有創業精神，必須奉行哪些組織原則？哪些類型的組織關係有助於培養創業精神？

（2）**獎賞和激勵**。我們現在已經明白這一點（即使還只是不情願地接受）：對於從事創業任務的創業人才，其獎賞和激勵制度，應該不同於常態經營的企業的薪酬方案。創業的獎賞和激勵制度應該由哪些原則來指引？

（3）**溝通**。為各類型企業設計的高效能管理資訊系統，已經成為一項非常熟練、精通的工作。一大堆愈來愈多且無用的備忘錄，其末尾附帶一長串無用的副本發送的指示，證明了「橫向溝通」和「讓相關人等（interested people）了解情況」只是口號，已經太輕易地流入企業實務中。但是正如之前已提到的，「資訊」絕不等於「溝通」。這個問題在創業情況下特別值得關注，因為在創業時客觀資訊的視野，遠比有條理的決策情況其視野有限得多。

創業組織的架構

談到組織籌劃創業行動時，舉一些經過商業實務驗證的指導方針如下：

企業的管理高層應該組成一個緊密結合的小群組，進行參與式決策和直接行動。

以上定義中的每個部分都不可或缺：這個群組必須是小型的才會有高效能；它必須有一致的觀點和方向，避免在職能方面各行其是；決策必須是大家共同參與，而意見或建議的正當性與分量，必須基於對討論的問題的知識和能力；這個群組必須針對所做的決策採取直接行動，並立即分派個人負責執行。

因此，最高管理團隊不能成為（或去做）這些：

（a）由委員會管理。重點在於決策、行動、效能，而這三者在委員會類型的商議基礎上不可能實現，委員會類型的商議比較適用於政策問題與程序制定、審查與規畫任務、一般問題的探討。

（b）歐洲式的管理型董事會制度。在歐洲大陸（尤其是在德國），盛行所謂的管理型董事會組織。在德國，這甚至是公司法的一部分。慣常做法是，管理型董事會由各部門（財務、生產、採購、銷售等）的主管組成，董事會主席則擔任「發言人」。

在各部門四周建立「防水艙」的各種技術，通常已經完善到使董事會多次停止設定新方向、承擔新風險、劇烈改變現有的行動與組織模式的程度。因此，在備受讚譽的管理型董事會組織內，創業行動的真正關鍵角色，必然落在主持這種董事會的單一個人身上，這並不令人訝異。

在此所構想的創業管理小組中，每位成員都有直接管理特定活動的責任，但這些活動很可能是以整合的任務或企業的事業部為中心，而非以功能領域為中心。

創業小組還必須足夠靈活，能指派一個或多個成員，負責處理將會塑造公司未來的特別重要的任務或項目。

最接近此處所描述的組織類型的最高層管理結構，可能是國際投資銀行業一些公司的高級合夥人或執行合夥人（managing partners），或美國一些審計與管理顧問公司的高級合夥人或執行合夥人。

這個以創業行動為本的最高層管理小組，其概念背後的指導思想（guiding thought）已一再被陳述：它的目標是為了發展一種創業觀點和真正的參與感與滿足感，做法是簡化嚴格的階層式組織以有效發揮日常功能，從而創造參與式、伙伴式關係，在此種關係中特別重視創業才能，並為這種創業才能謀求更寬廣的範圍和更強大的基礎。

應該在組織的中階管理層或事業部層級（divisional levels），組成類似的管理小組。

創業人才的基礎必須從下面建立起來。

從分析到決策、從決策到執行、從執行到回饋資訊的距離與延宕，必須最小化。

這當然是任何組織都會努力爭取實現的目標，但是就創業型組織的行動和存活而言，這是極為重要的條件。創業行動本質上就是從及時看出新機遇而引發，是在競爭條件下進行，而且風險高。因此，速度和效率是基本要素，同時也需要評估客觀的回饋資訊。

在創業型組織中，對於直接且客觀的資訊的需求，往往優先於已建立的組織關係，也應該如此。應該在知識所存在的地方，直接尋求知識。報告與回饋資訊同樣也應該是直接、未過濾、來自行動現場的。值得注意的有趣之點是，在具有類似含義的另一個層面上，國家元首的效能往往和下述情況有關：他們能否與公共生活的各個層面保持開放的直接溝通；是否獨立於政府行政階層之外，而且在匯報的連續階段沒有過濾資訊。

我們推論，在許多時候，減少管理的層級就可能做到直接、有效的溝通，而且總是很值得做。

在創業型組織中，工作的定義與職位的描述必須從根本上重新建立，以反映任務取向，而非僅僅執行活動。

傳承自「科學管理」和時間研究與動作研究的技術，今日的普遍實務做法仍然是將所有工作（包括含有大量知識和需要自行下判斷的工作），分解成一系列重複或例行的成分，以便將適量的活動或一系列的相關活動匯集在一起，然後為如此創造的工作找到一個合適的稱謂。

但是在創業型組織中，只有在組織內的每個工作與職位，都是以負責執行一個整合任務為中心而建立時，才能創造真正的成就感和積極參與共同努力之感，並進行積極的創業培訓，而且成就感可能不大，因為這樣的任務可能是在較低的組織層級中。

只有從初始到最終階段見證了一項工作或項目的完成，才能喚起成就感，而且只有如此，組織的領導者才能夠對各層級中良好的創業人才做出評價。以這種方式，組織成員也可選擇為企業目標做出貢獻做為個人前途的取向，而非僅僅照章行事而已。

以創業為導向的公司，必須能夠快速重新整編、調配人才，以立即因應特定的機遇和挑戰。

現代工業和軍方在這些方面已發展出某些技術和原則。廣受討論關注的專案小組做法和項目管理（或方案管理）概念，就是以任務為導向的組織形態之例。

這些概念的運用，表明需要跨部門和跨學科的協調合作。這反過來又意味著，創業組織中的每個主要的職能任務，都應該連結到組織的其他工作或職能，建立交叉關係，並在這樣的背景下被看待和定義。因此，組織的矩陣顯示：整個組織的職位與任務之間的相互關係，是呈現組織關係的更好方法，遠勝於傳統的組織圖。

對於創業的獎賞與激勵措施

對創業活動的適當獎賞和激勵，是促進創業精神和激發組織內創業行動不可或缺的部分。基於年資或公共服務類型的薪酬方案，即使結合了創業行動中大部分的組織結構要素，也無法達到期望的結果。（日本是例外情況，其歷史、傳統、文化提供了一個截然不同的社會架構，其中基於年資的晉升與薪酬，在工商業界占有主導地位。）

獎賞和激勵措施必須反映參與的情況。創業組織的基本取向是，個人的主動性對於共同努力的貢獻。因此，參與這種共同努力的成果，是個人獲得激勵措施好處的前提條件。對於創業組織的高階主管來說，任何類型的激勵與薪酬方案中，可能都必須包含利潤共享在內。

獎賞和激勵措施必須符合個人的貢獻。創業家的薪酬除了反映出參與了共同的努力外，還應包括和可驗證的個人貢獻掛鉤那部分，應該遠超過一般工作標準的期望與要求。

在個別利潤歸屬容易辨認的企業中，個人獎金的支付很尋常（例如在投資銀行中，即使是初級行員也會因為帶來優良的業績而獲得豐厚的獎金）。然而，即使在個人努力不易衡量的情況下，往往也可清楚辨認出不同程度的個別貢獻，並用於確定獎金的分配。

應該善加「利用」獎賞和激勵措施。只有在激勵措施與薪酬方案對績效的提升有明顯積極的回應時，才能充分發揮其效益。激勵措施的報償應該很明確地反映出良好和卓越之間、平庸和良好之間的差異。在重視拓展機會的創業導向組織中，尤其有必要利用這種激勵式薪酬的槓桿效應。

應該以絕對最少的限制或條件提供獎賞和激勵項目給收受者，包括支付的形式與用途。雖然人們普遍認為，助長創業行為最有效方法之一，是讓高階主管擁有他們所經營公司的部分股權，但在將薪酬與股權掛鉤時，應格外小心。以擁有股權為一種創業激勵措施，只有在該股權成為（或在未來能夠成為）總股權的實質部分時，才具有意義。（在此我們不考慮主要是以股票選擇權做為激勵手段的支付計畫，因為其目的是為了降低高階主管個人所得稅的負擔。這類計畫只是偶然包含了股權的特性，並非以股權本身為目標。）

對於參股計畫，也應該從個人動機的重要變化這個角度來看待。以往，參股的做法曾被認為是創造個人財富的理想基礎，那些財富可以留給自己的後代子孫。如今，我們社會中開放的各種教育機會的多樣性，愈加導致孩子們不再子承父業。

年輕有才者在教育與職業方面有了眾多的新選項，往往也會縮小「支援範圍」（support horizon）。過去一世紀的創業家通常致力於創造並保存家族財富，以傳給後代子孫；現代許多創業家會認為，他們的物質支援應該僅限於子女的教育到培訓期結束為止。這反過來也意味著，人們愈來愈渴望將創業工作的物質報酬用於個人利益、科學探索、社會活動、各種信託基金上。

所有上述因素結合起來都顯示了一點：對獎賞與激勵措施的形式與用途所設的限制與條件，應該是最低度的。

為創業而溝通

創業活動是圍繞著新機遇的發現和開發，以及創新的概念與技術的應用而展開。因此，創業組織必須是一群眼睛、耳朵、心思時常保持警覺的人。在這樣的團隊中，內部溝通是成功的一個關鍵因素。

正如杜拉克令人信服地說明的那樣，單單「資訊」本身，既不表示（也不引發）「溝通」。能溝通的總是被感知的資訊（不僅是接收到的資訊），再者，是根據特定資訊對接收者的經驗範圍、情感投入、偏見、渴望、價值觀等的相關性進行感知。換句話說，通常是接收者決定資訊能否溝通。為了使資訊被理解和據以行事，必須以和接收者相關的形式及術語進行溝通；或是相反地，讓資訊的接收者意識到這個事實：自己感知資訊的方式及其結果，可能是發出資訊者全然未料。

對於創業組織來說，這是一個極有價值的洞見。沒有人能擺脫經驗的制約（conditioning）、情感的投入或個人的偏見。因此，創業組織的努力必須集中於讓其成員了解：資訊傳遞、資訊感知、資訊接受的總體背景，決定了組織內部有效溝通的總量和標準。只有如此，創業團隊才能獲得（並保持）對新思想與新概念的開放性，惟其如此，他們才能夠受激勵而朝著共同目標努力，而且在整個組織中有大家明確接受的政策、策略和程序。

同樣地，有效的溝通對於良好的回饋資訊極為重要，這種資訊是以對過去行動的觀察結果為基礎，來塑造未來的行動。只有在清晰地溝通了這種回饋資訊後，才能夠進行明智的前瞻性規畫。反過來說，只有在最少的先入為主觀念下接受回饋資訊，它才能成為未來行動的真正指導方針。只有在回饋資訊也聚焦於預期的接收者的價值觀與抱負時，才能成為促進行動的推動力。

結論

為創業而進行組織籌劃時，必須同時考慮組織結構、獎賞與激勵、溝通這三個要素。這三要素都不可或缺，也沒有任何一個可以有效取代另一個。為創業而籌劃的事情相當複雜困難，尤其是在囿於傳統的企業，但至少嘗試後的報酬可能遠遠超過那些困難。無論如何，當前的任務具有挑戰性，足以吸引一些具創業精神的聰明人才來克服、解決。

CHAPTER 14.

新福特主義

藻利重隆*撰

我們在此所描述的新福特主義（Neo-Fordism），是紐約大學教授杜拉克對於商務企業（或從中衍生的企業管理）基本原則的思維。在我看來，杜拉克所描述的，可以被理解為所謂的福特主義（Fordism）新發展；在這個意義上，它可以被描述為新福特主義。本文的目的是為了釐清這些理由。

為了達成這個目的，我們必須從說明福特主義的特徵開始說起。

---

* 藻利重隆（Shigetaka Mohri）

藻利重隆是日本一橋大學商學部的商業經濟學與管理學教授。他曾擔任一橋大學的院長，並在東京大學任職多年。藻利博士在商業領域撰有頗多書籍，包括《企業管理通則》（*General Principles of Business Management*）、《企業理論的基礎研究》（*Fundamental Study of the Theory of Business Enterprise*）、《勞工管理的商業理論》（*Business Theory of Labor Management*）、《對杜拉克企業理論的一項研究》（*A Study of Drucker's Theory of Business Enterprise*）。

商務企業的福特主義

福特主義（Fordism）指的是亨利·福特（Henry Ford，1863-1947）對商務企業或從中衍生的企業管理的基本原則思維。福特建議，企業的存在應該是為了作為一個「服務的工具」（instrument of service）、一個「服務工具」（service instrument），或一個「服務組織」。因此，企業的目標應該是「服務」。這是福特主義的第一個特徵，通常被稱為「服務動機」（service motive）。福特宣稱，這種服務將會提升公眾（這是指大約90%到95%的人口）的生活水準。因此，福特提出的服務，可說是提升員工的生活水準。這意味著一方面降低員工購買商品的價格（或者說「低價」），另一方面增加員工的收入（或者說「高工資」），即可提高員工的購買力。因此，企業做為服務工具的目的應該是實現「低價」和「高工資」。這就是福特主義（或者說「服務動機」）通常被理解為「低價與高工資原則」的原因。

如今，福特主義堅持「服務動機」，否認「利潤動機」（profit motive），後者把企業視為「獲利工具」，並且認為獲利是企業目的。福特將「利潤動機」解釋為「高（商品）價低工資原則」，這個原則在兩方面犧牲了公眾或員工的利益：一方面是高價，另一方面是低工資。福特認為這是視獲利為企業目的不可避免的結果。如果企業應該是服務的工具，無疑這種利潤動機應該被否定，並被服務動機所取代。事實上，福特提出服務動機（或福特主義），就是為了否定利潤動機。

福特之所以提出這種服務動機，是因為他相信服務動機（而非利潤動機）是「經商法則」。換句話說，他並不是出於任何主觀的（或道德的）要求而提出服務動機；福特很不喜歡慈善事業與利他主義。相反地，這是一條必然律，而且企業只有遵循這個法則，才能持續存在並發展。福特認為，在經濟與產業世界中，「經商法則」就像自然界的「重力法則」一樣是客觀、必然的。若是我們依照其要求行事，路途中就不會有阻礙；但若我們無視或違抗它們，就會面臨強烈的阻力和壓力：「經商法則就像重力法則一樣，違反的人會感受到其威力。」服務動機被提出，成為如此一條客觀的經商法則。我們應該了解的是，根據福特的觀點，使企業存在並繁榮的力量來自公眾或員工。「公眾，而且只有公眾，才能夠成就企業。」

福特否定了利潤動機或利潤原則，但並沒有否定利潤本身存在的理由。他否定了將利潤設為企業目的，但並沒有否定利潤在企業中的存在。再者，他強調利潤本身是「企業活力」的真正來源，利潤維持企業的存在，並確保企業的繁榮。對福特而言，利潤對企業是不可或缺的。「沒有利潤，企業就無法存在。創造利潤這件事，本質上沒有錯誤。」

現在我們必須檢視「服務動機」和「利潤」之間的關係。根據福特的說法，獲利絕不是企業目的，因為企業的唯一目的應該是服務。企業的行動是為了提供服務，但其必然的結果是利潤。換句話說，否認獲利是企業目標的同時，也否認了利潤動機，而承認利潤是企業行動的結果，則是服務動機中利潤的意義。利潤「不能成為基礎，它必須是服務的結果。」

對於以服務動機為營運基礎的公司，該如何評量或檢測其績效？福特認為，可以採用從企業活動中獲得的利潤數額來評量績效。在他看來，企業實現其服務目標的程度愈高，獲得的利潤就愈多。「經營良好的企業不可能不獲得利潤，但利潤應當（且必然）會成為優質服務的報酬。」

杜拉克的商務企業思維的特點

根據杜拉克的觀點，企業（business）或商務企業（business enterprise）基本上都是工業企業（industrial enterprise）。工業企業被描述為工業社會中決定性的、具代表性的、基本的機構，工業社會是靠大規模生產革命的工業化所建立；也就是說，是世界工業革命的結果。這場革命始於亨利·福特生產第一輛 T 型車（Model T）。

杜拉克認為，這種商務企業或工業企業目的在於創造顧客。他說：「企業目的只有一個有效定義：創造顧客。」雖然杜拉克對於企業目標的看法與福特的不同，但兩者本質上有一個相似點。兩者都認為企業目的在於創造市場。福特認為企業目的是擴大公眾的購買力，這可以被理解為創造市場。杜拉克認為企業目的是創造顧客，這也可以被理解為創造市場。然而，福特想要透過服務而創造的市場，是一種「普遍市場」（general market），不屬於任何具體的企業，而杜拉克所要創造的市場則是一種「特定市場」（specific market），是某一明確（definite）企業獨有的市場；即該企業的客戶。因此，雖然福特定義的企業目的可以被理解為社會目的，但杜拉克定義的企業目的應該被理解為和企業本身有更密切的關聯。

當杜拉克堅持將企業目的定義為創造顧客時，他也否認了「利潤動機」或「利潤原則」。然而，杜拉克在否定利潤動機方面，比福特更加詳盡。在杜拉克的觀點中，我們可以找到三種對利潤動機的否定。

對利潤動機的第一種否定在於杜拉克的這個信念：利潤動機一貫是個人或個別的，這種動機永遠不可能與商務企業的原則有關。他說：「混淆的根源在於一種錯誤的信念，即個人的動機（所謂的企業家的『利潤動機』）可以解釋他的行為，或指引他採取正確的行動。」「利潤動機及其產物利潤最大化，對於企業功能、企業目的、管理企業的工作，都無關緊要。」

第二種對利潤動機的否定，是否認利潤作為企業目的，因為在杜拉克看來，應該只有在創造顧客（而非創造利潤）中，才能找到企業目的。理論上，這是杜拉克否定利潤動機最重要的觀點，因為在這個主張中，利潤動機不是被當作個人或各自的動機受到討論，而是被當作一種與企業本身相關的動機：企業動機。他說：「如果問一個普通的企業家什麼是企業，他可能會回答：『是為了創造利潤的組織。』而且普通的經濟學家也可能會給出同樣的答案。但這個答案不僅錯誤，也是毫不相干。當然，「這並不表示利潤與獲利能力不重要。這意味獲利能力不是商務企業活動目的，而是其限制因素之一。」在此我們應該注意到，這種對利潤動機的否定，與我們在福特主義中發現的完全相同。

第三種對利潤動機的否定，是在杜拉克看來，企業不應該追求利潤最大化，只應該追求「足夠的利潤」，這指的是「所需的最低利潤」或足夠的利潤。因此，嚴格說來，其實這並不否定利潤動機或利潤原則。

杜拉克堅持這種企業目標的觀點，因為他認為這種觀點代表商務企業做為工業社會中的機構的客觀需求。根據他的看法，工業企業應該按照自己的客觀需求進行管理。基本上，這些需求是為了實現企業的「生存與繁榮」、「企業的生存」或「企業的自保」。杜拉克說：「顧客是企業的基礎，並維持企業的存在。只有顧客才能夠提供就業機會。」於是，出於客觀的需要，「創造顧客」是企業實現其「生存與繁榮」所需做到的。

因此，杜拉克主張創造顧客是企業目的，也不否定要創造利潤，並不是出於任何主觀或道德的要求，而是由於企業本身客觀的需求。這和福特基於「經商法則」而提出的以服務（而非利潤）為企業目標的觀點相同。對於福特的「經商法則」，杜拉克提出「企業的客觀需求」取而代之，這種需求應該被理解為歷來的一個客觀、必要的法則。在此，我們應該注意，杜拉克在個人偏好和企業的客觀需求之間做了嚴格區分。

正如上文提及的，杜拉克否定利潤動機或利潤原則，但並不否定利潤本身的存在意義。他否定以獲利為企業目的，但並不否定企業中會出現利潤。此外，他強調利潤的重要性。他說：「企業必須有足夠的利潤才能夠營運，這是它的第一個社會責任，也是它對自身和員工的第一個責任。」再者，「獲利能力必須是企業的至高標準和理論基礎。它是企業對自身、對社會負責任的表現。」

關於以「創造顧客」為企業目的和利潤之間的關係，杜拉克說，「利潤不是原因，而是成果，是企業在行銷、創新、生產力方面的績效成果。同時，利潤也是績效的考驗，唯一可能的考驗。」也就是說，利潤不被理解為企業目的，而僅僅是企業活動履行其目標的成果。這個信念和福特的信念相同。杜拉克描述了達到企業目的（即創造顧客）所需的兩種功能。第一種創業和創造的功能，其中包括行銷和創新這兩個基本功能；第二種是管理和行政功能，即有效利用創造財富的生產性資源，經濟層面上被稱為生產力。然後，根據杜拉克的觀點，企業活動的用意是達到創造顧客的目標，這些活動和行銷、創新及生產力有關，而利潤只是這些活動的成果。

此外，利潤被理解為企業績效的考驗。這個觀點也和福特的觀點相同。根據杜拉克的說法，利潤是「評量企業努力的淨有效性和穩健性。它確實是企業績效的最終考驗。」而且就如上文中的引句，利潤是「唯一可能的考驗」。

否認利潤動機的矛盾之處

我們已清楚表明，福特主義和新福特主義都否定了創造利潤的動機或原則。但在福特主義中，對創造利潤的否定，是否定以利潤為企業目的；在新福特主義中，則不僅是如此。但毫無疑問的是，即使在新福特主義中，否定利潤動機的關鍵仍然是否定以獲利為企業目的。因此，我們首先要檢視這一方面。

福特和杜拉克都排除以獲利為企業目標的看法，同時堅持利潤是企業活動績效的唯一考驗或評量指標。這是福特主義和新福特主義的最大特徵之一。然而，如下文所解釋，理論上我們無法接受這樣的觀點。

企業活動是旨在實現企業目標的活動。企業活動的績效只能根據一個能清晰顯示企業目標實現程度的標準來判斷。因為用於評估企業活動績效的考驗，應該是這樣的一個標準，所以它不再和企業目的無關。相反地，它只能和企業目的本身有關。福特和杜拉克都承認利潤是企業績效的唯一或最終考驗，在邏輯上這意味著，雖然他們都堅持否定利潤，但他們還是承認利潤是企業唯一（或最終）目的。因此，我們必須強調，如果承認利潤是企業績效的考驗或評量指標，那麼否定利潤動機，即排除以利潤為企業目的，在邏輯上就無法被證明是正確合理。

我們可以用另一個方法來證明這一點。福特與杜拉克都排除以利潤為企業目標的觀點，但承認利潤是企業活動的必要成果。然而，理論上這是不能被承認的。利潤確實是企業活動的成果，這是毫無疑問的事實。換句話說，問題不在於利潤是否企業活動的成果，而在於利潤是否為企業有意實現的成果，也就是利潤是否為企業目的，即企業想要實現的成果。如今，企業活動是為實現企業目的而刻意策畫的活動。如果利潤只是和企業目的無關的企業活動所造成偶然或必然的結果，則利潤可能是企業令人滿意的（desirable）或不良的結果。有策畫的活動應當刻意致力於一方面增加令人滿意的結果，另一方面消除（或至少減少）不良的結果。換句話說，只要利潤令人滿意，刻意策畫的企業活動就應該有意識地提高利潤，做為企業有意為之的目的。福特和杜拉克都認為，利潤是企業存在、生存與繁榮的必要結果。因此毫無疑問，他們都認為利潤是令人滿意的結果。只要利潤是企業必要或令人滿意的結果，就不能被排除在企業目的之外。因此，否定利潤動機，就如同否定利潤是企業目標的觀點，應該被拒絕。

要記得，杜拉克於 1964 年出版了一本名為《為成果而管理》的管理書。這個書名意味著企業活動的成果，也就是令人滿意、理想的成果應該是管理目的，管理必須對企業活動的目的做出貢獻。換句話說，在我看來，杜拉克在此特意聲明成果可以是目的。

我們的注意力應該放在這個事實上：杜拉克宣稱，在經營企業方面有兩條基本法則：第一條是「避免損失法則」，第二條是「增加產量法則」，或者說「提高生產力法則」。前者涉及創造利潤。此外，這個法則必須被解釋為承認利潤是企業目的，這一來顯然和對於利潤動機的第一個否定是互相矛盾。然而，在「避免損失法則」中獲得的利潤不是「最大利潤」，只是「足夠的利潤」或「必要的最低利潤」。

以這樣的思維過程，杜拉克得出對利潤動機的另一個否定。在這種情況下，利潤被視為企業目的，但是追求利潤最大化的動機被否定了。讓我們來探討這種對利潤動機的否定。

杜拉克堅持認為，企業的第一法則是靠獲得所需的最低利潤或足夠利潤（不是追求最大利潤）來避免虧損。在這方面，我們必須問個問題：對於所需的最低利潤之外的利潤，企業是否應該拒絕接受？如果是，為什麼？然而，對於這些問題，杜拉克沒有給出明確的答案。

如果「避免損失法則」僅聲明企業在實現利潤方面的最低要求，那麼它並不否定利潤最大化的原則。它只設定企業應該獲得的利潤下限，沒有設定上限。正如我們在前文所看到的，企業的活動是刻意策畫的活動。因此，如果這些活動是理性的，則應該計畫要從中獲利。杜拉克說：「為了進行管理，管理者需要設定一個至少要等於所需的最低利潤的目標，還需要一些能根據這個要求來評量其獲利表現的標準。」這種利潤計畫顯示，利潤目標應該被理解為利潤的下限，不是上限。因此，利潤計畫（即把所需最低利潤設為企業的利潤目標）並不表示否定利潤最大化。反之，這是實現利潤最大化所需的必要手段之一。

接下來，我們必須檢視杜拉克說的所需利潤是指什麼。他宣稱：

> 企業經濟學的指導原則……不是利潤最大化，而是**避免損失**。商務企業必須賺到足夠的利潤來支應其營運中不可避免的風險。……的確，商務企業不僅必須為自己的風險提供費用。……還必須為社會成本做出貢獻，……也就是說，它必須賺到足夠的錢來繳納稅金。最後，它必須為未來的擴張創造資本。但最重要的是，它必須獲得足夠的利潤來支應自身的風險。

再者，根據杜拉克的說法，企業本身的未來風險應該由所謂的「風險溢價」（risk premium）承擔。未來風險包括四種：被取代、被淘汰、企業特有風險或市場風險、不確定性。杜拉克所稱的「所需最低利潤」或「足夠的利潤」顯然不是我們通常理解的適度利潤，而是只有以最大努力謀求利潤才能夠獲得的龐大利潤。杜拉克說：「順便一提，在很多情況下，這種『生存最低限度』會超過現有的『最大值』。至少這是我在大多數公司的經驗，那些公司曾經努力去全盤思考他們會面臨的風險。」

在我看來，這表示對於以利潤最大化做為企業目標的否定，以及以這種方式否定利潤動機，在邏輯上是不被承認。當利潤被認為是企業目的時，企業需要將利潤最大化，而所謂的「避免損失法則」，應該被理解為：實現利潤動機（或利潤最大化）較理性的指導方針。

杜拉克還進一步否定了以利潤動機做為個人或各自的動機。當然，利潤動機顯然是源於杜拉克所謂的前工業時代的（preindustrial）商業社會，做為個人或各自的動機。然而，不能說利潤動機始終是（且仍然是）個人或各自的。我們應該認識到，利潤動機有資本主義特徵，但隨著資本主義社會自前工業社會發展為工業社會，而且工業企業開始出現，利潤動機的本質也隨之改變。也就是說，利潤動機已經從個人或各自的利潤動機，發展為公司或組織的利潤動機。我認為，杜拉克所堅持的，可以解釋為僅僅否定了「個人利潤動機」的有效性，並提出了一個相反的「公司利潤動機」或「組織利潤動機」，這是利潤動機制度化的結果。在這個意義上，我們可以同意他對「個人利潤動機」的否定。但是我們必須注意，這僅僅是對利潤動機的部分否定，不是完全否定。

總之，福特和杜拉克對於利潤動機本質的否定，在於否定以利潤作為工業企業或商務企業目的。這樣的否定在邏輯上是無法接受。這表示，相關於上述對利潤動機本質的否定而發展出的其他否定，在邏輯上也必然是無法接受。

對利潤動機的否定是何意義

在這些提出服務動機（或稱福特主義）和以創造顧客為企業目標（或稱新福特主義）的建議中，是否有任何有效性？是的，如果我們讓它們從對整個利潤動機的否定中解脫，並把它們理解為提出一個新的利潤動機，那麼我們可以找到很多有效性。這樣的理解存在於這個事實：福特提出以服務動機做為「經商法則」，杜拉克則提出以創造顧客為企業目的，以實現「商務企業的客觀需求」。換句話說，企業動機一般來說可能都是來自所謂的「經商法則」或「商務企業的客觀需求」。即使傳統的利潤動機也不例外。然而，如果傳統的利潤動機應該被否定，那是因為「經商法則」或「商務企業的客觀需求」已發生實質改變。福特主義和新福特主義的提議可以被解讀為顯示這種實質改變，是由於商務企業的工業化所致，這必然導致以利潤動機做為企業動機的實質改變，即利潤動機的制度化。

在我們所處的工業社會中，商務企業的資源（包括人力與物力）已經非常固定。理所當然，企業必須根據自己的客觀需求長久維持並生存。這樣的持續營運不可能是受到追求短期、暫時性最大利潤的欲望所驅使。反之，它必須努力追求長期利潤的最大化。如果企業是在追求短期、暫時的利潤最大化的基礎上營運，很可能企業活動的發展將會犧牲「公眾」或「顧客」的利益，並忽視社會的後果。然而，如果企業是以長期、永久的利潤最大化為基礎營運時，企業活動必然會為「公眾」或「顧客」及社會做出貢獻。在此，利潤是透過為公眾提供服務或創造顧客而最大化。在我看來，這正是福特主義與新福特主義的提議。換句話說，福特主義與新福特主義並不否定全部的利潤動機，只是否定短期、暫時的利潤動機。同時，福特主義與新福特主義所提的利潤動機替代方案，並不能完全取代利潤動機，只能取代其短期、暫時的方面。因此，我們可以將福特主義與新福特主義描述為關注長期、永久的利潤動機，它源於利潤動機在制度化後的實質改變。依據戈特爾－奧特里林菲爾德[註1]（F. v. Gottl-Ottlilienfeld）的觀點，這種利潤動機可以被描述為從「高價獲得策略」（*Erwerb bei Hochpreishaltung*）到「低價獲得策略」（*Erwerb bei Tiefpreishaltung*）的改變。同時，這意味著企業目標發生了

註 1　奧地利裔政治經濟學者，1868-1958，於 1926 年出版《福特主義》（*Fordism*）一書。

實質變化，因為在經濟社會中，只有永久存續的企業才能實現長期利潤最大化。大體上，企業都想要持久存續，企業的存續和繁榮成為企業的實質目的。換句話說，以利潤最大化為目標的企業活動，實質上成為維持企業或使之在經濟社會中存續且繁榮的活動。在此，我們應該再次想起，福特的服務動機被提出為「經商法則」，是一種客觀法則，必須遵守才能夠實現企業的存在和發展，而杜拉克提出的創造顧客是「企業的客觀需求」，必須滿足以實現企業的存續和繁榮。

不論如何，無可否認的是，所謂的工業企業能夠被納入資本主義企業的範疇之內，而且資本主義企業的經營通常應該是為了實現利潤最大化，利潤動機或利潤原則是其主導原則。問題在於，要最大化的利潤是短期、暫時的利潤，或是長期、永久的利潤。福特主義和新福特主義的根本要義在於提出：對於我們時代的制度化商務企業來說，由於被迫使用高度固定不變的人力和物力資源，主要問題不是最大化的短期、暫時利潤，而是最大化的長期、永久利潤。在這方面，杜拉克提出了以下觀點：

> 關於企業獲利的最大化，經濟學界議論紛紜。正如無數批評家所指出的，這個概念太模糊了，以至於無意義。但「機會最大化」是個有意義、精確的創業職務定義。它意味著在企業中，效果（而非效率）最為重要。

他的描述很有意義。但是在我看來，所謂的「機會最大化」本身並不精確，我們應該進一步問：什麼樣的機會需要被最大化？關於這一點，杜拉克指出：「他可以努力將機會最大化，做法是集中可用的資源在最具吸引力的可能性上，並投入心力以取得最大的可能成果。」他所謂的「機會」其實就是獲得最大可能成果的機會。因此，我們可以確認，在杜拉克所說的「機會最大化」方面，企業的目的本質上是獲得成果或經濟績效的最大化，一方面，這些終究會被理解為利潤；另一方面，在我們的現代工業企業中，直接需要做的是為實現企業目的而將機會最大化。他強調在企業中效益（而非效率）極為重要，就是這個緣故。

因此在我看來，「機會最大化」並沒有取代「利潤最大化」；但是以機會最大化為長期、永久利潤的最大化，它只取代了短期、臨時利潤的最大化。在我看來，創造顧客也代表了「機會最大化」。

長期永續利潤的最大化

短期、暫時的利潤可以是指從每筆交易中獲得的利潤額，或更常見的是指每個營運週期（例如每月、每半年或每年）獲得的利潤額。短期利潤最大化的目的，就是將這種利潤額最大化。因此，它是對「利潤額」的最大化。然而，長期利潤最大化不能以這種利潤最大化做為其目標。它努力最大化的應該是企業的「生存與繁榮」，或者說企業的維護（*Unternehmungserhaltung*）。這樣的目標不能是一個利潤額，而需是營運活動的「週期性成果」對「總投資金額」（即自有和貸入的資本總額）的比率。這樣的比率首先可以在「資本利潤率」（the profit rate to capital），或「週期性利潤額」（包含已支付的貸款利息）對「總投資金額」的比率中找到。然後，長期利潤最大化可以理解為「資本利潤率」的最大化。然而，僅僅將「資本利潤率」最大化並不足以表達現代的長期利潤最大化。它必須始終滿足一個條件，這是成為現代商務企業以利潤動機做為主導原則所必須的。這個條件意味著「資本利潤率」始終大於所貸入資本的利率。否則，商務企業的管理只是為了支付所貸入資本（可能的）最高利息。

如果現代商務企業被迫僅僅使用高度固定的物力資源，那麼在資本利潤率最大化方面（利潤率始終大於利率的情況下），已足以充分表達現代商務企業的利潤動機，也就是長期利潤最大化。但是，現代的商務企業也被迫僱用高度固定的人力資源，這是工會運動的結果。因此，企業承擔不起為了實現資本利潤率的最大化，而犧牲勞工工資（包括薪資）。這導致利潤和工資之間應該存在某種平衡。因此，資本利潤率的最大化，應該同時導致週期性總工資對總投資金額的比率的最大化。這就是「資本工資率」，並導致「週期性利潤與工資總額」（也可稱「增加的價值」）對總投資金額的比率的最大化，即「資本增值率」。

現在我們可以認識到，為了成為現代企業的主導原則，資本利潤率的最大化必須滿足另一個條件，這表示在利潤和工資之間必須有一定的平衡，以符合企業所屬的產業在歷史和社會上的要求，以及企業的規模之需。如果第二個條件和第一個條件同時滿足，則資本利潤率的最大化必然意味著資本增值率的最大化，這象徵著我們這個時代的商務企業目的，即生存與繁榮，因此我認為這就是機會最大化的意義。

結論

我們已討論了杜拉克和福特兩人命題的相似之處，但我們應該更加以區分。其實，正是在兩者彼此的差異中，我們應該會找到新福特主義做為福特主義的新發展的真正意義。

簡言之，福特和杜拉克探討我們這個時代的商務企業，都是從制度著手，但是杜拉克深切意識到這種從制度著手的方式，福特則沒有這樣的意識。在我看來，這兩種命題的差異正是來自這個事實。

無論是福特主義或新福特主義，都涉及一些倫理的或主觀的考量（福特主義更是如此），雖然它們的主張相反。從它們對企業目標的定義中，明顯可以看出這一點。正如前文所述，

「服務」較具有社會性；「創造顧客」則較關注企業本身。對於這樣的差異，可以理解為兩者制度取向的穩健性不同所致。福特只是直覺地了解企業制度，杜拉克則是透過他對企業與所屬產業的結構關係所做的科學化優良分析，而了解企業制度。

福特與杜拉克對制度的不同取向所造成的差異，在由不同制度中產生的企業管理政策或原則上，展現得最明顯。例如雖然在福特主義中高薪政策只能被理解為企業的「高薪祕訣」，而不是企業有「高薪需求」；但新福特主義需要「可預測的營收和僱用計畫」，以增強企業活力。福特主義提出反工會主義；新福特主義則承認工會主義，並進一步提出需要「工廠社區自治」。此外，我們應該注意福特主義提出中央集權式管理；新福特主義則堅持以「目標管理和自我控制」進行分散式管理。關於後者，杜拉克所說的和傅麗德所描述的「情勢法則」(註2)（law of the situation）的管理非常相似。

然而，對於這些問題的討論必須留待另一個場合。本文的目的僅僅是要說明，杜拉克描述和提出的關於商務企業及其管理的觀點，最宜被理解為福特主義的新發展——新福特主義。

註 2　「情勢法則」的理論認為人類很敏感，只有在真實環境中出於事實的需要，才肯接受權威。因此，命令和權威一定要去除人的因素，純粹根據情勢的需要來運用權威。換言之，出於情勢需要，所以才發號施令（有權威），並非由於有命令，所以才有行動。

CHAPTER 15.

「永遠簡單」——杜拉克的貢獻係數

狄爾*撰

對經理人來說，最困難的評價之一是涉及公司正在生產的不同產品相對獲利之能力。哪些產品值得增加關注和重視？哪些是應該考慮要替換掉的產品？如果生產設施能夠靈活變通，那麼在哪些情況下，可以削減一個品項的產量，以便增加另一個更能獲利的品項的產量？尋求答案時，需要估計產品的需求

---

* 狄爾（William R. Dill）

狄爾是紐約大學企業管理研究所所長。狄爾博士在加入紐約大學之前，是 IBM 公司數據處理部教育研究暨開發計畫主任，亦是卡內基理工學院（Carnegie Tech），即今之卡內基梅隆大學（Carnegie-Mellon University）教授兼副院長。他是《新經理人》（*The New Managers*）和《卡內基理工學院管理競賽：一項商學教育實驗》（*The Carnegie Tech Management Game: An Experiment in Business Education*）的合著者。

量和營收額，並提出成本的評價和分配方面的主要問題。杜拉克在他的著作《為成果而管理》中處理了產品的評價問題，在第 3 章中他介紹了「企業 X 光」（Business X-Ray）概念，並提出一種「對企業的全部產品進行全面評估」的方法。他的方法的基本要素是：（1）以比較方式，對公司產品線的所有產品進行分析；（2）在估計每項產品的淨營收（net revenue）貢獻而進行計算時，應排除該產品中所用材料的直接成本和真正的固定成本（例如房產稅、保險、投入資本的成本）；（3）每種產品的一般成本（general cost）所占的適當比例和「交易」有較密切的相關性，交易呈現出的是處理成本（處理的訂單數量、發貨數量、批量生產次數等），而不是銷售額或銷售量。

杜拉克專注於單一的評量指標：貢獻係數（*contribution coefficient*），在該書第 31 頁上定義為「產品在銷售量增加或減少時產生營收的能力」。他認為，這個指標的價值在於衡量某個產品在公司所有產品中的相對價值。這樣的指標具有誘人的吸引力，在此我提出兩個問題：它的定義是否足夠明確，可讓我用於分析公司績效？它是不是評量產品相對淨營收貢獻的有用指標？不幸的是，對於這兩個問題，其實並沒有明確的正面答案。

計算貢獻係數的困難之處

為了解貢獻的含義，我們首先來檢視，杜拉克對於多產品公司內各個產品相關的營收和成本流的定義方式。他的方式有點特殊，第 3 章中的基本數量和關係可以轉化為表 1 中的符號與方程式。那麼，單項產品 i 提供的營收為：

$$R_i = \frac{S_i - M_i}{S - M}(S - M - F)$$

產品 i 所承擔的成本負擔比例為：

$$A_i = \frac{T_i}{T}(C - M - F)$$

產品 i 對公司的淨營收貢獻為：

$$D_i = R_i - A_i = \left[\frac{S_i - M_i}{S - M}(S - M - F)\right] - \left[\frac{T_i}{T}(C - M - F)\right]$$

當然，整個公司的利潤可以用這個公式表示：$P = S - C$。

產品 i 的淨營收貢獻 D_i 以每年的美元金額表示。D_i 對於在產品之間進行比較的價值有限，因為它不反映不同產品銷售量的差異，也不反映公司資源使用總量的差異。杜拉克引進貢獻係數 W_i 的概念，以便進行可比較的產品比較。這個概念應該是熟悉的，至少對於進行「損益兩平點分析和財務分析」以及由勞騰斯卓克（Walter Rautenstrauch）與維勒斯（Raymond Villers）兩人所撰寫《工業管理經濟學》（*The Economics of Industrial Management*）的讀者來說，十分熟悉。杜拉克在他書中的表 1（Table 1，第 26 頁）中提出了 8 個計算值，並在邊欄 II（Box II，第 34 頁）的範例中，提出了一個確切值（銷售額每增加 100 萬美元的貢獻係數為 18.5 萬美元）。

杜拉克在表 1 的附注提供了一個計算公式：$W_i = 100D_i / PR_i$（公式 1）。於公式中使用表 1 的其他數據並乘以 10^6，以調整杜拉克忽略的一些零，我們可以精確地計算出 8 個係數值中的 4 個值；而在其他 4 個值上，我們與杜拉克得到的值之間有微小差異，可能是因為他偏好「正確的問題」（第 16 頁），而非「正確的答案」。但在我們將調整後的公式（1）運用於邊欄 II 的範例時，我們得到的答案是：

$$W_i = \frac{\$7{,}800{,}000 \times 10^8}{\$15{,}000{,}000 \times \$21{,}000{,}000} = 2.5$$

這和杜拉克所提出的，每增加 100 萬美元銷售額時，營收係數值為 18.5 萬美元的結果，在數值和規模上都不一致（第 34 頁）。

可能有許多地方出了問題。邊欄 II 中的範例大致上清楚，但不是全然清楚。它說「產品 X 的銷售額為 1.4 億美元」，但從隨後的計算中可看出杜拉克的意思是「0.4」，而不是「1.4」。當它提到「營收為 3,000 萬美元或占公司總營收的 30%」（分別為 R_i 和 R）時，杜拉克必定是指「產品的淨銷售額」和「公司的總淨銷售額」（分別為 $N_i = S_i - M_i$ 和 $N = S - M$）。

或者我們可以嘗試使用 W_i 的其他定義。第 31-32 頁的一段文字中，至少還有八種可能性：

表 1：杜拉克的營收與成本流分析中變數的定義和基本關係

變數	全公司產品	產品 i ($i = 1, \ldots, n$)
銷售總額（美元／年）	S	S_i
原物料購入（美元／年）	M	M_i
淨銷售額（美元／年）	N	N_i
固定費用，含所有勞動成本（美元／年）	F	F_i
營收（美元／年）	R	R_i
總成本（美元／年）	C	n.d.*
可歸因於產品的成本（美元／年）	A	A_i
交易次數（發票、出貨量、批次產量等）（次數／每年）	T	T_i
總利潤（美元／年）	P	n.d.
淨營收貢獻（美元／年）	n.d.	D_i
貢獻係數	n.d.	W_i

* n.d. 是未定義。

預設的關聯性

$$S=\sum_i S_i \qquad N=S-M \qquad A=C-(M+F)$$

$$M=\sum_i M_i \qquad R=N-F \qquad A_i=\frac{T_i}{T}\cdot A$$

$$F=\sum_i F_i \qquad N_i=S_i-M_i$$

$$A=\sum_i A_i \qquad R_i=N_i/R\cdot N \qquad D_i=R_i-A$$

$$T=\sum_i T_i$$

貢獻係數（即一項產品在銷售量增加或減少時，產生營收的能力）是產品每百萬美元銷售額〔S、S_i、N 或 N_i〕的下一個營收貢獻值〔D_i〕。當然，它可以表示為：該產品〔S_i 或 N_i〕所增加的每百萬美元銷售額對公司總營收〔R〕的百分比，或是表示為：要使總營收〔R〕按某個百分比或某個金額增加時，所需增加的產品〔S_i 或 N_i〕銷售額。這是一種評量方法，可預估一項產品的銷量取代另一項產品的銷量時，會有什麼結果。

如果嘗試各種可能性並插入邊欄 II 範例中的適當數據，依據我們的目標值（每增加百萬美元的銷售額時是 18.5 萬美元），我們得到八個額外的計算方式：

$$W_i = D_i / S$$
$$= 7{,}800{,}000 / 150{,}000{,}000$$
$$= \$52{,}000 \text{ 營收／百萬美元銷售額} \quad (2)$$

$$W_i = D_i / S_i$$
$$= 7{,}800{,}000 / 40{,}000{,}000$$
$$= \$195{,}000 \text{ 營收／百萬美元銷售額} \quad (3)$$

$$W_i = D_i / N$$
$$= 7{,}800{,}000 / 100{,}000{,}000$$
$$= \$78{,}000 \text{ 營收／百萬美元銷售額} \quad (4)$$

$$W_i = D_i / N_i$$
$$= 7{,}800{,}000 / 30{,}000{,}000$$
$$= \$260{,}000 \text{ 營收／百萬美元銷售額} \quad (5)$$

$$W_i = R / S_i$$
$$= 70{,}000{,}000 / 40{,}000{,}000$$
$$= \$1{,}750{,}000 \text{ 營收／百萬美元銷售額} \quad (6)$$

$$W_i = R / N_i$$
$$= 70{,}000{,}000 / 30{,}000{,}000$$
$$= \$2{,}330{,}000 \text{ 營收／百萬美元銷售額} \quad (7)$$

$$W_i = S_i / R$$
$$= 40{,}000{,}000 / 70{,}000{,}000$$
$$= \$571{,}000 \text{ 營收／百萬美元銷售額} \quad (8)$$

$$W_i = N_i / R$$
$$= 30{,}000{,}000 / 70{,}000{,}000$$
$$= \$429{,}000 \text{ 營收／百萬美元銷售額} \quad (9)$$

從這九種計算 W_i 的方式中一眼就能看出，它們不是同一定義的變體，而是代表至少六種根本不同的計算方式：（1）；（2）或（4）；（3）；（5）；（6）或（8）；（7）或（9）。我們無需經驗即可知道，可以預期不同的計算方式會對產品產生相較間的不同評價。

在杜拉克的表 1 中展示的十種產品上，可以比較六種不同的計算方式中的四種。結果呈現在表 2 中。在任一方式中，產品 J 都是可以從產品線中淘汰的候選產品。產品 B 也應該受檢查，因為它在四種計算方式中最合理的三種排名，都是殿後（但在第四種評量方式中並列為第二優良）。否則，不同公式產生的排名差異很大，對於產品的評價便很不一致。

考慮到杜拉克努力地強調那些產品的種類，所以我們可以試著識別出三種對貢獻的評量方式，以有助於產品的評價。第一種只是一個係數 $W_i(P)$，顯示各產品在稅前對總淨利的貢獻比例：$W_i(P) = D_i / P$，因為

$$P_i = \sum_i D_i, \ \sum_i W_i(P) = 1$$

這個評量方式可用於識別在產品領域兩類極端的品項：因其負面貢獻而被考慮汰換的產品，以及因其貢獻巨大所以公司考慮投入更多人力與財力的產品。

表 2：比較 W_i 的價值（依據杜拉克數據）*

產品	使用公式†計算的數值				使用公式†計算的數值排名			
	1	2	5	7	1	2	5	7
A	.26	.0050	.031	3.5	7	4	8	1
B	−3.1	−.019	−.14	4.7	9	10	9	2.5
C	3.4	.047	.40	4.7	2	1	2	2.5
D	3.6	.040	.45	6.2	1	2	1	4
E	1.6	.011	.19	9.6	3	3	3	5
F	1.0	.0041	.12	17.	4	5	4	6.5
G	0.75	.0031	.094	17.	5	6	5	6.5
H	0.5	.0014	.048	19.	6.5	7	7	8
I	0.5	.0010	.063	33.	6.5	8	8	9
J	−3.4	−.0034	−.42	67.	10	9	10	10

* 使用《為成果而管理》第 26 頁表 1 的數據。

† 分別使用以下公式：（1）$W_i = (10^8 D_i) / (PR_i)$　（2）$W_i = (D_i) / S$

（5）$W_i = (D_i) / (N_i)$　（7）$W_i = R / (N_i)$

第二個評量方式是係數 $W_i\ (N_i)$，它顯示出在可分配營收的每一美元中，各項產品所做的淨營收貢獻值（例如按照杜拉克的術語，總銷售額減去原物料和購買零組件的直接成本）：$W_i\ (N_i) = D_i / N_i$。這個評量方式和一般的損益平衡分析最相似，它指出在銷售量發生溫和變化時，營收可能發生的增加或減少情況。

第三種評量方式是係數 $W_i(T_i)$，它顯示出各項產品在每個「交易」中所做的淨營收貢獻值；這是杜拉克在第 3 章中所強調的成本的關鍵層面：$W_i(T_i) = D_i / T_i$。交易呈現出人員與機器參與的程度，那些人員與機器也許能更完全用來生產另一項產品（現行的或新穎的），$W_i(T_i)$ 可能比 $W_i(P)$ 或 $W_i(N_i)$ 更能顯示：產品是否有生產價值，或是否應該由每次交易產生更多營收的產品取代之。

正如杜拉克所說，這些評量方式都只是評價產品這個難題的一部分，用於決定何時應該更改強調的重點或引進新產品。基本上這些全都是短期評量方法，都沒有真正考慮到過去，也沒有顧及對營收、成本、產品組合的未來趨勢預測。雖然在某種意義上，這個分析同時檢視了所有產品，但換個角度來看，這個分析誤將產品視為獨立實體，沒有考慮到生產方面的相互作用，例如在製造 A 時自動生產了 B；或是行銷方面的相互作用，例如在銷售 A 時也為 B 創造了市場。

為了獲得更全面的觀點，我們大可對未來至少三至五年的營收和成本進行預測，並在等同於企業現在用來評估資本投資的折現值（discounted present-value）基礎上，進行產品的比較。如果營收與成本的預測很不可靠（這很有可能），則開發一系列預測將很有助益，以說明可能出現的各種情況，並在預測的不確定性下，展現出對於有助益的產品比較的敏感性。結合與評價一系列預測的一條可能發展路線，是由赫茲（David

B. Hertz）所提出，他使用粗略估計的概率和蒙特卡羅模擬技術（Monte Carlo simulation techniques），將風險因素納入資本投資的決策。

但是不論使用什麼評量方式，即使只是為了進行粗略的比較，都應該給予明確定義並且不含歧義。貢獻係數的概念和可以定義的各種有用係數，不幸地被杜拉克的定義和例子所混淆。事實上，他在該書的前面部分就提醒我們需要清晰明確：

> 總之，在任何分析中，成果可能成為熱烈討論的主題，而且有人提出強烈的觀點時，重點應該放在工具和技術的極簡化上。否則，人們假裝博學、花很長時間討論技術之後，不受他們青睞的成果會遭到扼殺。或者，因為與會者不信任複雜和神祕的方法，並且懷疑那是愚昧無知和知識傲慢的煙幕彈，而置之不理；他們的懷疑通常是正確的。

杜拉克的「貢獻係數」（尤其是如果我們能夠學會使用以交易成本來權衡營收貢獻的那一套），應該受到更多的應用與重視。

PART

IV

國際環境

CHAPTER 16.

杜拉克對德國與歐洲創業家再興的影響

葛羅斯*撰

杜拉克對19世紀以來經濟變革的三聯圖：1914年之前的動態斷層（dynamic discontinuity）、兩次世界大戰之間和其後的連續狀態與經濟停滯、今日新的動態斷層，也是完美反映了德國和整個西歐的經濟發展。我們知道，在第一次工業革命的創始時期，出現了一些新產業和技術組合的動態（dynamics），其中包括福特、西門子（Siemens）、博爾希（Borsig）或博世（Bosch）等致力於技術與生產革新的創新者。他們都察覺出工業社會初期的潛在需求，並努力動員其產

* 葛羅斯（Herbert Gross）
葛羅斯是一位頂尖的德國工業家，對於當前國際商業環境有廣泛的著作論述。創業和比較管理學是葛羅斯博士多年來特別感興趣的主題。

業的技術動能來滿足那些需求。他們的取向是產品或材料。他們被稱為鋼鐵、煤礦、電力等產業的王者。他們推進了全球的動態，這種動態在某種意義上和亞當・斯密（Adam Smith）及李嘉圖（David Ricardo）提出的古典分工概念有幾分相符，並假設出口工業產品是為了換取農、礦等初級產品。這個技術動態的科學代表是熊彼得，他的《經濟發展理論》（*Theory of Economic Development*）於 1911 年出版，堪稱是關於創業成就的第一部經典之作。熊彼得尤其致力於談論技術創新的間歇發生，來說明景氣循環（business cycle）的波動性。

德國在一戰後到 1960 年的連續時期

在第一次世界大戰後，德國進入了一個維持現狀、凍結結構、從注重先鋒式創新轉為注重公司管理的連續時期。接下來至少有 40 年，全世界陷入經濟危機和全球停滯。人們談論飽和市場，透過削價戰奪取市場占有率。技術動能大大減緩或消失無蹤。為了維持操縱的市場，既有的結構透過企業聯盟（cartels）和民族主義的工具而得以保存。管理者取代了創業先驅，正如瑞士克諾爾集團（Knorr AG，是玉米產品國際公司〔Corn Products〕的子公司）的總裁奧斯華德（Heinrich Oswald）在他的小冊子《管理而非支配操縱！》（*Führen statt verwalten!*）中指出的那樣。

桑巴特－凱因斯

這一時期在德國的代表人物是桑巴特，他崇尚資本主義（直到約 1914 年），但後來對成熟的資本主義持懷疑態度，在事業生涯的晚期，他預言成熟的資本主義將走向幾乎是災難性的未來，其特徵是動能愈來愈弱、阻力愈來愈多，然後結束於停滯不前的合作機構與半公共性質機構的單調乏味中。這一時期主要的科學化代表人物是凱因斯（J. Maynard Keynes），他的《就業、利息與貨幣的一般理論》（*The General Theory of Employment, Interest and Money*）甚至沒有提到技術的進步。有人開發了「缺乏動力的循環」理論（circulation without dynamics），忽略了創業家，也就是忽略了凱因斯在 1967 年底美國經濟學會（American Economic Association）會議上所稱的「被遺忘的人」。貨幣的循環要靠政府和對信貸市場的干預來維持。在管理科學領域，這些理論被人們補充了行政管理概念，例如人際關係、公共關係，以及在美國發展起來的「現代管理科學」中所有元素。這一切在德國和歐洲其他地區都受到熱烈歡迎，而且相較於創新者與創業家，管理人員更是普遍視之為管理技術。

首先：維持現狀

首先，維持生產與銷售模式的心態，在德國一直存續到1950年代。甚至在1960年代，仍然看得到這種心態。在1948年貨幣改革後轉變為「社會經濟」，無疑是脫離了政府指導戰時經濟做法的一次根本性逆轉。然而，在德國聯邦議院的第一次大選中，「不做實驗」這個口號獲得了勝利。人們思考著重建，實際做的卻是恢復既有事物。德國不需要像日本那樣進行基本變革，並從過時的產業轉型到嶄新的產業，因為德國工業一直是許多工業國家的供應商，尤其是在歐洲本地。因此，德國在第二次大戰後迅速展現出強大的出口實力。德國的公司能夠重新開拓以前的市場，並進一步以自然方式發展既有的產品結構。即使是舊結構，也是在加入許多創新技術後重建。零售商回到了舊有的市中心區，人們嘲笑著「開在郊區的購物中心」。製造商維持他們慣有的重視產品心態，卻陌生於像「系統方法」、「系統工程」、「問題解決方案」和「市場導向的思維」這樣的術語。以行銷做為管理行為重心的基本轉變，仍未被人們所了解。行銷被視為對「銷售」時髦的重新詮釋。1948年之後的頭15年，德國經濟在重新振興的結構下和全球渴求設備的推動下繁榮發展。由於開放的經濟政策，起初企業在關稅暨貿易總協定（General Agreement on Tariffs and Trade, GATT）的關稅談判架構內繁榮發展，後來在馬歇爾計畫（Marshall plan）提出整合架構中繁榮發展，最終於共同市場（Common Market）達到經濟發展的頂峰。

首次變革

然而，在行銷就是創造市場需求的意義上，人們仍然在閱讀現代管理思想，尤其是杜拉克的《彼得·杜拉克的管理聖經》（德國版）。德國媒體也在早期就回應了杜拉克在《工業人的未來》、《公司的概念》、《新社會》中的思想。在杜拉克 1950 年代著作的影響下，出現了第一批管理研討會，例如由格蘭茲斯托夫（Glanzstoff AG，化學纖維）公司副總裁福貝爾（Ludwig Vaubel）發起的巴登巴登會議（Baden-Baden Talks）。大戰結束後不久，福貝爾曾參加哈佛商學院的高階管理課程。其他管理學校，例如位於杜塞道夫的魯道夫彭斯根基金會（C. Rudolf Poensgen-Stiftung），也在杜拉克著作的激勵下，迅速跟進。但這些機構的思維重點大多在大學之外發展，且仍然集中在「經濟生產」領域，這一點可以從 RKW（德國經濟合作與發展組織）具有影響力的教育活動看出，該組織相當於美國的國家工業會議委員會。多年來，大學教育中找不到和現代管理思維相符的方向。先前提到的現代管理理論補充了這一點，主要是在人類的組織方面。現代管理理論早在大戰之前就由巴納德的《高階主管的職能》（*Functions of the*

Executive）之類的著作中提出。在內部關係改革方面，德國同業公會與雇主協會的公共關係機構：位於科隆市的德國工業研究所（Deutsches Industrie-Institut）提出「分享知識、思想和行動」的口號，獲得了顯著的成功。內部關係的改革目的是為了激發內部替代方案（基於公司的倡議），以回應工會要求參與決策的做法；工會的要求被視為工會勢力侵入管理與決策而遭到抗拒，但不能完全被忽視。哈爾茨堡商學院（Harzburg Akademie der Wirtschaft）提出的「哈爾茨堡模式」（Harzburg model），即公司內部責任的授權理論，無疑是基於眾多來自美國的建議，補充了德國理念的結果。

在 1950 年左右，則開始引進伙伴關係概念，例如波士頓管理顧問拉克（Allan Rucker）在拉克計畫（Rucker plan）中提出的概念。此外，人們應該還記得德國希爾登市（Hilden）紡織品製造商史賓德勒（Gerd Spindler）發展出企業伙伴關係的理念，當時他啟動了自己的伙伴運動和海德堡社會企業合作協會（ASB），即人際關係研討會。毫無疑問，杜拉克的思想和來自美國的其他影響，是促成這些發展的部分原因，即使當時他的一些重要著作直到 1960 年代才被翻譯成德語。然而，真正躍入技術革命新時代時所需且截然不同的管理思維，直到 1960 年代晚期才出現。這可說是歐洲普遍的情況，只有一些例外。昨日的行為也呈現在競爭式風格上，反映在《禁止限制性商業行為》（Act against Restrictive Business Practices）

和柏林（聯邦）的企業聯盟當局（Cartel Authority）。朝向純粹競爭概念的導向，主要是受到美國反托拉斯（antitrust）哲學的影響，而熊彼得已正確認識到，此概念對技術進步的破壞性後果。然而，管理者防備地堅守企業聯盟思維，和堅守旨在維持既有結構的其他措施。維持轉售價格（resale price maintenance）的做法也很普遍。直到 1960 年代末，博思艾倫顧問公司（Booze, Allen & Hamilton，創立於 1965 年）的杜塞道夫分公司總經理羅德斯（John B. Rhodes）才能夠用他的論文打動多家著名的德國生產商，論文中指出德國的企業家思維仍然僵化，其特徵是維持企業聯盟思維結構和缺乏行銷靈活性。此後，博思艾倫和在杜塞道夫設立德國總部的其他多家美國顧問公司，得到了許多顧問合約。這些合約不僅關注局部的改進，也關注決策政策與管理結構這兩者的現代化。

超越施瑞柏

值得注意的是，在 1965 年和 1966 年指責德國企業家與歐洲企業家和時代脫節的同一位羅德斯，居然在 1969 年的《哈佛商業評論》上發表一篇文章，以〈美國的挑戰受到挑戰〉（The American Challenge Challenged）為題，提出他對於德國管理層評價的徹底逆轉。在此文中，羅德斯指責施瑞柏（Servan-Schreiber）對歐洲創業家的情況，呈現出誤導他人的快照，而不是一部完整的電影。文章的結論是，德國和歐洲的管理者已學會許多關於現代管理的行銷和其他方面，這些創業家成功地活躍於全球各地，並對美國管理者提出挑戰，這個挑戰需要更現代化的思維來應對。

走杜拉克路線

如果說今日德國與歐洲的創業家（一批和戰後重建思維格格不入的較年輕新世代的企業家），正朝著杜拉克在最新著作中總結的「斷層時代」所需要的方向前進，這並非過甚之詞。杜拉克思想對整個商業世界的影響是很驚人的。倫敦的《金融時報》（*Financial Times*）在 1969 年報導，只有一本商業書籍比杜拉克的新書受到更多人閱讀，那是一本有關轉換為十進位制的書。《斷層時代》及杜拉克的其他著作，例如《為成果而管理》和《明日的地標》，不僅受到創業界菁英的重視與閱讀，而且經常被引述。連續性、僵化的結構和官僚主義的貧瘠思維正在被克服；國界被認為限制太多。人們透過合資企業的形式在全球各地營運。

新式管理

新式管理作風現在愈來愈明顯，可以預期將主宰 1970 年代。它最重要的影響可以概略地總結如下：

行銷被視為創業家在設定目標方面的一項功能，將會愈受重視。現今的重點是發展出一個長期的公司理念：從市場導向的思維中，引導出一個問題領域或目標群。同時，以產品或生產技術為中心的心態狹隘導向，正在被克服。問題導向（problem orientation）的理念正到處興起，以多產品策略的形式或特定問題領域的替代產品的形式出現；連同所有配套的服務，產品被組合成一個總體的產品與服務組合包。這使得企業具有新的靈活性，其目標是實現最佳的問題解決方案，同時以保住市場（或多重市場）策略為主、專注於產品思維則被削弱。這方面有很多實例，例如杜塞道夫的格雷斯海默玻璃（Gerresheimer Glas）和施馬爾巴赫－呂貝卡（Schmalbach-Lubeca）等包裝材料製造商（但兩家公司均有美國控股股東），現今在包裝領域推廣許多解決問題的多重產品策略。僅僅數年前，格雷斯海默玻璃公司只生產玻璃容器。尤其是化學工業，透過在垂直合作中提供化學產品（例如人造纖維與塑膠）做為問題解決系統，來拓展問題領域的思維。軍火製造商則以思考土壤位移和基於岩石去除等全面問題解決方案，變得更加靈活。

系統化思考

從以產品為導向，轉變成問題領域的思維，必然會帶來系統化的思維。專注於「問題」，取代或補充了專注於「產品」。列支敦士登沙恩市（Schaan / Liechtenstein）的希爾提公司（Hilti AG）不再只銷售扣合（fastening）設備，而是銷售希爾提扣合系統，其中包括扣件、鑽孔機、拔釘和射釘工具、諮詢服務、宣傳品郵寄，以及問題解決者無所不包的功能。位於德國多特蒙德市（Dortmund）的杜拉集團（Dula）不再向零售商銷售單個貨架，而是銷售完整的室內裝飾服務，提供具有靈活元素的「銷售」氛圍。由於杜拉集團具有現代化理念，現在和利頓工業的合作更加密切。該集團憑藉問題領域和系統化思維，已成為歐洲多國百貨公司的商品夾具的主要供應商，實現了杜拉克的「創新行銷」（innovative marketing）即是創造需求的論點。這種新思考方式造成這個結果：管理結構愈發趨於市場導向；特別部門紛紛成立，並免於從事例行工作以發現新目標。未來學（futurology）在企業界相當流行；不過，人們愈發懷疑做出可靠預測的可能性；基於連續性而做的線性預測，已被拒絕。波普爾爵士（Sir Karl Popper）提出關於可靠預測做不到的理論，受到關注；他對於決策的偶然性與替代方案加以說明的預測，受到歡迎。人們愈加領會到這個事實：未來確實可以透過高風險的創業投資來創造，但在沒有政府干預的經濟中無法預測未來。

目標導向

目前大多數公司正在由產品導向轉為問題導向，成為市場導向管理中新的不變因素。這並不表示要放棄已建立的、著重於產品組合的做法，尤其是小公司力圖透過加強應用的研究，來彌補其狹隘的產品組合。這種情況的一個例子是玻璃製造商海耶玻璃（Heye-Glas），他們成功地開發了極輕且打不破的不回收的瓶子，供啤酒廠、裝瓶廠等使用。有一些產業（尤其是鋼鐵業），仍然堅決採取狹隘的產品結構。但是也可明顯看到一些偏離此道的做法，例如曼內斯曼鋼鐵公司（Mannesmann）的管理高層加入了一位塑膠專家。這家公司也是生產石棉水泥管的眾公司的合作伙伴，而且它不再以鋼管為主打廣告，而是以「向曼內斯曼的人員詢問」為口號。較小的企業明白，必須增強自己處理完整項目（即解決問題方案）的能力。為了能夠提供市場導向的問題解決方案，許多擁有互補產品線的專業設備製造商集結起來，建立了一個合作項目規畫辦公室。透過這種合作，參與者首先希望贏得大型出口項目，同時還能保有自己的獨立性。這種合作實例包括「歐洲裝備供應商出口聯盟」（ECEA），這是旨在聯合多達 100 家歐洲專業裝備供應商於一個合作項目的團體；或是由約十家專門製造道路機械設備的公司組成的德國道路機械公司傑羅姆科（Geromco）。他們透過傑羅姆科，提供大型項目的完整設計，並根據分工原則以互補方式進行開發和生產。傑羅姆科在漢諾威工業博覽會上設有自己的傑羅姆科之家。

問題解決方案準備就緒

歐洲的企業也開始根據特定問題領域或目標集（sets of objectives）進行多角化經營，從而透過對相同知識的不同應用而發現靈活變通之道：將先前的產品或問題導向的經驗，應用於嶄新的領域。如今，透過現代行銷思維尋求多角化經營問題的解決方案，已經在香菸產業和金融機構中獲得應用。例如保險公司將全面保險計畫與投資信託（共同基金）、投資諮詢服務和其他相關服務結合起來。愈來愈多人開始意識到，必須把私有企業獲得的經驗應用於解決公共任務；以往，公共任務的完成向來是由缺乏靈活變通的官僚機構負責，這可能對納稅人與貨幣的穩定產生不利影響。在交通規畫、城市規畫、空氣和水的淨化等項目中，產業、大學、政府之間正在發展出一種新型的合作模式。提供諮詢的供應商點子和獨立公司之間靈活的、以目標導向的專案式合作構想，陸續受到認可。

形象策略

材料的行銷策略反映出對於行銷功能性材料這個新任務的認識，新任務是基於問題或願望綜合發展而來。特定材料或公司的品牌與形象愈來愈受重視。在原物料領域可以觀察到，企業加速努力改變默默無聞的狀態，建立以服務為導向的形象系統。透過創立子品牌或子形象，和產業買家與分銷商進行垂直合作，產生了新的應用與市場。在這個過程中，建立起一個創造需求的新廣告策略，這個策略是基於為滿足特定功能而創立的品牌，從而發揮重要作用。在設備領域，一些系統工程與系統取向的靈活點子，正在獲得勝利。其中一個點子是銷售問題解決方案和獲利能力，並捨棄銷售個別機器的概念。最佳系統設計、維修保證、租賃的可用性（availability），結合成一個靈活的以客戶為導向的系統化套裝產品。

在消費商品方面，著名的巴黎社會學家傅拉斯蒂耶（Jean Fourastié）明確領悟到，必須將消費行為區隔（segmenting）為富有消費者和眾多消費者的子市場，並加以差異化。眾所周知，有必要對抗恩格爾（Ernst Engel）的飽和定律[註1]

註 1　德國統計學家恩格爾在 19 世紀中葉提出這個定律，指人們在滿足基本需求後，隨著收入的增加，對基本必需品的需求增長緩慢，而對非必需品的需求增長快速，因此需要採取措施以因應市場的這種飽和現象，確保人們持續消費。

（Engel's law of saturation）；大家也知道，基於需求的生產模式建設性地運用龐大的技術多樣化，而促進了動態發展。

服務經濟

鑑於新管理哲學是以目標設定為首要之務，服務的概念和轉型使「服務經濟」（service economy）的重要性不斷提高。在這種情況下，我們不僅考慮到被塑造為服務系統的真正服務業：第三產業（註2）（tertiary sector）也考慮到加盟經營系統的概念，這種系統已逐漸在酒店、汽車旅館、餐飲業、服務業、零售和批發業等占有優勢。隨著大型服務系統的發展，其中加盟業主（某種服務套裝的批發商）和眾多獨立創業家（加盟商）合作，形成一種新型的連鎖關係，預計將出現一場極大的加盟經營熱潮。因此，美國的加盟經營熱潮看來將於1970年代在歐洲重演，其中不乏總部設在美國和歐洲的加盟經營系統，例如倫敦里昂紅茶公司（Lyons Tea）的速食系統「溫比」（Wimpy）便值得特別一提。

註2　第一產業是農、漁、礦業等原始生產部門；第二產業是製造業，包括生產和加工產品；第三產業則是服務業。

零售業的變革

歐洲零售業也正在發生市場導向的結構性變化，主要有四種類型：

（1）在成套需求（互補的需求）的供應方面，轉向問題導向型的全套物品（assortments）。一站式購物能滿足全套需求：食品、服裝、家具、五金等。全新的需求組合（need-set）物品也被開發出來，做為基於需求的生產模式的輔助工具：例如百福公司（Pfaff）和勝家（Singer）縫紉中心、自助商店和自建住宅內的新市場系統等。

（2）零售業要不斷強化服務功能，這需要擴張百貨公司，提供一站式服務，並在城市邊緣地區或鄉間開設專門進行促銷活動的百貨公司。現代的折扣商店不再設在市中心，而是設在多個城市交匯處的郊區，這是現代便利購物中心的開端，結合了多種類型的分銷方式，如專業商店、百貨公司、折扣商店。僅僅數年前各地方都能感受到對這種創新的抵制，這反映在過去數十年的相應立法行動中，例如比利時的卡爾登納斯法案（Loi des Cardenas）或瑞士的杜特威勒法案（Lex Duttweiler），但現在這種抵制開始減弱了。1970 年代，歐洲的零售業可能會發生幾乎是革命性的大變革。

（3）要不斷強調形象的塑造。差異主要不在於分銷方式（同一家公司會把大多數分銷方式都用上），而是在於形象，這帶來了新的廣告和公關策略。

（4）系統的形成，兩者都是在相同類型的分銷架構內，透過自願加盟連鎖店（voluntary chains）、合作社、合作加盟連鎖店（corporate chains）而形成；另外也在創辦人的倡議下，結合所有類型的分銷方式（包括專業商店、百貨公司、折扣商店、便利商店等）而形成。

在郵購業務方面，趨勢是朝向店內銷售（而非郵購）發展。另一個趨勢則展現在專業化郵購公司的動態中，他們透過目錄為電腦決定的一些特殊群體提供服務，例如糖尿病患者、運動員、上層階級的消費等。

在批發方面，正在進行一種重新定位，將批發從僅僅是製造商的一個分支，延伸為一個展現特殊分銷管道的功能，這些分銷管道被結合成系統。批發商成為他的分銷管道的大腦：一個再度蓬勃發展的集團批發商；一個專業化的批發商，在擁有大型全套物品的分銷商的架構內，擁有自己的服務系統；一個向產業買家供應物品的批發商，類似鋼材服務中心的原則；最後，還有現代服務加盟系統的全套式服務（service-package）批發商。

電腦的影響力增加，有利於為問題領域提供服務的多產品策略；同時，曾經促進更多產品導向行為的機械化與裝配技術，其影響則已減小。電腦使得一家多樣化公司，能夠為同一目標群體提供各種不同的問題解決方案。人們開始了解最新一代電腦的影響力。電腦有助於在管理決策方面帶來一種新思考方式，朝向促進市場導向布局的方向發展；而人們也試圖避免僅將部分流程（例如薪水單）電腦化的危險。

多國籍企業策略

多國籍企業布局（即從多個國家進行多元化的創業和出口活動）的必要性已被廣泛接受，尤其是在德國。直到近幾年來，由於德國馬克的官方匯率太低，引發出口的超級繁榮；這一來構成了把生產能力轉移到外國的成本障礙。許多公司在多個國家營運，開始反映出全球經濟相互依存的新概念，不是如同瑞士伯恩（Bern）大學公共法教授胡柏（Hans Huber）提出的單純共存概念。根據胡柏的理論，企業認為公司的總部是個大本營，是擴散到多個國家的營運基地，具有專門技術、專業人才和管理知識，使用當地資本和來自德國的資本。德國的資本出口近數年來有顯著增長，而且得到政府支持。但是許多公司更喜歡透過合資企業（joint ventures）在多國營運，主要是由外國合作伙伴提供資金，自己則提供專門技術和研究成果的輸出。以前的國際商務活動的概念主要是基於資本輸出，如今已被新研究成果的知識輸出概念所取代。無論如何，愈來愈多公司仿效曼內斯曼鋼鐵、西門子、某些化學公司等頂尖企業，以及一些生產設備和消費品的小型企業的例子，開始了解以多國營運形式進行全球商務活動的必要性。

創業家重新受到重視

就現代管理學中發展出來的思維種類（例如杜拉克等人所發展的）而論，今日我們可以談論對創業家的再度重視。這延續熊彼得的創新基本原則，包括技術、產品、供應來源、組織、以知識為導向、目標設定、問題領域、期望的預測、基於需求的生產模式的優勢。在這方面，出生於奧地利的杜拉克可說是他的同胞熊彼得的接班人。在德國，「心智資本」（mental capital）這個術語開始被用來描述創業家的這種新概念活動，這是創造性幻想的一種表現，應用於預測目標靈活性的過程。心智資本已開始被稱為企業的第四個層面。做為創業的概念，心智資本向工程師、組織創立者、專業人才提供創新的適用性和持久的激勵。心智資本利用了知識、財務資本和其他生產要素。

市場導向的集中化

最後兩個問題似乎有直接相關性：首先，關於德國企業產品集中化的重要性問題。人們領悟到在某些情況下需要橫向合併，尤其是在企業無法獨立生產核心產品組合的情況下，選擇要涉足的難題領域時。在這種情況下，市場策略的考量顯示，結合互補品和替代品來達到集中化是必要的。這種集中化有助於藉著解決一系列問題或達到一系列目標，來強化公司的競爭力。然而，如果目標不是產品專業化，而是像前文描述的傑羅姆科公司或「歐洲裝備供應商出口聯盟」等項目規畫部門的目標，則由可獨立的專門機構進行部分合作，就已足夠。但是全然靠自己涉足一整個難題領域的公司，更傾向於利潤最優化，而不是銷售額最大化，正如黛安芬婦女胸衣公司（Triumph）的布勞恩（Braun）博士最近指出，那些公司更願意和獨立的創業家合作。在垂直方向上，趨勢是透過在市場區塊中的選擇性分銷，進行合作。預料選擇性分銷在家具業和許多其他領域，都將有遠大光明的前程。因此，現代的市場導向公司的策略導致了集中化，卻增加（而非削弱）了競爭。不但如此，在廣大的服務領域中，還有許多新的獨立企業正在成立。正是出於這些原因，關於集中化的片面論據（這主要是源於對工業領域的視野受到局限），在德國和歐洲都被摒棄。這也是為什麼高伯瑞（Kenneth Galbraith）在他的《新工業國》（*The New Industrial State*）中特別強調力促工業集中化的想法，受到瑞士創業家賈瑟（Christian Gasser）等領軍人物的嚴厲批評和駁斥的原因。

對商學院的懷疑態度

第二個問題涉及心智資本所象徵的創業思維其可學習性和可傳授性。我們非常清楚這個事實：組織、成本會計和其他營運知識可以傳授；這在許多管理研討會已經實現，這些研討會部分跟大學有關聯，部分獨立於大學之外。但我們也知道，真正的心智資本是基於概念性思維（conceptual thinking）的能力，其傳授只能到一個有限程度；例如透過新的數據收集、資訊理論、數據分析方法來實現。這一切都只是決策的一個預備步驟，而決策總是帶有風險。人們往往會認為，概念性思維（心智資本）不能被傳授，即使管理學的培訓（以了解環境和方法為目標）可能有幫助。因此，對於許多管理學院的實用性存有某種懷疑態度，只有很少數的學校是例外，例如著名的杜塞道夫彭斯根基金會（Düsseldorf Poensgen-Stiftung）。最後要說的是，對於管理學院主要是由大學教授組成的懷疑，是基於這個事實：德國的經濟學和企業管理學教授和美國的不同，他們本身仍然參與一個學習過程，那個過程的用意是讓他們理解杜拉克思維的新種類。

如今在歐洲（尤其是德國），創業思維的明顯逆轉源自企業界和相應的充滿活力的創業家思維多於學術理論的結果，這是無可避免的，換句話說，如今大學只是開始重新發現創業家的心智資本，但大學無法自己教授這種心智資本。因此，市場導向思維的創業功能，主要是發展自創業家對自己情況的批判性分析和他們積極主動的勇氣。杜拉克和其他美國人的影響力所提出的概念，有助於激勵並加速創業家的復興。

CHAPTER **17.**

杜拉克對經濟發展的貢獻

凱瑟伍德*撰

經濟發展面臨的最大障礙，是認為再也無能為力。這種信念通常不會用粗暴的負面之詞表達，而是以反對某一特定提案的方式表現出來。那些勇於相信還有進步空間的人，需要說明他的理由，並負起證明之責。對於有責任維持現狀或確保在必要時既得利益者只受到最少干擾的法官來說，這些抱持積極想法的人需要受到審判。我們都知道現狀是什麼情況，但未來是

* 凱瑟伍德（Frederick Catherwood）

凱瑟伍德自 1966 年 5 月以來一直擔任英國國家經濟發展委員會（the National Economic Development Council of Great Britain）總會長。他於 1964 年 10 月加入英國經濟事務部擔任首席工業顧問之前，是英國鋁業有限公司（British Aluminium Company Limited）的董事總經理。他的著作包括《工業社會中的基督徒》（*The Christian in Industrial Society*）和《解除了限制的英國》（*Britain with the Brakes Off*）。

假設性的。維護現狀者主張已知勝於未知，手中之鳥勝於林中之鳥，現有之物勝於未來夢想，已確立的先例與屢試不爽的方法勝於各種危險的創新。

杜拉克的天才在於他扭轉了一些角色；他將維護現狀者置於被審判的位置，並讓未來對過去進行審判。過去已經結束，不會再影響我們，但未來是我們每個人都必須經歷的事情。生活的現實不是過去，而是未來。未來無論如何都會發生，所以我們最好適應它，而且要快速（fast）：某人（註 1）應該數一下他有多少次是以這個簡短、急切的四個字母結束一個句子。昨日只有在它影響到明日時才重要。昨日應該被翻查，以尋找對於明日的問題與機會的線索和提示，其餘的則應該被毫不留情地拋棄，像是已經失敗且應該放棄、但仍被保留做為「對管理者自尊的投資」的項目；這些藉口已被揭開。當公司利潤的主要來源被描述為「昨日的賺錢工具」時，它看起來就比較不獨特迷人、比較不確定。總之，當杜拉克處理完這些問題後，維護現狀者看起來像一群疲憊的年邁惡棍，關注點從那個枯燥乏味的爭論「是否應該採取行動」轉為較有建設性的爭論「應該採取什麼行動」；也從過去管理決策的正當理由，轉為意識到：如果公司的決策是基於過去的需求，那所製造的產品符合未來需求的正確形狀與大小，將純粹出於偶然。

註 1　這裡的某人是指杜拉克常用 fast 這個字來強調其建議的迫切性。

活躍人士最困難的工作之一，是讓人們意識到發展的潛力。客觀看來，這對歐洲人或日本人來說，比對美國人要容易些。我們總是可以指出，幾乎在任何領域，美國都能證明每位受僱者的產量，確實都能提高兩到三倍。較深入的分析也幾乎都會顯示，這不僅是由於工廠對每位受僱者的投資更多所致，還包括很多「純粹」的生產力：涉及更佳方法、更佳布局、較少廢品、較高產量、較長的生產週期，以及良好管理帶來的所有其他成果。但即使大家都明白這一點，當生產潛力是當前已知且試驗過方法的 150%時，每年提高半個百分點的生產潛力仍然被許多更內行的人視為空想且不切實際。但是杜拉克必須說服那些將科學管理的疆界向後推的人，讓他們相信他們可以向前走得更遠。

杜拉克讓這個願景看起來像是一個實際可行的建議。他做到這一點，不是靠他斷言會如此，而是透過詢問問題，將公司的成本與效益中心審判一番。他以天真的眼神問道，「當然我對你們的業務一無所知，我只是運輸業（或鋁業、建築業、航空業等）的業餘愛好者，我只是想知道為什麼你們用這種方式做（或要做這件事）。」他會向管理者提出一系列極具衝擊力的問題，這些問題沒有合理的答案。結果，通常會發現所有的獲利是靠 1 ／ 5 的業務所賺來；其餘的業務是基於愛好或出於習慣而經營，因為沒有人思考過該問題，或是出於一種乖張的希望，想要防止競爭對手奪走市場中自家公司不賺錢的部分。

這些冷靜客觀的命題似乎是荒謬的，但是大多數企業當然從未將之視為冷靜客觀的命題，而是杜拉克的天才幫助了那些企業。我們這些設法說服同事聽取他的建議並看到公司股價增長五、六倍的人，會把這個關於生產潛力的簡單教訓，永遠銘刻在心版上。

他所傳授的其他經驗教訓似乎更難學會。對於任何經理人來說，要接受這一點：自家公司管理團隊的優良程度可能和任何其他公司差不多，並不容易。每位經理人都覺得自己已經網羅到所有優秀的新人。發展並組織現有的人員似乎總是比從外部聘來那位能夠解決一切問題的全能天才更具挑戰性。只有在耗損了約半打令人失望、但非常昂貴的潛在奇才之後，大多數經理人才會把工作交給一直待在那裡的人；只有在這時他才明白，只能去發展自己的人員，並賦予實質責任讓他們證明自己的能力，此外別無選擇。對杜拉克而言，發展就是培植人員。資源不會自行發展，資源只能靠人來發展。對於企業和國家來說，關鍵資源是人。每個人都有潛力做出貢獻。把人當成問題而非機會，或解僱那些被安排在不適任角色的人，是不可饒恕的罪過。組織的目標是發掘每個人的潛力，使他們能夠為企業做出貢獻，使整體效益遠大於個體效益的總和。杜拉克是一位教師，而大多數經理人不是。經理人慣於利用手頭上的資源，而捨棄他不能立即使用的任何東西。教師看出每位進入其課堂者的潛力，多年來他看到最不起眼的資質，展現出最出人意料的成績。杜拉克對於被預先選定的菁英持懷疑態度，無論是商界的「皇太子」或牛津、劍橋等菁英大學的學生。他在商業上的原則是晉升應該基於績效。在大學裡，「美國高等教育的優勢在於，沒有為領導人與追隨者設置大學」。相形之下，歐洲學校造就了太少能夠將菁英的見識轉化為成果的人，其發展持續敗給擁有較廣泛教育基礎的美國。

雖然杜拉克反對建立菁英階級，但他遠比大多數教師或顧問更了解上司的工作最難做，而且極少人真正能幫助他。他提醒急功近利的中階管理者，上司也是人，有工作待做，需要部屬來協助上司的工作。他的教學不是為了培養一群不耐煩、有挫敗感、桀驁不馴的中階經理人，而是要培養出一個管理團隊，他們知道：行動只能透過人來執行，只有在必須採取行動者同意時才會執行，而且只有在他們相信自己必須做的事情是正確的時候，其行動才會有效。雖然大多數人倡導在向下溝通或橫向溝通中需要理解和同意，但是杜拉克教導溝通必須進入組織核心且上達最高層。杜拉克暗示，上司可能不像所羅門王（Solomon）那麼睿智，但也不太可能是只會胡扯的白痴；否則根本得不到他那份工作。此外，上司也有其問題和觀點。要試著以他的方式、從他的角度看待他的工作和目標，並如實地看待他受到的限制，然後試著看看你能如何協助他。在大多數企業中，這個方式並無效果，但也沒有理由不可行。英國文官體系的政務職類（administrative class）組織極有條理，就是建立在這個原則上。新上任的大臣由一位經過多年培訓的常務次官（permanent secretary）協助，後者能提前一步面對大臣遇到的每個問題，並提供替代政策來應對問題。在他下面，數名副次官（deputy secretaries）為常務次官提供同樣的服務，再下面是一群司處長（under secretaries）為副次官服務，以此類推一直往下。有時候，最高層的那一位需要很費心力才能查知正在發生的事，就如企業界的情況；但是整個體系和培訓都是為了協助他（而非阻止他）發現事實。

但在大型企業的管理高層方面，也許杜拉克最有助益、最能讓人擺脫束縛的洞見是「團隊管理」（team management）概念。在他發展出這個概念之前，企業界尤其一直受制於僵化的軍事指揮金字塔制，孤立了一個人，即做出所有最終決定的指揮官。這在滑鐵盧戰役（Battle of Waterloo）中或許還可以，但即使從軍事角度來看，也已過時。甚至在第一次大戰時，最有效的德國司令部是由興登堡（Paul von Hindenburg）和魯登道夫（Erich Ludendorff）兩人組合而成。當他們倒下時，戰爭就結束了。杜拉克為企業管理，將這個概念做了理性的解釋。他會說，當然一定要有一條指揮線上達總裁，但除非你想害死他，否則最好讓他的工作是平等者中的首席，以便大家可以分攤負擔，不必讓一個人親自談判所有最重要的交易；每天與客戶共進午餐；成為發表所有演講的頭面人物、向媒體談話並接待訪客；巡視工廠且記得老員工的名字；面試所有高階職位的人選；親自負責處理客戶的投訴；還要抽空規畫企業在未來五年的發展途徑。這些工作需要分配給真正互相信任、尊重彼此能力、願意支持彼此決策的人。也許董事長應該承擔一些外部工作；也許應該設立一名副董事長來負責前瞻性規畫；也許執行副總裁應該巡視工廠，讓總裁有空處理最重要的交易和最高層的職責。

在最高層組織的這種變革效果，是讓公司免於受到各種限制，進而能以遠大於以往的規模為國家經濟做出貢獻。的確，正是這種步驟使得公司能夠從國內公司成長為真正的國際公司，而能為開發中國家的經濟實力做出獨特貢獻。

籌組企業的最高管理層（或大腦功能），是一個艱巨的挑戰，但杜拉克強調，最高管理層的工作重點，不應該基於傳統的工作描述，因為那樣一來會讓該工作難以管理，而應該基於只有總裁方能做到之事的定義；凡是其他人能夠做到的事情，都不是總裁的工作。

市場的考驗

不論杜拉克對企業組織發展所作的貢獻為何，很少有人懷疑他對自由世界經濟發展的最大貢獻：闡述並捍衛市場經濟。1930 年代，資本主義制度因為經濟蕭條而名聲掃地。1940 年代，我們經歷了戰爭和戰後重建的實物管制措施。在那兩個年代，只有勇者才敢預言市場經濟將在 1950 年代和 1960 年代捲土重來（不僅在美國，還有歐洲和日本）。更大膽的人可能會進一步預測，在關稅壁壘降低且龐大的免關稅市場建立後，市場在國際貿易中的主導地位將會增強。然而，正是在這一時期，杜拉克建構了他的思想，並出版第一批詳細闡述這些思想的書籍。每位成功的先驅注定要看到自己的想法被人們視為理所當然，大家都忘了他們逆著輿論潮流而上，或在敵對和懷疑的氛圍中為引起關注而奮鬥的時候。如今，即使共產主義國家也在研究市場經濟的運作方式，而且其中至少有國家已開始讓其企業接受市場考驗來決定成敗，但並非一直都是如此。

杜拉克的意識形態並不是手段為主，而是以目標為主。這個目標是人力和物力的最佳開發情況。這就像是基督的「他連得比喻」（parable of the talents）[註2]：獲得兩個他連得[註3]的人，其責任就是再去賺兩個他連得。而那個只得到一個他連

註 2　Talent 是古代中東和希臘羅馬世界使用的金銀計量單位，一個 talent 銀子合 6,000 個羅馬銀幣，相當於日薪員工 20 年的工資，拉丁文為 talentum，英文的 talent 即才幹之意。

註 3　《新約聖經．馬太福音》馬太福音 25 章 14-30 節記載了耶穌對天國的這個比喻，大意是有個主人要出遠門，就把家業交給僕人，按著各人的才幹，分別給他們五個、兩個、一個他連得。他回來後，以五個賺五個和以兩個賺兩個的都獲得獎賞，而把領到的一個他連得埋在土裡的人，就被趕了出去。《聖經》中文和合本在此把五個他連得譯為 5,000 銀子，以此類推。

得且從未使用的人就犯了罪，也就是需要在一根草上長出兩根草。對於杜拉克來說，市場經濟就是得以實現這些目標的最有效手段。

在受管制的經濟體系或封閉且受保護的經濟體系中，杜拉克永遠無法讓未來對過去進行審判。在封閉的經濟體系中，人們至少有一種幻想，即未來是由人們（而非事件）決定。但是在一個向各種市場力量開放的經濟體系中，事件正在發生，那些不隨市場力量行動的人將被拋到一邊。在封閉的經濟體系中，每個組織都有其成立的許可證，而且如果不和那些出於利益或情感而支持它的人進行長期爭論，就無法關閉組織。一般來說，全體的利益並不足以勝過特有的利益，組織經常在早已完成任何有用功能之後仍然繼續存在。正如杜拉克指出，在以前共產主義世界內物資短缺的計畫性社會中，共產主義者可以放棄管理的功能。但是隨著市場和獲利能力的重新引進（即使是以有限的形式），將愈加由消費者（而非官僚）決定資源的分配；更重要的是，這意味蘇聯的管理人員將不得不進行管理。

在此容許我沉湎於個人的一段回憶，關於政府在經濟中的控制因素。在 1920 年代的愛爾蘭，卡瑟伍德（Catherwood）公車公司威脅到鐵路業的生存。既得利益團體為保衛鐵路業而集結，且隨後兩屆愛爾蘭政府分別在 1933 年和 1935 年徵收了這些公車。最終並沒有拯救鐵路業，但在此期間耗費了納稅人大量金錢。

如果讓杜拉克為愛爾蘭鐵路業提供意見，他會敦促他們決定是要從事鐵路業或運輸業，甚至是否應該提升眼界，以促進他們提供運輸服務的鄉鎮和城市的工業發展。如果他們接受這樣的建議和市場的裁決，他們將會在擁有足夠資源使轉型有效時，果斷地將重心從鐵路轉到公路。如果他們曾經試圖在其服務的核心地區創造工業客戶，將會預見到兩任政府在 20 年後不得不做出的努力。

在 1930 年代的愛爾蘭，是不可能讓未來對過去做出評判。這顯示自那時以來，我們在經濟思想方面已走了多麼長遠的路。如今，最廣泛、最革命性的變革之所以被接受，是因為市場的裁定。有些產業幾乎是無聲無息整體退出市場，因為繼續生產無人想要的東西是愚蠢的。當然還有保護措施和經濟孤立主義。沒有任何觀點會永遠消失，但是這些觀點現在正艱難地抗拒市場經濟的潮流，而且在企業界或政府的決定性論據中，它們並非能夠左右那些論據的觀點。

杜拉克對市場經濟的理論依據，同時也就是對已發展資本主義體系的理論依據。國有企業也能在市場上運作，歐洲有許多國有企業就是如此。正因為個別的企業可以被取代，它必須調整修正，不然就會被淘汰，因此個別的私有企業應該是對經濟進展反應最敏捷的工具。不同於高伯瑞的是，杜拉克是透過企業經理人的眼光（而不僅是學術的觀點）看待市場。他看到福特汽車如何檢視艾德賽爾（Edsel）車款以及通用汽車如何檢視克萊斯勒的德索托（De Soto）車款，他記得史都德貝克（Studebaker）汽車和帕卡德（Packard）汽車，並為美國汽車公司（American Motors）提供務實精明的建議。在我加入英國鋁業公司（British Aluminium Company）之後不久，杜拉克對我說，「你們的問題是熬過下一年。」英國鋁業已成立 60 年，在大西洋兩岸各有一家超級大公司支持它。杜拉克是對的——我們熬過來了。但是，如果我們不曾做出那些決定，我們就無法熬過來；依照杜拉克的理念，未能對市場做出反應的管理團隊就無法存活下來。

但杜拉克把市場的考驗推到個別私人企業以外的層面。他在英國訪問期間，我們請他到國家經濟開發局（National Economic Development Office）為我們提供指導方針。他建議我們集中精力於：英國已發展出經濟實力的國際市場領域，以及未來可發展出經濟實力、具有成長潛力的國際市場領域。他解釋說，這樣做不是因為英國依賴國際市場，而是因為市場的考驗可以對資源的分配做出最佳判斷。英國的貿易中有 16% 是國際貿易；日本的貿易只有 9% 是國際貿易，然而日本專注於生產具有國際競爭力的產品，這一決定給予日本效益很高的資源配置，這至少是日本經濟成長卓越非凡的一個原因。

雖然杜拉克並未對市場經濟的缺陷視而不見，但以政府的的監管措施來解決弊病，在整體表現上往往比弊病更糟糕。歸根結柢，市場雖然有諸多缺陷，但仍是我們擁有的最好選擇。

在市場經濟與企業做為市場經濟主要參與者的權利方面，杜拉克都是最善於表達的捍衛者之一，因此當他轉而對企業管理階層講述企業的公民責任時，就處於極強大的地位。他絕不是推崇政治－軍事－產業複雜體系（political-military-industrial complex）的人，他遠比大多數人看得更清楚這件事：如果無人關注並處理急迫的問題，則民選政府與大企業之間的緊張關係就可能會出現。杜拉克在政府注意到城市問題的十餘年前，就已經在談論那些問題了。他希望企業領袖在問題成為頭條新聞之前，就被看到他們針對問題有所作為。首次出版於 1954 年的《彼得·杜拉克的管理聖經》最後一章是〈管理者的責任〉；該書中目標管理的第八個（也是最後一個）關鍵領域是「公共責任」。如果管理型社會（managerial society）要生存下去，那麼城市大公司的管理者就必須像昔日社會的城市商人一樣，信實地履行其公民責任。另一方面，杜拉克堅決反對家長式管理（paternalism），並敦促企業不要宣稱自己擁有那屬於民意代表的權力。

如果說杜拉克有任何局限，那是源於他的優點以及這些優點所帶來的公共立場。在英國，左翼知識分子視他為美國資本主義的帶頭倡導者（也許有某個左右逢源的人物能夠同時得到美國資本家和歐洲左翼的支持，但我懷疑有這種人物存在）。用較溫和的說法，我想可以說他有點傾向於認為市場可以解決所有的問題。例如在《斷層時代》一書中，他討論歐洲高等教育制度的一致性，他說：「歐洲必須創造各校之間的競爭氣氛。為建立知識基礎，歐洲需要在教育領域開展創新，進行那些在教育部門嚴格管控下無法進行的實驗。」至少在歐洲國家，大學教授似乎需要有更多控制權，而且在學術自由的名義下所進行的實驗，可能需要在教育部之前說明一些正當理由。如果將教育交給市場，那麼由誰來教育市場？要接受目前學生的要求，由他們決定自己的課程嗎？他們的父母會提供建議嗎？除了市場上的錢財，還有一些外部的、明智的判斷，難道不是更好嗎？

我提出這個批評，是以一種典型的歐洲方式對杜拉克的挑釁式言論提出回應。杜拉克的技巧之一是攪動各種觀點，然後觀察會發生什麼事。畢竟，沒有人會倉促立即做出決定，因此讓我們從多個角度看待問題，然後決定哪個最有道理。如果我們將一個命題推至其不合邏輯的極限，並在此過程中使用一些藝術手法來強調並戲劇化此實例，那麼在最後的冷靜分析中，我們可以再次檢視它。那些了解杜拉克及其工作方法的人，不會想要改變這個情況。這個方法能夠拓展思維、激發想像力，並將視野提升到新的可能性。

但是有些歐洲人習慣於另一種討論模式。在牛津劍橋式辯論和法國大學吹毛求疵式的邏輯分析中，每個命題都必須是可辯解、不留任何破綻漏洞。任何未經證實的命題、任何異想天開的思維都會被抓住並毫不留情地摧毀，進而推斷：如果這個論點經不起考驗，那麼命題的其餘部分必定也靠不住。若要成功，我們必須用幾個無懈可擊的論點來支持命題，並暗示其他論點若有時間展開也同樣強而有力。對於那些習慣於論點的開頭為「至少對立方的諸位先生會承認……」的人來說，杜拉克的重大觀點會遭到削弱。但是《斷層時代》在日本的銷量是在英國的十倍，這個事實更多地反映出對英國的看法，而非對這本書的看法。我們這些認識他的人，即使不同意他的論點，也會再三思考他提出的任何論點，因為其中總有一個真理，如果我們忽視了，將會蒙受極大禍害。

這些觀點並不是要低估杜拉克在歐洲的巨大影響力。對許多像我這樣的經理人來說，《彼得・杜拉克的管理聖經》像一道炫目耀眼的明光閃現，表達了我們的感受和經歷。這本書以生活中的真確事實為堅實基礎，其精采的例證如實反映了生活，將原則永恆地印在我們的心版上。再次翻閱這本書讓人深刻體會到，杜拉克當時開創的許多理念，如今已成為常規的實務做法。目標管理、工作豐富化（job enrichment）、創意管理、聯邦分權制、為成果而管理，這些理念在1950年代之前可能已經有人思考過，然而是杜拉克將其印在新一代經理人的心版上。這可能是他對西方世界經濟發展最偉大的貢獻。

CHAPTER 18.

杜拉克與日本管理

高宮進*撰

日本在管理方面受到彼得·杜拉克極大的影響。為了表彰他對日本管理實務改進所做的努力與傑出貢獻，日本政府在1966年授予他三等功績勳章。頒授此勳章的理由在授勳證書上列舉如下：

1. 為日本管理的發展做出貢獻。

（1）1955年後，隨著日本經濟的快速成長，對現代化管理的需求不斷增加。雖然經理人必須找到和自己有直接關聯的問題及解決方案，例如建立專業的管理倫理和明確界定的社會

---

* 高宮進（Susumu Takamiya）

高宮進是日本上智大學經濟學院院長暨教授。他曾任教於東京帝國大學和一橋大學。高宮博士目前是組織科學學術協會主席和管理學研究所所長。他也是日本生產力中心、日本國際管理協會和日本管理顧問協會的成員。

責任，但也必須尋求現代化管理實務的方式與做法，例如制定管理政策、策略規畫與決策方法、分權制度，以及在貿易自由化後適應新的競爭環境。

（2）為協助日本的管理者解決上述問題，杜拉克教授應日本工業界之邀，於 1959 年 7 月在東京和大阪舉行高階管理人員研討會上發表演講。此後，他又於 1960 年、1962 年和 1964 年訪問日本，目的是舉辦有關管理人員的培訓講座。

（3）來自日本各地的工業經理人，不僅是來自東京、大阪，還有名古屋、福岡、廣島等城市的經理人，共有六百多人參加這些研討會。

（4）在日本工業界建立管理哲學上，以及管理學的現代化方面，杜拉克教授扮演了一個很傑出的重要角色。

2. 在引介日本工業到海外，以及促進美、日友好關係方面的貢獻……。

3. 在商業和工業管理教育方面的貢獻。

（1）在日本管理的現代化方面，杜拉克教授的指導對象不限於經理人；在日本各地，他透過公開演說指導一般企業家，並對學生進行學術講座。已有超過 10,000 人聽過他的演說並參加過他的講座……。

（2）他的著作幾乎都已翻譯成日文，其中有些書籍已再版 70 次；已出版的書籍有數十萬冊。各行各業的民眾、學生和企業家廣泛閱讀這些書籍並給予好評。他的書籍在建設現代工業社會和促進對現代管理的理解方面，發揮了重大作用。

4. 在改進政府機構運作方面的貢獻……。

在接下來的章節中，我將談論我的觀察：杜拉克影響日本的根源、程度、議題，以及他的思想可能為日本管理界帶來的方向。杜拉克憑藉他對現代管理的深刻洞見，提供了管理問題的思考途徑與實務做法，並試圖定義現代管理中的實際問題，以及找出問題解決方案。他已經到訪日本五次，並教導我們關於美國和世界其他地區管理界當前面臨的許多管理問題，也教導我們有用的思維體系和方法來找到解決方案。

杜拉克 1959 年第一次訪日時，他引領我們考慮這類問題：在全球工業革命迅速發展的時代，企業應該是什麼模樣，管理高層應該承擔什麼責任？如何培養管理者的能力，尤其是潛在的管理能力？隨著人際關係學派的方法遭到愈來愈多的批評，現代企業中應該如何處理勞資關係？當他於 1960 年再次訪問日本時，討論了創新管理（innovative management）、長期規畫、決策等問題。他在 1962 年第三次訪問日本，當時貿易自由化計畫剛剛展開，人們提出了競爭激烈世界的挑戰和新世界經濟等問題。他於 1964 年第四次訪日時，在討論高經濟成果的佳績與經理人的角色、企業潛能的培養、創業精神的發揚、制定決策以創造企業未來的繁榮等問題時，他探討了創業精神的完善發展及其實際結果。他於 1966 年到訪時，演講重點是高效能管理、能幹的高階主管、電腦對商業與工業管理者的影響。

杜拉克給日本高階管理層留下深刻印象，並對他們有很大影響。而且日本的高階管理團隊根據他對他們所提問題的理解和分析，得以找到線索，並解決經濟快速成長引發的問題。

在此可以舉個例子來說明杜拉克的巨大影響力。一家知名人造絲公司的總裁參加了杜拉克主持的研討會，在那之前，他長期參與討論公司是否應該削減人造絲的生產，但並未採取任何行動。受到杜拉克強調的創新管理原則（即任何已過時產品的生產都必須大幅縮減，改由新產品取而代之）的啟發，這位總裁能夠做出有效決策，立即停止生產人造絲纖維。

如上所述，杜拉克的所有著作幾乎都已翻譯成日文，並受到各個領域大量讀者的好評。藉由這些書籍，他的管理哲學更完整、更有系統地融入日本的管理思維，如同替他增補了他的研討會。而我個人也受到他很大的影響。

對日本管理者影響最大的著作是《彼得・杜拉克的管理聖經》。在該書中他指出，技術創新正快速進展的高度工業化社會所需的管理意識、政策、方法；對於正處於快速工業化（基於技術創新）和高度工業化社會進程中的日本管理者來說，這正是他們迫切需要的指導方針。在現代工業管理這個陌生世界中奮鬥的日本企業，在他的教導下，已經成功找到解決問題的指導原則和方法。

杜拉克的理論探討的是，工業社會中理想的管理類型。這是他的理論中很重要的一點，必須予以最大重視，因為它為現代工業提供了指導原則。這些原則在他的另一本書《新社會》中有系統地發展出來。這本書在日本還未得到應有的重視，但我相信，我們的管理者很快就會領悟到，闡述他的現代管理理論但不了解他對工業社會的理論，是很膚淺的。

他的工業社會理論延伸到未來。雖然《明日的地標》探討的是，高度工業化社會引發的快速變革，他的最新著作《斷層時代》探討的是從當前工業社會發展出來的新社會。因此，日本的管理者將會受到兩個重大影響：一是杜拉克有關當前工業社會的理論，二是杜拉克有關未來社會的理論。雖然我們必須考慮到日本的管理者具有一些特殊性質，但推動日本社會變革的客觀力量，只會來自工業化的進一步發展。因此，杜拉克在《明日的地標》和《斷層時代》中提出的各種問題在日本應該受到認真考慮，如同在美國的情形。

正如上文所述，杜拉克的管理理論旨在建立高度工業化社會中，管理者應有的樣貌，並制定現代管理者所需的基本理念、思考方式和架構。此外，他還努力建立關於高層管理者的管理理論。他指出以前不曾被假設過的一些重要問題，其中一項是創業的問題。他在《為成果而管理》一書中，將他的研究成果做了詳盡的闡述和系統化的理論，此書闡明高層管理者的理論與實務。因此，我認為《為成果而管理》應該被工商界的眾多人士閱讀，如同《彼得・杜拉克的管理聖經》一書。

杜拉克對日本管理者的影響程度

有些人認為杜拉克的影響微不足道，因為美國的管理理論與技術持續不斷被引進，但是日本管理實務的基本特徵並未有多大改變。這種觀點的依據是認為，美國的管理理論與實務並不適用於日本獨有的管理環境。日本的管理獨具一些特點，包括：對新環境有高度靈活的適應力、重視團體行為、終身僱用制、薪資與晉升採取年功序列制（seniority system）、家長式管理。即使至今，討論日本的管理也無法不提到這些特點，而且日本的管理也是因此而被認為獨特。

不用說，杜拉克的管理理論必須被調整成適合日本特有的管理環境，因為這些理論與實務都是從杜拉克在美國的管理經驗和深思中得出。然而，我們不能斷言這些理論對於日本的管理沒有任何關聯，也不能說因為日本的管理風氣沒有改變，所以日本管理沒有受到杜拉克理論的影響。同時，我們也不能說他的書籍被廣泛閱讀或他的教導被眾多日本人聽聞，只因為他們喜歡他新穎的思維方式；也不能說他的書籍僅僅是管理新聞業（management journalism）中的一個事件。

我認為這是因為日本的管理已發生變化，而變化可以看作是第二次大戰結束後管理環境有了重大變化的結果。舊傳統被廢除，新自由被建立。通貨膨脹進一步削弱了經濟。但在通貨膨脹期間，促使經濟穩定並對經濟進行規畫的時期開始了。

在 1949 年和 1950 年，日本的管理面臨用少量資本重建國家經濟的任務。最大的努力是朝向穩定國家經濟、擴大工業規畫而發展。因此，這一時期可以被描述為：建立重建經濟組織的時期。

1950 年，舊商法被修改，基於美國公司法的董事會成為最高管理層的法定機構。此後，日本公司的成立始於依據新商法的最高管理組織組成，而且建立該組織的指導原則，是模仿美國管理界的正式組織而訂立。在這一時期，各種美國管理原則被引進日本，並被日本管理界採用，做為建立正式組織的手段。也是在這一時期，主計長制度（controller system）被引進我們的國家。

這個組織變革並未對日本的管理界帶來太多實質的改變，那個變革是在不影響日本管理界的風氣下完成。因此可以說，被正式引進傳統日本管理界的，只有基於現代管理理論的正式組織。在這個階段，許多日本管理中的矛盾被指出來，而且現代行政組織（或基於理性與民主原則）的管理觀點受到批評和分析。日本管理者開始意識到日本的管理與現代美國管理理論之間的矛盾，並認為彼此都有調整的必要。雖然他們認識到這種調整的必要性，但要採取有效行動並不容易。

1955 年之後，隨著工業化的進一步發展，日本經濟獲得長足的進展，以技術創新為基礎的前瞻式管理受到鼓吹提倡，日本的管理因此得到高度發展。杜拉克在這個快速進步期間到日本訪問了五次，為管理界提供了在這個高速成長期間所需的管理理念、指導原則、方法與程序。

在現代化的面紗下，日本的管理者繼續在獨特的傳統管理環境中運作；然而，日本的管理者藉著挑戰工業化的新問題並克服困難，已獲得進一步發展。隨著高度工業化社會的演進，管理者必須尋求適合工業社會的管理理想，從而決定進一步發展的方向。此外，現代的管理者必須挑戰技術創新方面的競爭，並面對由於工業社會不斷變化而爆發的嚴重問題。杜拉克的管理理論，尤其是關於創新與成長的理論，在尋求這些新問題的解決方案方面，發揮了重大作用。

工業社會的理想管理方式，可以應用於任何工業社會，而且工業社會的管理原則對於每個工業社會都是普遍且常見。

美國和日本的管理環境確實有其差異，但工業社會帶來的新問題卻是共同的。因此，雖然美、日管理者對於新的共同問題的敏感度、將問題概念化的能力、解決問題的意願與能力等方面有一些差異，但兩國可以發展出類似的方法，來解決那些問題。雖然我們無法否認，管理環境對管理的問題有極大影響，但管理環境不是決定性因素，只是一個限制性因素。

杜拉克的理論可以為日本管理者提供他們一直在尋求的那種理念架構，以確定管理者應該是什麼模樣。他不打算解釋他的理論和日本管理環境的關係（他也辦不到）；這是日本管理者自己必須闡明的問題。即使必須釐清一個限制性因素，也必須先清楚地定義一個決定性因素。杜拉克的理論有助於日本管理者找到日本管理的決定性因素。他曾說：

這項研究的主題對全世界各國來說都是共通的，對於任何已開發國家來說都是一項緊急任務。然而，沒有任何一個已開發國家已成功找到真正的答案，我們還在努力。當然，不像研究共同的主題，世界各國並不是一開始就進行管理上的系統化研究。因此，每位從事管理的人皆需努力整合我們擁有的所有知識，並超越國界以建立管理學為所有國家的共同主題。雖然我說過，管理是所有已開發國家的共同主題，但是依我看，努力尋求這個問題的解決方案這一事，對日本似乎特別重要，因為為了維持過去十年來日本在世界經濟中建立起來的領先地位，日本的企業與經濟似乎特別需要行銷、創新和高度可行的管理規畫。

杜拉克影響的焦點

杜拉克管理哲學的核心主題是「創新」與「成長」，可以用不同的說法稱之為「前瞻式管理」（forward-looking management）的管理理念。他說：

我們現在常講的創新，是有系統、有組織地「躍向未知的世界」，目的是經由新的觀察能力、新的視野，賦予我們新的行動力量。創新的工具是科學的，創新的過程是具有想像力的，創新的方法，源自對未知事物的組織，而不是對已知事物的組織。

這股新力量已經對我們的生活產生重大影響。它改變我們的技術、給我們新機會，讓技術進步為秩序。它賦予我們在社會和經濟中進行非技術創新的全新能力。

人類社會中的許多古老基礎機構，包括政府、軍隊、學校，已經從保護機構轉變成為創新機構。此外，專門為創新而設立的新機構，例如工商企業和研究組織，儼然也已經處在極為重要的位置。

但創新不只是一種新方法，更是看待世界的一種新觀點，把世界視為有風險的場域，而不是由機遇或必然構成的東西。在這個新觀點中，人類在世界中扮演新角色，肩負的責任是藉由承擔風險來創造新秩序。這也意味著創新不是人類展示力量的表現，而是人類對自己責任的承擔。

他接著說：

相形之下，今日我們甚至已經不去了解變革到底是好是壞，而是直接視為理所當然的公理。我們不認為變革會改變秩序（無論變好變壞），而是將變革視為秩序本身，我們今日能理解的唯一秩序，是動態、持續移動且不斷變化的。由於變革本身定義了舉目所及的一切秩序，在相當大的程度上，變革是可預測和預期的，因此，變革甚至可以控制。

他對管理所持的哲學思考方式，可以從以下選錄的引文來領會：「無所作為是最大的風險」；「企業最重要的特徵存在於創新中」；「當前的競爭是創新的競爭」；「變革必須被轉化成新機遇和更好的結果」；「成長比穩定更重要」。日本的管理者已接受這種創新與成長的哲學，做為一種鼓舞人心的理念，並已寫下快速進步的紀錄。

日本管理者的快速成長，是由多種因素加速造成。日本人充滿活力和好奇心，這兩者總是引導他們去尋求新事物，同時保留自己的傳統。他們很能適應變化，並會配合他人的行動。聰明機智也是他們的特徵之一。教育已經廣泛普及。在競爭的推動下，團隊精神（這是日本管理者的一個特點），已轉變為實現快速進步的一種力量。

在我看來，杜拉克的哲學：創新與成長的管理哲學，為日本管理者的成長帶來蓬勃活力或自發的成長力量，也提供了適合的理論與視野。在這個意義上，我們可以說他的管理理論有助於日本管理者達到快速成長。

現在，世界認為日本的管理很像美國的管理。在杜拉克新書《斷層時代》的日本版前言中，他說：

本書探討社會、經濟和知識方面基本的不連續性。然而，在世界現代史上，沒有比日本在明治維新後和過去 20 年中的強力轉型，更巨大、更有意義的不連續性了。對於任何試圖了解社會不連續性的人來說，有必要努力了解明治早期的成就和現代日本獲致的成就，因為這兩件事情告訴我們，如何將重大變革轉化為絕佳機會。這兩起事件展現出挑戰及其問題，更進一步告訴我們，人們在不連續性中尋求的回應，這些回應反過來又為成長、改善結果和社會改革奠定了基礎……我試圖分析日本明治時期和過去 20 年中的事件與政策，來理解當今世界發生的重大變革。我一直在研究日本，以之為例展示如何從重大變革中獲益，以及如何經由制定適當的政策，將重大變革轉化為新機遇和結果。

杜拉克認為，必須把變革轉化為新機遇和改善的結果。這在日本歷史上發生過兩次，一次是在明治維新時期，另一次是在第二次大戰後那幾年。杜拉克將這些事件評價為：歷來規模最大的管理成長傑出實例，是基於創新的管理哲學而實現。

杜拉克關注的不是日本管理的終身僱用制和年功序列制，而是它將變革轉化為機會的能力，這歸因於它的蓬勃活力、對變革的適應性、創業精神。這些創新的素質是傳統日本管理者所固有，使得戰後日本的管理界對杜拉克的創新與成長管理理論，抱持著樂於接受的態度。

下一步

就內部管理而言，日本管理中終身僱用制和年功序列制保持不變。雖然這些是日本管理中培養強大競爭力的基本因素，但也阻礙了合理的管理方法與程序引進和順利運作。在討論這一點時，杜拉克曾經說：

> 日本面臨的一個重要問題是生產力。這種現象只存在於日本，其他國家看不到這種現象。相較於世界上其他國家的員工，日本員工非常勤奮而且工作有條有理。因此，他們似乎應該有很高的生產力。不過，他們總體的高生產力，不如許多其他國家。若要解釋日本的這種低生產力，似乎要考慮到一些社會因素。雖然很難精確指出問題所在，但在工作的組織或安排方面，即管理的系統，可能有一些缺陷……從美國與歐洲的經驗來看，要排除這些管理缺陷或改進操作方法，從來不是容易的任務。然而，稍做努力就能取得極大效果。可以說，在目前這種勞動力短缺愈見嚴重的時候，日本的管理界努力改進管理實務，正合時宜。

雖然杜拉克向日本的經理人講授了長期規畫、由事業部組成的分權式組織、目標管理、管理教育等主題，但日本管理界尚未廣泛採納這些理念與技術。

就內部管理的合理化與民主化而言，還有許多管理問題有待解決。前文中杜拉克所提的異常生產力問題，是由於日本管理的終身僱用制與年功序列制等負面因素的惡化加劇，而且根深柢固。雖然日本管理者的快速成長不僅受益於能靈活適應不斷變化的環境，和能夠將變革轉化為機遇的創業精神，還受益於管理者的集體力量，但是內部管理中的非理性與低效率問題仍然沒有解決。

杜拉克堅持認為，現在正是改進管理系統的時候。日本的管理者已置身於勞動力短缺和高工資的新環境中，並已達到必須在內部行政管理中進行積極改進的階段。涵蓋管理的內部與外部因素的管理系統必須穩固地建立。現代系統方法的應用，是日本管理者從現在開始必須應對的急迫問題。

雖然杜拉克高度讚揚了日本管理者的適應能力，以及將變革轉化為機遇的創業能力，但必須考慮到管理者一直在適應已發生的變化。這是透過「日本的管理者是聰明的模仿者」和「靠模仿來管理」之類的說法，所表達的問題。但正是在這些活動中，杜拉克發現了日本管理者的創業本質與創新本質。

然而，人們如今意識到，我們已經到來到這個階段：需要開發出能夠為進一步創新而創造變革的創意管理（creative management）。日本的管理者必須自行引發變革以推動創新，而且必須具有足夠的創造力，將變革轉化為新機遇與改善的結果。當這件事可能辦到時，日本將能夠擁有創意管理，從而實現進一步的快速創新和成長。

日本管理的實踐是建立在自己的傳統上。然而，我們應該記住，傳統本身並非靜態，而是隨著時間的流逝而發展和變化。「傳統和創造！」在創造的過程中，傳統可以被啟動，並隨著創造的進展而改變。因此，傳統與創新不可避免地連結為一個過程。在日本管理領域的進步環節中，杜拉克扮演了使那些環節緊密連結大有影響力的角色。

PART V

企業與社會

CHAPTER 19.

杜拉克這位老師

傅拉賀堤*撰

每個上班日的傍晚 5 點鐘，在紐約曼哈頓下城（lower Manhattan）商業區，街頭景象都是一樣。有好幾萬人從電梯中湧出，進入華爾街的「人工峽谷」，然後下樓梯乘坐地鐵回家。然而，在這擁擠的人群中，有少數人中斷了他們日常的通勤生活，前往紐約大學商學研究所（Graduate School of Business Administration of New York University）攻讀課程。吃完三明治後，學生們準備去上下午 5 點半的課程。過去 20 年

* 傅拉賀堤（John E. Flaherty）

傅拉賀堤是佩斯大學研究所管理學教授兼所長。之前他在紐約大學和長島大學擔任教職，也曾擔任佩斯大學社會科學系系主任。傅拉賀堤博士曾經為許多工商企業提供顧問服務，同時也是「銷售與行銷國際學會」（Sales and Marketing International）的成員，撰有數篇有關企業環境的文章。

來，每個星期一晚上，杜拉克都熱切等待這些企業界人士的到來，他們渴望獲得更高的專業教育。

這些學生大多是年紀在 25 歲到 30 出頭之間的中階管理人員，積極進取。他們擁有在商業界工作數年的經驗，掙錢養家（小家庭），通常有大筆購屋貸款。雖然杜拉克曾有在班寧頓學院（Bennington College）和莎拉勞倫斯學院（Sarah Lawrence College）這種寧靜鄉間教學的愉快經驗，但他在繁忙熱鬧的紐約市區環境覺得更自在。借用目前一個流行詞來說，他認為那裡才是大事發生之地（where the action is）。但更重要的是，杜拉克對這類學生有深切的同理心，他覺得他們能激發熱情且使命必達。由於大多數學生是在該地區的超大企業工作，他們對於杜拉克在課堂上試圖解釋管理世界的細微差異，有敏銳的感覺。

在典型的杜拉克課堂上，年輕的高階主管間，會夾雜著少數幾位來自紐約大主教區的修女與神父、醫院管理人員和其他公務員、當地一些學院的管理學講師、來自世界各地的外國學生。來上課的還有一些是公司管理高層的年長成員，其高階地位讓他們能夠在課後搭乘等在門口的豪華轎車，避免搭乘地鐵回家的辛苦路程。所有這些特殊的學生都深得杜拉克的心，原因只有一個：他們想要學習，他們尋求智力的更新，以協助他們應對各種日常任務中的挑戰。

教學風格

杜拉克的教學風格因他的班級大小和主題性質而有所不同。對於超過 100 名學生且主題為管理哲學的大型課程，他使用個案教學法。每個個案探討的是商務企業目標的一個關鍵方面，例如財務、行銷創新、人員組織、規畫、環境。杜拉克的個案模式簡短明瞭，和其他大學所做的冗長個案研究不同，但練習並沒有犧牲任何重點。這些個案是他擔任顧問的經驗中，所遇到的獨特問題情境實例（所涉及的特定公司名稱與細節當然已省略）。

乍看之下，尤其是對於未接觸過個案研究工作的人來說，這些個案似乎是簡單的管理決策演練。一般的研究生以十足自信的姿態進行練習。當個案被改正並退回給學生時，大多數人的成績不佳，他們起初的樂觀態度變成了挫折感。學生的典型反應是：「我以為這個個案很容易，而且我做得很出色。我不明白為什麼分數這麼低」，或是「我還是不明白杜拉克的用意是要表達什麼，他到底在尋找什麼。」許多較積極的學生等不及在下一堂討論課上說明自己的立場。一旦他們有機會向杜拉克表達自己的觀點，有時在進行激烈的對話後，大多數學生很快就會改變看法，懊喪地承認自己未察覺個案的重點。

回顧起來，許多學生發現自己單單從個人狹隘的職能專業觀點，便抨擊個案。其他人發現自己只專注於一、兩個表面看來很顯著的關鍵因素，卻發現那些因素其實無關緊要。有些學生的結論附帶大量注釋來支持自己的論點，卻懊惱地發現這種賣弄學問的學識和個案的決策要求無關。許多第一次體驗到個案研究的學生認為，他們可以全憑意見、無需事實支持就能解決個案的問題。有些人認為必定有一個具體的答案，最後卻驚訝地發現，個案主要是為了找出正確的問題而設計。

杜拉克熟悉法律攻防技巧，以嫻熟技能揭穿每個方法的漏洞。他沒有做人身攻擊，而是進行一場消除陰影、闡述實質的出色論辯。最終，許多學生初期的不滿情緒，化為個人對教師的欽佩讚賞。學生們沒有將他們的敵意發洩在杜拉克身上，而是責備自己，不是因為自覺愚蠢，而是因為缺乏洞察力與常識。事後看到杜拉克對個案的有系統、有組織的闡述，學生們決心在下一次有較佳的表現。

在此同時，杜拉克在策畫兩個中心主題：一是超越特定學科領域的必要性，二是需要深入思考個案的問題，找出那個問題和管理的獨特相關性。

杜拉克在研討班的教學重點有所不同，研討班通常是由被選出的博士生參加。杜拉克不斷提出問題，勤於誘導學生發表評論，費盡心思請求小組提供見解，經常要求學生提出簡短的立場文件（position papers），並持續敦促他們參與討論。杜拉克努力營造一種知識交流的氣氛，明智的扮演專業人士中首要人物（primus inter pares）的角色，他儒雅風趣的風格、微妙的幽默、巧妙批評而不冒犯人的能力、強烈渴望了解對方觀點的含義、做階段性總結時的精湛技巧：這些只是在學術界很少遇到的激勵學習要素。

雖然本文顯然是給予杜拉克華麗的讚美，但花束如果缺少刺來襯托，就不完整。他的某些做法減損了教學效果。首先，杜拉克在他的大型班級上，親自把每個個案交還學生的習慣雖然很得人心，但需要花大約 20 分鐘（卻好像永恆）。這種小事由研究生助理來做會更有效率。其次，杜拉克對於那些對學習不感興趣的少數學生顯然毫不關心，人們希望他會向那些人提出更多問題，而不是為他們的失眠提供療法。最後，雖然杜拉克擅長處理問題，但他有一些缺點。他的許多答案應該可以更簡潔些。的確，有時他會陷入一種冗長含糊的意識流獨白，堪比《芬尼根的守靈夜》（*Finnegans Wake*）[註1]。但即使綜合來看，上述批評只是反映了人類易犯的錯誤，相對於杜拉克做為教師的整體優勢而言，只是小小的困擾。

註 1　這是愛爾蘭作家喬伊斯（James Joyce）的一部長篇小說，故事涉及多個角色與時間點，融合了夢境、幻象、現實，探討人類意識、歷史、文化等主題，以高度的實驗性與深奧的語言而聞名，公認是一部晦澀難懂的文學傑作。

教學理念

為什麼杜拉克要從忙碌辛苦的日程中抽出時間來教書？當然不是為了經濟利益。他從演講、寫作、顧問服務的需求中，可以獲得更大得多的經濟利益。我雖然不完全了解他的心態，但我認為他投入教學有以下幾個原因：

首先，杜拉克有一種熱切的道德承諾，要將他的知識與經驗傳授給別人。其次，他非常疼惜年輕人，不僅因為他知道他們將成為明日的經理人，也因為年輕人獨特的洞察力、價值觀和見解，提供了一種方法，可逃避他那世代價值體系的孤立。如果沒有這種和年輕人相處的經驗，他會覺得在加速變化的環境中缺乏回饋意見。第三，杜拉克明白，培養接班人是現代管理者的主要職責之一，這需要熟悉教導的過程；他希望透過教學來強調經理人職責的這一方面。第四，他「自承」從學生身上獲得的遠多於他給予的，雖然這個說法有點虛偽，但在某種程度上是真實的，因為思想的交流是檢驗前提、發現遺漏事項、開發新見解的一個積極方法。在他的研討班上，我們尤其會得到這個印象：這個班級是他檢測下一本書內容的智識測試者（intellectual sounding board）。杜拉克的教學與寫作有如硬幣的一體兩面。他是一位心血來潮型作家，成功掌握了這門技藝的整個領域：他也是一位充滿教學熱忱的老師，需要教室內的互動刺激來滿足他性格中愛交際的一面。單單寫作或只做教學都無法滿足他的個人需求。

他發現教學對他個人的回報如此之大，以至於他可能會願意為教學機會付費。他對教學的熱情不限於教室。他對許多學生的疼愛，往往轉變成深厚的友誼。他對學生的職涯發展或學生打算從事什麼，深感關切。多年來，杜拉克的無數個學生在畢業後，透過他在招募和諮詢方面的協助，獲得了現在的高階職位。

我不認為杜拉克曾經概述過他個人對教學藝術的理念。他可能會承認，教學之為一門藝術，幾乎沒有絕對的準則。而且由於教學取決於從業者的個性、熱情、知識和智力，教學藝術不是完全可以傳授之事。對於杜拉克來說，沒有獨一無二的方法來精通教學藝術；經驗告訴他，有許多不同種類的教學，全部都有成功的例子。

然而，他確實有把「學習」與「教導」區分為教育領域中的兩個不同分支。雖然兩者都很重要，但它們並不是單一的，因此需要不同的戰術與戰略。學習是透過習慣、記憶、常規程序和練習而促進，通常為許多學科奠定了基礎。杜拉克對於教育過程中的技藝和指導部分（craft-and-instruction segment）受到過度強調（尤其是在研究生階段）抱持著不屑的態度，因為它的實施常常因此犧牲了教學（teaching）層面。他認為，花費時間在學生可以自行做到的最佳學習領域，是對知識資本的極大浪費。

另一方面，對杜拉克來說，教學是一個獨立的層面，其中自有智力卓越的迷人之處，主要是涉及思想和概念。杜拉克會毫不猶豫地承認教學是一個困難、神祕的過程，自柏拉圖時代以來並沒有顯著的改善。雖然他也認為，優秀的教師能產生重大的影響，但教師仍然只是學生自我發展中的催化劑。因此，他同意亞里斯多德的觀點：真正的教育是自我發展。杜拉克的疑慮可能部分源自在教學的領域極難確定績效如何，相形之下，學習較易衡量，但比較不具挑戰性。

然而，不只一代學生證明了杜拉克這位教師的卓越出色。他在這方面的優秀並不在於講授方法（這是許多良師的特點）。大多數優良教師通常都是聰明的綜合者，能夠將一個複雜主題整合成有意義的模式；他們還能用戲劇化的機智和妙趣横生的例子吸引觀眾。演講式教學法（lecture method）不是杜拉克的特長，這可能是因為他開始教學時有輕微的口音，而不太自在。但更重要的是，雖然他知道演講式教學法在熟練的教師手中是一種有效的技巧，但這個方法頂多也只是學習的預備，不是學習本身。在太多情況下，資訊從講師的口中進入學生的筆記本，而非進入他的頭腦中。

經過多年觀察杜拉克的教學風格，我會說他的教學理念涉及五個基本的教育目標的交互作用：連貫性、創造力、好奇心、概念、挑戰。

（1）連貫性

即使是閱讀杜拉克書籍的普通讀者或旁聽過他課程的人，也無法不欽佩他學識的博大精深。深受古典傳統薰陶的杜拉克，認為過去是未來的序曲。他認同桑塔耶納（George Santayana）的這個信念：忘記過去錯誤的人，注定會重蹈覆轍。他的學識不是迂腐死板或研究古文物的那一類型；而是以分析方式探索過去，並藉此了解現在與未來的相關性。如果過去缺乏相關性，那就是一個無意義的過去，充滿空洞的浮誇之詞和虛假的陳詞濫調。結果，過去與現在的關係不是講述「這個」如何變成「那個」的敘述，而是找出連貫性與變革的交會，如何關聯到現實問題。簡言之，他關注的不是過去的「什麼」或事實，而是「為什麼」和「那又如何」（so what），因為他的目標是透過指出經理人置身於最近的過去和近期的未來之間，來激發學生的理解。

（2）創造力

在客觀與主觀的融合中，杜拉克努力追求原創性。他可能會對「創造力」和「原創性」這些詞語提出異議，因為在他看來，創造力相當於透徹思考一個問題的所有面向，並找出問題的本質，區分有價值和無價值的部分，從而得出新的綜合結論。正如杜拉克在決策方面的著作中表明，他承認嚴謹分析的任務困難重重；但他相信，如果沒有做到這樣的思考分析，就無異是純粹的反射行為和放棄理性。

如果說杜拉克的視野超越了我們大多數人，那是因為他勤奮地強迫自己，不談論任何理所當然的事情，並且持續重新評估自己的假設前提，以堅定其知識信念。例如當談到現代管理巨頭：魏爾、史隆、福特、拉特瑙（Emil Moritz Rathenau）、泰勒、費堯、伍德等人時，他持續在問：「他們看到了什麼事情，是他們同代人未看到，或者視為理所當然的？」誠然，這個答案絕不簡單也不容易，但透過不斷的探索，他闡明了這些人的特殊見解和卓越成就。此外，杜拉克隨即指出，卓越的經理人和理論家的成就只有極少部分是來自運氣，重要得多的是來自他們的獨到見解，那些見解是他們的信念基礎。

這種尋求原創性的探索，是杜拉克的個案研究和研討班方法的核心。雖然他認為創造力是無法傳授，但他確實建議，對創造力的追求可以透過練習而學會。懷著這個目的，他在課堂上的大部分心力是用於一個目標：努力讓學生將很多個人特質融入其工作中，從而具有原創性。

（3）概念

概念是杜拉克教學風格的結構與框架。他對許多觀念（做為行動的理論基礎）的探討，是他不可或缺的教學工具。杜拉克很了解理論本身永遠不足，也永遠無法涵蓋全部的現實情況，但是理論能使從業者追求有效性，讓他們跨越任何企業的職能，並為不同背景與專業的人們提供心理能量，以獲得經營成果。觀念與理論構成決策的基礎，無論經理人是否承認這一點。如果沒有理論，經理人就會陷入困境；杜拉克對管理不善和未經管理的公司都有足夠經驗，能夠看出這種做法其實徒勞無功。

杜拉克的《彼得．杜拉克的管理聖經》和其他著作中的管理理論，將公司視為由多個重要子系統（vital subsystems）構成一個相互作用的實體，管理者的任務則是一個概念過程（conceptual process）。雖然杜拉克是具有強大信念、堅持己見的人，但他很少自以為是。事實上，他認為現今還沒有普世接受的管理理論，我們擁有的只是一種實務（a practice）。然而，我們已從成功企業的管理先驅學到足夠的基本原則和觀念，能夠描述廣泛的概念準則。杜拉克謹慎地強調，他提出的看法不是唯一的理論（the theory），而是一個理論（one theory），可能提供了一個可靠的方法，以了解企業的經營和經理人的工作。

除了一般的企業有機理論（organic theory）和目標管理的概念，杜拉克在課堂上還闡明了眾多其他概念。他大量借鑑過去的智慧，並吸收許多成功經理人的行事準則，然後巧妙交織到現代管理的問題中。由於其中許多概念在本書其他地方有較深入探討，在此不再進一步詳述。但值得注意的是，杜拉克並未把自己的概念抬高到經得起反覆考驗的法則地位（status of laws）。反之，他把自己的概念視為他推薦的原則，適用於人們可能遇到的大多數情況。由於他舉了許多具體事例來闡明這些概念，因此這些概念為他的學生提供了豐富的洞察力。學生們很快就發覺，杜拉克的思維觀念不是學術官僚向別人借用的空洞格言，而是來自一位將那些觀念納入自己經驗的人，而且此人正努力將那些觀念連結到現實情況。

（4）好奇心

杜拉克雖然有自信，但對於學生們是否從他的課程中學到任何東西仍然感到困擾且沒有把握。他最常問的問題是：「你學到了什麼嗎？」這個問題的本質是要找出學生是否正在改變態度，無論是正在成為專業人員，或變得更有好奇心。由於杜拉克深切了解，許多被稱為教育的事務，其實是一種延長的青春期，學生們為了通過考試（而非為了獲得深入見解）而學習各種學科，他們在求學生涯中只發揮了極小的潛力，所以杜拉克非常關注他教學中存在的這些問題。

杜拉克知道許多傳統教育方法缺乏實效，因此他願意嘗試一種特別適合自己個性的方法。正因如此，他對學科主題的正規內容、冗長複雜的提綱、迂腐的閱讀清單等不屑一顧。正因如此，他會煞費苦心概述他對優秀成績的期望，以激發好奇心和鼓勵自我發展。也因如此，他使用蘇格拉底式教學法（Socratic method），學生們透過參與和投入，讓自己的心智思維得以擴展。

杜拉克體會到，如果他能成功地為學生灌輸好奇的心態，那麼教育任務的其餘部分就會變得比較容易。一旦學生了解問題的相關性，其天生智慧將使他能夠以專業方式，進行所需的研究。雖然杜拉克了解功能專長（functional specialties）的重要性，但他謹慎地不去誇大功能專長在管理領域的重要性。他提出了一個矛盾的觀點（paradox）：管理心態（managerial mentality）的獲致，通常是需要忘掉過去所學的一個反學習過程（unlearning process），其中任何極端的專業化，往往會成為攀登主管階梯時的一個嚴重障礙。他還指出，任何商業或管理的問題都不可能局限於單一學科（學門），因為人們愈是追隨好奇心去深入問題核心，就愈會發現許多學科在其中相互作用。歸根結柢，唯有人會專門化，管理的問題永遠不可能會專門化。

杜拉克在課堂上的詮釋，是他將多門學科編織成一個織品的戲劇性展示。他描繪了一幅知識的畫布，包括神話、經濟學、社會學、科學、哲學、邏輯、倫理學、歷史、文學、統計學、醫學、數學、藝術、音樂等廣泛領域。杜拉克的智慧博大精深的明證在於，雖然一些個案和問題年復一年都相同，但他不曾有兩次講課內容完全相同。杜拉克猶如結合了多門學科方法的活生生的文獻，他希望學生能以新的焦點和態度，重新學習經典著作來更新自我。他還希望通往好奇心的道路和好學精神的滋養，能引領學生在未來的閱讀和研究中，承擔愈來愈多的自我教育之責。簡言之，如果好老師是指能激發學生好奇心的人，那麼杜拉克就像亞里斯多德一樣，認為好老師會變得愈來愈不必要。

（5）挑戰

杜拉克和其他管理理論家或社會觀察家一樣，也一直在努力思索創新的概念。他認為變革既非完全必然，也非純粹偶然，而是可以規畫和創造。杜拉克把明日的遭遇視為現代管理者的主要挑戰：除非高階主管至少能承諾進行計畫性變革，否則管理肯定會淪為「組織人」（organization man）[註2]不可言傳的祕訣。杜拉克拒絕接受這種了無新意、官僚主義的管理方法。他舉出無數位企業領袖的例子，他們將自己的心力聚焦於未來的機會（而非問題）上，從而將挑戰轉化為經濟成果。

杜拉克認為現今的傳統智慧與實務是短暫的，包括他自己的觀點。精靈聰慧的學生察覺到杜拉克講課內容中明顯的矛盾時，經常會引用他先前的著作，揭示杜拉克思維的不一致之

註 2　指在大型組織中工作並遵循組織規則、價值觀、文化的個人，他們兢兢業業，與團體共榮辱，因而失去個人的獨立性與創造力。這個詞首見於美國社會學家懷特（William Whyte）於 1956 年出版的《組織人》（*The Organization Man*）一書。

處。杜拉克會迅速回應說，他寫那些話是幾年前的事，在當時可能中肯適切，但現在已不再適用。他以這種（及其他許多）陳述，強調在這個快速變化的世界裡，沒有人應該完全被自己提出的假設所囚禁。即使是今日的解決方案，也只會帶來明日更大的新挑戰；因此，學生應該調整自己的注意力，集中在重要的（而非緊急的）事務上，集中在機會（而非問題）上；最重要的是，要將注意力放在未來（而非過去）上。

更具體來說，杜拉克努力讓學生正視並應對明日的挑戰，他不是透過說教方式，而是讓學生在內心中確信，個人的知識權威賦予自己在管理變革方面的特殊責任。

起初，許多學生對杜拉克賦予他們知識工作者的新地位，抱持懷疑態度。他們齊聲反駁說，即使他們接受自己擁有新崇高地位的假設，實際上仍然行不通。組織的限制和上級的偏見阻礙他們扮演活力充沛經理人的角色。杜拉克迅速向抱怨者保證，即使他們達到頂級主管職位，下屬仍然會將他們貼上「愚蠢的」標籤。他還提醒學生說，他們主要職責之一就是協助上司具有高效能。此外，由於他們在決策過程中具有知識權威和對資訊的控制權，而擁有遠大於典型組織圖表上呈現的權力。杜拉克敦促他們，在應對管理的挑戰時，要避免陷入太學術性、太抽象的誘人陷阱，以及避免涉入哲學萬靈藥（philosophical panaceas）的陷阱。他要求他們專注於少數能夠真正為對自己和公司產生影響的領域。

杜拉克真正想表達的是，學生應該「走自己想走的路」（do his own thing），當時這個成語還不流行。有了正確的目標焦點和負責任的態度，任何學生在應對明日挑戰方面都能有很大成就。重點是不要停滯不前，不要滿足於現狀。杜拉克以自己做為這種對個人不滿的典型範例，他說，「我快要 60 歲了，我仍然不知道我這一生要做什麼。」

總結

杜拉克的教學風格包含幾個要素：對特定類型學生進行指點教化（attunement），以蘇格拉底式教學法引導學生參與和投入；要求學生尋求意義；勸勉學生將研究重點放在能做出貢獻的事情上；教學目標是連貫性、創造力、概念、好奇心、挑戰。但除此之外，杜拉克還具有友善熱情的性格、敏銳的幽默感、對學生的真誠尊重、兼具洞察力與分析力的心智、對教學過程的投入，這些都使得教育工作成為杜拉克熱愛的事情。

CHAPTER 20.

管理層的社會責任

史文森*撰

杜拉克從兩個觀點來處理管理層的社會責任問題。第一個是一般的（general）；第二個是具體的（specific），既詳細也有重點。

就一般的觀點而言，杜拉克明確指出：「管理層的決策對社會的影響不僅是『公共』責任，而且和管理層的責任密切交織在一起。但是，管理層對公共利益也有一樣的責任。這是基

---

* 史文森（Arthur L. Svenson）

史文森目前擔任北卡羅來納大學（University of North Carolina）格林斯博羅（Greensboro）分校的經濟與企業管理講座教授。之前他是紐約大學企業管理研究所的管理學教授。在 1940 年至 1947 年期間，他任職於美國國家戰爭勞工委員會（National War Labor Board）、美國調解服務（U.S. Conciliation Service）、美國海事委員會（U.S. Maritime Commission）。史文森博士還擔任美國與歐洲多個組織的管理顧問，在管理領域有大量撰述。

於這個事實：企業是社會組成的一部分，企業的行動對社會景象有決定性的影響。」

按杜拉克的分析，這是一種絕對的、不能放棄的責任。不論管理者對其股東負有什麼創造利潤的責任，任何公司財富都不屬於特定的個人，因此公司成為大家的財富。透過這個去除個人化（depersonalization）的過程，管理者的首要必備條件是創造社會財富：生產能增添社會福祉的商品與服務。因此，各層級管理者的接班人選，皆需經過仔細考慮，以免破壞企業創造財富的能力。

換個方式來說，企業的行為不能破壞社會的結構，不能「破壞我們的社會信念和凝聚力」。在某種意義上，這逆轉了「管理者的社會責任」這一領域作者常用的方法，也就是任何私有企業都不得「藉由要求公民的絕對和完全忠誠，來篡奪不法的權力」。

任何商業組織的成員，同時也是其他機構的成員。如果企業忘記了這一點，很可能社會秩序會透過使國家具有無限能力來進行報復。

這種一般的觀點排除了現代管理者的這個趨勢：對員工採取父權制，要求員工的特殊忠誠。杜拉克斷言，對個別企業的特殊忠誠不僅在社會上是不負責任的，而且「無法為公共政策和企業自身的利益辯護」。最終結果是，私有企業不能且永遠不能成為個人的父母、家庭或未來。因此，員工的私人生活和公民身分同樣是個人的偏好問題。員工與企業的連結關係是一份自願簽訂的僱用合約，可以取消；就業不是基於盲目服從、忠誠和奴役的神祕結合。

企業的社會責任是提供員工展示他們能力和表現的機會。如果管理者未能提供這種機會並履行這一責任，財富的創造「最終將透過創造社會階級、社會仇恨、階級鬥爭削弱（而不是增強）我們的社會」。

杜拉克第一個社會責任方法的另一部分，要求制定一個資本支出政策，以對抗景氣循環的波動。私有企業在貢獻最大的智慧、提供能創造財富的商品與服務，以打造國家的防禦力量方面，具有社會責任。因此，每個商業政策與決策，都需要分析對維護社會結構的潛在影響。這種對社會結構的維護，不僅促進了公共利益，還提升了社會的基本信念，並為國家的穩定、強大、和諧做出貢獻。

在杜拉克看來，堅持主張管理者具有社會責任，也暗示管理者具有社會權力。杜拉克不認為管理者是國家的女僕，也不認為管理層是在重疊的複雜機構生態中一個自由運作的機構。他在強調這一點時，問道：「有任何理由去相信，自由社會中的管理者應該擁有能凌駕大學、文化與藝術、新聞自由或我們的外交政策的任何權力嗎？」杜拉克斷然回答說，這樣的權力是不可容忍的。我們的自由社會無法存在於這樣的體制內：管理層具有單方面的特權，能賦予自己社會權力。私有的工商企業只是社會組成的一個部分，不能篡奪透過憲法程序賦予公民的社會權力。

因此，管理層的公共或社會責任，僅限於管理層可以合法主張擁有權力的領域，而這個「合法」的領域非常有限。由於責任與權力連結在一起，管理層應當「在其專業能力賦予權力的領域承擔責任」，以回饋社會。

杜拉克建議，一個主要領域在於制定財務政策，管理層在此領域能以積極行動做出重要貢獻。財務政策之所以重要，是因為有創意地運用它就能真正促進公共利益，並成為企業的自身利益。公司「必須使私人利益融入共同利益，以實現公共和私人利益的和諧」。

繼續談杜拉克對管理層責任理論的一般觀點，他認為在任何組織內，如果每位成員不能發揮作用，整個組織將無法運轉，而「組織的運轉對每位成員來說都是必要的。」因此，每位成員若想在企業內具有足夠的社會功能，則在為企業目的服務的同時，也要能實現個人的目標和抱負。

但員工和公司之間的關係，永遠不是一致性（identity）的關係，而是兩套自主目的與需求在同一時間獲得滿足的關係。當這種和諧的關係普遍存在時，組織就會呈現出一種模式和意義：組織既不是非理性，也不是不可預測。

組織為其成員分配地位時，組織的社會功能則為成員的目標與抱負提供一種共同目的，即使這些目標與抱負不必馬上就完全一致。

工廠社群（plant community）不僅為社會服務，也不僅為個人服務；它是企業不可或缺的一部分。

「工廠社群」是生產和安排人力資源的一個層面。除非工廠社群的要求和企業對人力資源的要求一致，否則沒有任何工廠社群的社會秩序能夠發揮作用且生存。事實上，工廠社群的社會秩序必須對企業人力資源的最高效率運用做出貢獻，反之亦然。

公司做為組織的有機統一體，要求個人對其工作與產量採取管理者的態度。這需要個人做為組織負責任的公民，參與其中。因此，組織需要將資訊結構化並使資訊流動，以充分利用其成員的能力和雄心。結果是企業利益和員工利益追求平等的機會，兩者並行不悖。

杜拉克的方法在此階段的結果是，他強調，在我們的大規模生產技術中，組織的每位成員必須有機會達到最高水準的生產力。因此，社會責任的問題引進了這個概念：工作結構、職責結構、組織中各成員的知識投入，不斷升級。杜拉克不同意這個流行的觀點：工業系統本質上「破壞了人類社群和個人尊嚴」。工商企業本質上能夠給予個人地位和職能：「企業賦予個人愈多的社會地位和職能，企業本身就會直接受益於更高的生產力與獲利力，亦即更好的經濟績效。」

杜拉克進一步認為，提高生產力的責任在於管理層，而尋求獲得更高生產力的方式的重擔，不能推卸給員工。這引來了工業需要更多受過訓練的人員的問題，因為在工業社會中，生產力和受過智識與技術訓練人員的供應成正比。

杜拉克審慎地建議，「凡是為促進工廠社群的社會整合而採取的步驟，都會受到企業內部自然力量的支持。」換句話說，管理層對組織成員的關心與重視，是提高生產力和拉近個人目標與公司目標的跡象。將個人與公司、將公司與個人連結在一起的地位和職能，更緊密地織成了社會結構。

因此，組織的成員不是一臺「自動販賣機」(not a slot-machine man)，而是放棄了某些單方面權利，以換取從管理層的規畫中獲得社會利益、地位、身分的人，並在不斷提升其最高才能下獲得穩定就業。回顧 1930 年代的大蕭條歲月，杜拉克說明了「蕭條震撼」（Depression shock）：失業的衝擊在於社會層面和心理層面，因此對組織成員來說是無法承受的。這種「蕭條震撼」反映出心理上（不是經濟上）的不安全感。這種震撼產生了恐懼。只有管理層（透過其社會組織）才能恢復員工的信念，讓員工相信其能力行使所受到的控制是合理的、可預測的。

杜拉克指出，工商企業早就知道，必須讓組織成員和公司獲利能力有直接的利害關係，以符合他自己的利益與公司的利益。杜拉克的論點是，引進利潤共享計畫，並不能滿足員工對利潤與獲利能力的興趣。這類計畫打算給予員工職位之外的財務利益，使之成為「合夥人」。杜拉克認為，員工已是「合夥人」。他的利益在於他的職位，這對他來說，遠大於職位之外的任何財務報酬，而且重要得多。

將員工的利益與獲利至上相結合，等於是說員工的職位受到利潤的支配、控制，最終受到其威脅。員工會有反對利潤的反應。

「湯上的香菜」（Parsley on the soup）是杜拉克對於職位外的利潤共享紅利（profit-sharing dividends）的評價：一種令人愉悅但非必要的佐料。傳統的利潤共享計畫既不會激怒員工，也沒有讓他們內心感動並激勵他們的抱負。

真正的利潤共享要求將金錢的獎賞直接納入工資或時薪之中，因為這表達了管理層對於員工在公司利潤中利益的關切。「如果利潤共享計畫真正要讓員工從公司利潤中獲得利益，它必須在利潤和員工的職位與需求之間，建立一個有意義的關係。」杜拉克的意思是，利潤共享計畫的目的，是強調職位的提升與職位保障的改善，因為員工覺得，他們的職位保障最受獲利能力原則的約束。

杜拉克提出了這個觀念：管理層的社會責任，可以藉由設立一個利潤共享基金來實現，該基金旨在保護組織的任何成員免受失業、經濟蕭條、疾病或老年的風險。這樣的基金可防止個人的利潤、紅利共享造成的心理上、經濟上的浪費。

杜拉克提出的利潤共享基金，是工廠社群的性質，基金的使用應該由組織成員控制，而不是由管理層決定員工需要什麼或應該需要什麼。杜拉克甚至還排除了由管理層對於員工建議進行任何意見調查。基金的使用方式應該由員工決定，因此該基金將是會員制組織的財產，將是他們不可撤銷的財產，由他們為自己管理。管理層在這樣的利潤共享基金中唯一的角色，是提供技術協助、提供建議，「並對嚴重的管理不當或不誠實行為大聲發言。（利潤共享基金）董事會的控制權，應歸於員工及其代表之手。」

杜拉克認為，設立這樣的利潤共享基金，為員工和工會幹部提供了一個理想的機會，「以養成管理者的態度，學會和企業及其管理者合作，透過行使責任得到社會聲望與滿足感。」因此，利潤共享基金必須在公司內管理。它必須是特定企業的基金，並被指定要用於特定工廠社群的目的。杜拉克警告說：「如果基金是建立在整個產業或全國的基礎上，它必定會失去效益和意義。」

杜拉克在討論到企業獲利中的員工利益時，將管理層的社會責任問題置於個別企業及其個別組織和成員身上。他從直接的管理層與員工關係的角度來解釋社會責任，這是一種建立在互利基礎上的人與人關係。

當管理層支持利潤共享基金時，公司必須以創新方式引進新技術、引進新產品與流程、尋找新市場，以及提高企業整體的獲利績效。

這種利潤共享計畫的研擬、適當的設計並聚焦於組織成員的真實需求可能會讓員工相信，公司的「利潤並不會阻礙他的目標，而是完全與之相容。」杜拉克認為，透過這種基金的運用，可以創造一種氛圍，員工在其中更能理解利潤的功能意義和必要性。他進一步主張，管理層和組織成員將會明白，「年度利潤」只是會計師虛構之物，長期而言，利潤共享計畫將是朝著理解（並接受）我們的經濟體系邁出的一大步。

然而，從這樣的基金可以衍生的主要好處是，安全感得到保證，以及組織成員對公司福利的實際參與感。員工成為參與且關心的組織成員。杜拉克認為這是可能的，因為不論時機好壞，公司都會持續對利潤共享基金進行支付，即使個別的員工可能沒有在工作。因為當員工不工作時，他的「社會保障」（social protection）便是他最需要的。因此，在公司的好年頭時，管理層對利潤共享基金的撥款，必須遠多於在壞年頭時的撥款，以抵銷績效不佳的年份。

在《新社會》一書中，當杜拉克總結他對工業秩序的解析時，他說：「今日的任何社會若要成為適宜居住的社會，就必須是自由的社會……自由社會和奴隸社會之間沒有中間地帶。」他認為自主的企業和自主的工廠社群，是建立自由社會最堅實的基礎。自主的企業本身就構成了一個小政府。這個小政府不斷因為缺乏有責任感的管理層和其他組織成員的參與，而處於危險中。如果沒有這種容易加入的、自由的參與，企業就會從內部腐敗。

因此，組織中的每位成員，無論等級、頭銜或工作性質如何，都必須是參與者：他必須作好準備，隨時可經由積極的企業自治來承擔和履行責任。這不是指某些經濟學家所理解的「福利國」（welfare state），而是意味共同的利益。在私有企業內，個人與公司的福利在變革時期和經濟波動時期都會持續存在。管理層的社會責任，是為公司與組織成員之間的長期關係和隸屬關係，進行規畫。

在《明日的地標》中，杜拉克進一步探討了他對於管理層社會責任的概念。他建議，對管理層而言，原先被視為管理費用的教育，實際上是一項資本投資。其他大多數資本投資的「效益與生產力」，都取決於這項教育投資。

雖然教育通常能夠培養個人的卓越表現、知識、責任感，但其最終產物呈現在供社會使用的商品與服務之中。因此，杜拉克引進了管理層社會責任整體結構的一個新層面：「教育成為具有控制力的資本投資，強化了企業的優先事項與價值觀。將教育支出從管理費用轉為資本投資，意味對組織成員的教育與培植進行經濟分析，不僅可能做到，也很適當。」杜拉克指出，「在經濟層面上處理管理費用時，總是會問：『這樣不會太多嗎？』而在經濟層面上處理資本投資時，總是會問：『這樣夠了嗎？』」

將教育組織成員的資本投資，歸類為管理費用或額外福利，能有多少效用，值得懷疑。根據這個解釋，企業對教育的投資只代表「費用」，並不能「回報」任何事物。管理層在教育員工的資本投資方面所承擔的社會責任，必然是長期性的。

「現在需要多少教育才能在 15 或 20 年後產生成果？」除非管理層以這個問題來處理教育事宜，否則它將花費太少金錢並浪費太多資源，而只得到極少（或完全沒有）投資報酬。若缺乏長遠的教育投資方法，管理層很可能只在培訓員工今日或昨日的小技能方面獲得成功。

杜拉克大力主張，對於私有企業來說，教育已成為當今最先進的資本投資形式。教育是對個人與公司未來長期社會福利的投資。對教育的資本投資愈大，投資的生產力和報酬率就愈高。「但是（這種投資的）進階程度愈高，投資與最高生產力之間的時間間隔就愈長。進階程度愈高，產生任何成果所需的初期最低投資額也愈高。」

在組織成員的教育和培植上投下的資本主流，隨之而來的是在廠房設施、技術和非技術流程中的額外投資。為了容納員工的新智力與新知識、善用個人的成長，並將這種新成長帶入生產力中，需要進行這些額外投資。管理層對教育的投資和其他所有投資領域之間，存在一種連鎖反應。

雖然我們一直使用正式的「教育」一詞，但這個概念的重點和人員的發展、成就、打造個人才華可以實現的環境有關。在杜拉克出版的任何書籍或文章中，讀者會一而再地發現他堅持對組織成員進行教育的主張。員工的教育最終可能得以建立一條接班路徑；開發新產品或舊產品的使用而推展新行銷活動；或在服務方面獲得更有效益的企業績效。

杜拉克對企業人員的持續關注，強調的是個人的發展，公司的發展則是次要。換句話說，他關注成果的實現，並堅持認為，公司的績效是個人的發展和個人對公司理解的直接成果。

因此，教育反映出管理層社會責任的另一面向。教育個人並培植個人的責任來自公司對永續的期望。在這種永續期望中，個人和公司透過並行不悖的利益而相互關聯。

對組織進行資本投資，並不是奢侈的管理費用，而是代表對生產力的長期社會投資。它也代表企業為其人員的投資，以及人員對公司的關切。對教育的投資是尋求回答以下問題：組織成員需要學習什麼才能獲得最大成就？是什麼使最大的個人貢獻獲得最大成功？什麼可以讓個人獲得最大發展？

管理層有責任周詳思考這些問題，因為這些問題和公司的存活及成長有關。管理層若能聚焦於個人的教育與發展，則可得到指導原則，看出個人的能力能發揮得多好、個人能進步到何種程度。

在任何受過教育的社會中（當然現代企業就是這樣的社會），教育是組織深入各成員生活過程的一部分。教育是一個持續的過程，支持公司贏得並維持競爭優勢的能力。對於管理層來說，投資於教育是一種責任，不是權利，和「善行」沒有關係。它的關係不能以「這對我有什麼好處？」來表達，而是以「組織中的個人能做出什麼新貢獻？」來表達。

迄今我們一直在集中探討杜拉克的論點，即管理層的一般社會責任。應注意的是，即使在這些廣泛的方面，杜拉克也沒有陷入社會利益和振奮鼓舞的情緒陷阱。他沒有訴諸狂熱情緒的強烈表現，也沒有聲稱社會賦予工商企業一種普遍的權威。

杜拉克密切遵循關於企業組織及其成員的思考路線。我們永遠不會認為，杜拉克主張對公司有利的事，對國家也有利，或使用這個主題的變化形式。

杜拉克向來關注於組織成員與公司之間長期關係的直接關聯性。他主張，個人知識的增長與公司知識的增長是不可分離，個人的成長和成功跟公司的成長和成功也不能分離。杜拉克總是認為，個人生存的條件與公司生存的條件相同。

但是若要深入探討管理層的社會責任及其履行此責任的社會權力具體課題，我們必須問：管理層究竟擁有什麼社會權力？在杜拉克看來，管理層的社會責任聲明如果不能連結到基本的社會權力，那麼這個聲明只是紙上談兵。

為了理解杜拉克對社會權力這一課題的處理方式，必須先了解他率先引進的一系列基本規則，以便找出管理層的社會權力來源。

在此簡要回顧一下這些基本規則：

原則一：企業利潤與社會權力

企業社會責任的大小，不是取決於其獲利能力。獲利率高的公司不一定比獲利率較低的公司更有社會責任感。企業的社會權力如果確實存在，那麼其存在必定和任何企業在任何一段時間內所報告的獲利無關。企業不能聲稱在好年頭比在壞年頭有更大的社會責任感。也不能要求高獲利公司，承擔比低獲利公司更大的社會責任。

原則二：企業捐贈與社會權力

任一公司以企業捐贈（corporate giving）為政策之一，是該公司的單方面決定。這個決定和它的社會責任或社會權力無關。杜拉克認為，企業捐贈（無論多麼人性化和出於真誠）是一種公共關係或企業形象塑造的形式。他會堅持認為，公共關係仍然是公共關係，與社會責任無關。如果一家公司在感恩節給其員工一隻火雞，另一家公司在聖誕節給其員工兩隻鵝，那麼第二家公司不能被視為更有社會責任。再次強調，企業捐贈是個別管理者的單方面決定。

原則三：社會苦難與社會權力

社會遭受許多制度與實務做法的影響，包括大型教育機構、大型醫療機構、大型工會、大型企業、毒品販子、福音教派的復興。這件事並不表示企業會自動承擔社會責任。社會受到企業的影響，並不表示社會自動賦予企業社會權力。

原則四：公民身分與社會權力

良好公民的行為既不是為授予企業社會權力而做的辯解，也不是對授予企業社會權力的替代措施。在美國，政府的規章制度規定了社會行為的界限，這些規章制度是在聯邦、州、地方層級所制定。遵守這些規章制度，並不會自動成為負起社會責任的標誌，也不是涉及個人或公司具有社會權力的標誌。如果地方政府規定某條街道只能單向通行，那麼遵守這個規定只是良好公民的表現。

如果美國食品藥物管理局（Food and Drug Administration, FDA）禁止某些化學品用於公司產品的製備中，那麼遵守政府所訂標準的公司，並不顯示它具有社會權力或負起社會責任。遵守規定只是反映出公司願做負責任的公民的意願。如果公司決定違反 FDA 的規定，那麼 FDA 擁有公眾投票授予的社會權力來制止公司的行為。

這項基本規則的聲明，構成一種限制性方法，用來定義管理層相對於社會責任的權力。如果不周詳思考這種性質的限制，管理層可能會被指責虧欠了每個人、每件事情：從提供當地高中保齡球隊制服，到贊助社區大學，無所不包。如果有人檢視傳到執行長辦公桌上的各種社會責任要求，將會大感震驚，那些要求是一些自命可以對企業社會責任的範圍與深度說三道四的人和機構所提出。

每家公司都需要有個穩固的政策基礎來做出決策。對所有呼籲（「你們虧欠我們某樣東西！」）都來者不拒的公司，並沒有任何決策指南。杜拉克提出的基本原則排除了考慮不周的行動，同時提供了制定企業社會責任政策的指南。

管理層有什麼固有的社會權力？為了回答這個問題，杜拉克建議任何公司的管理高層，檢視公司的各種模式或概念來尋找答案。讓我們來研究其中的某些模式，以確定企業是否確實具有固有的、合法的社會權力。

會計模式。在美國財政部和會計師專業協會的規章制度之間，管理層必須從幾種會計系統之中選出一個。一旦被鎖定在一種玄奧的會計系統中，個別企業的管理層就別無選擇，只能遵循所選會計系統規定的公式。因此，權力在於管理層必須遵循會計系統的規格。

組織模式。企業組織的價值系統，不能違反企業外部的社會秩序所設定的價值觀。這些價值觀源自多個來源，包括工會、兄弟會、公共教育組織、宗教組織。由於企業組織成員同時也是這些外部團體的成員，因此企業別無選擇，只能追隨並遵守這些社會價值觀的規定。同樣，管理層對於社會秩序的價值觀，並沒有固有且公認的管轄權。

行銷模式。在這個模式中，權力取決於企業行銷成員的影響力。消費者的偏好和選擇，反映出消費者（或顧客）的自行決定權和價值判斷。企業透過廣告、促銷、定價政策，可以謀求影響消費者的選擇。但在這個模式中，最終的權力仍然是在企業之外：在市場上的某個地方。

生產流程模式。企業使用的材料（人力資源、原物料、耗材）當中，其化學和物理性質，具有各自的流程特性與成熟時間的限制。企業可以透過各種方式，來修改其資源輸入的固有流程特性，但這些固有特性表明了各自的權力。管理層只能選擇予以尊重，對於流程沒有原始管理權。各個輸入資源的固有特性自行管理；管理層沒有原始權力。

經濟模式。供需、資本來源和資本籌措的外部商業情況，以及在任何時間的整體經濟環境，皆超出個別企業的權力。企業可能會決定以某種方式處理其庫存，以預先判斷整體經濟環境的未來方向。然而，環境因素涉及多元權力當局，例如聯邦政府的貨幣政策。經濟模式中的原始權力在於企業之外。企業只能想出手段、方法來適應整體經濟環境。當人們檢視經濟模式時，必定會得出這個結論：企業沒有原始的社會權力。可以檢視企業的類似模式，以確定社會權力的起源是否在管理層之內。結論是，除了一個模式外，企業在社會領域都缺乏獨立的權力。

唯一具有隱含社會權力的商業模式，是**創新模式**。社會已經委託企業利用公共社會資源，期望企業利用這些資源，產生收益。

杜拉克認為，只有透過創新模式，企業才有固有的社會權力。社會已經把社會資源提供給企業，期望從中獲益。創新模式不是固守企業現狀，而是關注企業在創造變革方面的角色。透過技術與非技術創新，這種變革將為社會創造出更大的經濟價值。

只有在創新模式中，我們才能找到固有權力以創造社會變革。管理層透過產品、流程或服務的變革所創造的更高經濟價值，承擔起由這種社會權力產生的社會責任。根據杜拉克的說法，新經濟價值的增添，是管理層具有社會權力的唯一證據。因此，透過開發新價值來創造變革，是管理層履行其社會責任的表現。

杜拉克並沒有提出任何簡單的解決方案，來主張管理層負有社會責任。他在分析問題時非常嚴謹，不屈服於過去數十年來在這個領域的文獻中很盛行的「軟性」（soft）普遍觀點。杜拉克堅持認為，管理層的社會責任與社會權力之間，必定有相關性。

杜拉克對這個課題的分析，不是基於感情用事，也不是基於普遍的「行善」的假設。他的關注點一貫在於，個別公司及其組織成員的關係。他不斷關注於：企業可以為自己的員工做出貢獻的性質，以及企業透過其員工的變革與創新，為整個社會做出的貢獻的性質。

我們這些直接（或間接）致力於研究產業文化的人，感謝杜拉克的智慧才華和犀利的分析能力，幫助我們周詳思考管理層的社會責任，這個令人困惑、始終存在的課題。

CHAPTER 21.

創業型醫院的演進

羅森伯格*撰

在我們不斷演變的社會中，現代醫院可能是最先進的社會機構之一；很可能也是人類迄今創造的最複雜企業形式（儘管規模相對較小）。直到不久前，它尚未被視為美國經濟的一個重要部分。然而，今日的醫院已是一個新型產業中主要組織單位，而且預料該產業不久後將成為美國最大產業。在公眾關注

* 羅森伯格（Donald M. Rosenberger）

羅森伯格是一位私人顧問，專門從事醫院管理工作。他曾擔任紐瓦克聯合醫院（United Hospitals of Newark）主任，自 1939 年以來一直在醫院領域活躍的主管。他是新澤西州醫院協會的前任主席，並曾任教於明尼蘇達大學（University of Minnesota）、羅格斯大學（Rutgers University）、科爾比學院（Colby College）、匹茲堡大學（University of Pittsburgh）、哥倫比亞大學。他撰寫了許多關於醫院領域的文章，並且是美國醫院管理學院（American College of Hospital Administrators）和美國公共衛生協會的成員。

的焦點中，醫院占據一個顯著地位；在開發能滿足明日需求的醫療保健服務中，醫院肯定會成為最受爭議的因素。

這個爭議將如何解決？醫院未來的角色是什麼？明日的衛生保健需求是什麼？誰負責開發能滿足這些需求的醫療保健服務？醫院將如何獲得融資？在我們的國民生產毛額中，醫院將代表哪一部分？需要做出哪些決定？由哪些人來做出這些決定？這些決定將如何影響醫院？醫院將如何影響這些決定？

杜拉克和醫院管理

不論這些課題的答案可能是什麼，我們必須認識到，醫院正在不斷發展為創業型機構。醫院確實是杜拉克協助我們發現且創造（在某種程度上）的世界中一個真實部分。醫院以一種新型的企業出現，在某種程度上，是對我們生活的世界中不斷變化性質的回應，另一方面也是對杜拉克在組織的功能、管理和效能方面思維貢獻的回應。因此，本文對創業型醫院的演進進行適當的探討與考察。

杜拉克的世界並不是這樣一個井然有序的世界：其中所有哲學課題都得到解決，並依據人類困境的概況整齊地排列。他的世界不是在無盡的時間連續體中，由不變法則統治的科學世界。那甚至不是我們相信存在，但尚未知曉的真實世界。那是由我們的經驗與累積的知識所揭露的實際、日常的世界，是我們生存和死亡於其中的世界，是人類行動和企業活動的世界，是企業家和創業家的世界。

我們經驗和知識中的這個實際世界，逐漸成為人類創造的世界，其地理逐漸成為多面向的觀念地理（geography of ideas）。我們在宇宙中的棲息地，不僅是一個居住的地方。人類的環境仍然是地球與自然界，但也是一個人造事物的世界、一個知識與技術的世界，以及人類社會的世界。

這個日常世界其實是個矛盾的世界，是個充滿目的和感知、機遇和挑戰、不確定性和風險、智慧和混亂、成就和悲劇的世界。這是一個具創業精神的世界，充滿主動和冒險、洞察力和創新、渴望和希望、信仰和勇氣。但這也是一個充滿必然和限制、颶風和人類衝突、恐懼和絕望、危險和災難的世界。

雖然我們生活於其中的世界包含許多事物，在很長時期內保持其形式和物質的特性，但它本質上是一個不斷變動的世界，而且顯然是一個變化步調正在加快的世界；一個有許多開始和結束、許多不連續性的世界，而且這個世界很可能正在進入不連續性持續增加的時代。

這個充滿人類行動和企業活動的世界，具有不可預測且未知的未來。即使未來源自於當下，而且愈來愈是由現今決策所塑造。這個世界的過去已經被我們的新思維概念模式所扭曲，它的現在則無法用昨日的概念模式來理解，但是我們必須在一個如萬花筒般充滿新觀念、新見解的洪流中，不斷重新發現這個世界。

杜拉克的著作為我們提供了令人驚嘆、源源不斷的這類嶄新觀念和新穎見解。他對我們生活的世界（尤其是醫院或政府機構之類非經濟組織）的廣泛評論，可能會顯得太隨意，有時甚至和在其中工作之人的經驗不一致，甚至可能看起來和他自己的許多觀察不一致。但這種隨意和不一致，是他從事的冒險性事業所固有的。真正令人驚訝的是，他的努力成功地將精確的焦點帶到最重要的事情上。

杜拉克對企業世界已經有重大的影響。他對經濟中非營利組織與政府部門的影響可能更加深遠。雖然他的思想深深植根於獲利企業的世界，但他主要關注的是在多元化的組織型社會內，管理者的更廣泛角色。他已幫助我們認識到，我們現在生活的這個世界之所以快速變化，部分是由於人類開發新知識的能力，部分是由於人類透過組織和對人類活動的管理，而使這些知識具有生產力。

雖然杜拉克大多專注於經濟上不斷變化的特性，但他的觀察激發出一場火花如雨灑落，似乎在人類關注的每個領域都投射出一種不同的新光芒。他最隨意的言論總是招來爭論，而且往往會打破我們思維的習慣模式，而產生延遲的「音爆」（sonic boom）。他的才華能力不僅在於啟發和引發他人更有想像力的思考；他的著作不僅激起爭論，而且具有催化性、內爆性、開創性。

那些秉持專業經驗背景來探討杜拉克著作的人，會希望他已在自己特有的興趣領域做了進一步分析。他們也會在自己的概念架構中發現新的面向，並且更快速對重要事物做出新的判斷，如同像是給了他們一雙七里格靴（seven-league boots）[註1]去旅行。他們很想知道他是否很容易就同意他們的結論。本文嘗試檢視企業型醫院的演進，是這種現象的一個例子。雖然杜拉克已清楚找出我們多元化組織型社會中的四種主要企業類別，但他對醫療機構的評論，向來比他對工商企業、教育機構和政府的評論較為有限。如果這個說法確實合理有據：今日的醫院不僅是我們社會中最先進的一種社會機構，而且是相對於其規模而言最複雜的企業形式；那麼期望杜拉克在未來的一本書中探討這篇文章的主題，並不為過。

杜拉克已幫助我們認識到，今日的醫院確實是一種獨特的企業形式，不是因為它和其他企業形式截然不同，而是因為它站在我們文明的新疆界，而且獨特地和我們這個時代的所有核心課題皆有關聯。今日的疆界不再是地球的三度地理空間，而是位於多層面的知識與技術世界的邊緣，在那裡人類企業推進且突破人類過去經驗的界限。

註 1　歐洲童話與民間傳說中的一種魔法靴，穿上後一個跨步可走七里格之遠，一里格約三英里長。

新疆界

早期邊陲地帶的危險依然存在，但現今危險來自：在人們愈來愈相互依存的時期，人類的自由卻驚人地擴展；前所未有的決策責任負擔（沉重壓迫著人類理解力與領導力的極限）；因疏忽而未能控制自動化進程的可能性；來自氫彈的破壞力量（它可能因意外或決策而爆炸）；災難性的生態後果（可能來自人類最好的意圖）；人類衝突的升高（無法經由理性的調解或負責地以人為力量來解決）。

很可能正如懷海德（Alfred North Whitehead）多年前提及，人類如果試圖僅按照前一代人傳授給他的行為準則生存，就無法指望能存活下來。果真如此，那麼在充滿知識與技術的世界中，個人尋求將自己的抱負與目標，連結到正在快速變化的多元化組織型社會的現實之處，就能發現新疆界。在尋求從人類世界與自然界中，取得個人自由以選擇更好生活方式的地方，將可找到新疆界。個人尋求讓自身努力更有生產力，以滿足物質生活條件；能為個人安全提供保障；個人發展能力以取得成就、個人享受、自我實現；在上述地方都可找到新疆界。

更具體地說，新疆界將可在這種地方找到：人們接受專業化的好處後，必須學會在相互依存的社會內，如何在合作安排中有效能地工作，無論這些安排是否以正式方式籌組。新疆界亦可在這種地方找到：人們以其專業生產活動交換貨幣薪酬，並需學會在貨幣經濟體系中生活的地方，在那裡個人自由主要是取決於個人管理經濟交易的能力（交易涉及在競爭激烈的市場中，個人經濟資源的投資和支出）。

新疆界也可以在這種地方找到：人類尋求共享從組織的努力中，獲得知識與技術帶來好處的地方，而且個人必須學會在複雜的知識型組織的合作安排中，賺錢謀生並獲得自由。新疆界也可在這種地方找到：將知識與技術用於生產、需要執行創業倡議的地方；為特定成果的實現承擔責任的地方；以及明確識別專業能力的不同領域與層級的地方。

因此，新疆界將可在管理層與政府的新層面上找到，這些新層面關注規畫、程式與流程的設計與開發、變革的引進、目標與目的的選擇與定義、優先事項的決定與資源的分配、績效與成果的衡量、機會的評估、對成就經濟（economy of achievement）[註2]的全面管理。

在攸關下列情況的管理層與政府決策中，甚至能更明確找到新疆界：目標的決定、有效領導的提供、參與生產性工作的共同滿意基礎的維持、對跨學科合作的鼓勵、對專業自主權的承認、決策權的授予與分派、合作與協調努力的維持、個人服務與就業新概念的發展、參與式經濟（economy of involvement）的管理、具生產力服務社區的建立。

註2　著重於將資源做最有效利用以獲得最多成就。

新疆界將可在這種地方被找到：個人將其自由或自主權投入於決策中（那些決策旨在實現個人目標或履行其受託責任），而且此後必須承擔由這些決策所帶來的後果。新疆界將可在這種地方被找到：個人為自己和他人做出選擇不同未來的決定。新疆界將可在這種地方被找到：施加於個人和組織公民身分或成員身分上的新社會責任和政治責任中，部分是由於個人和組織日益相互依存，部分是由於他們必須依賴之人的期望，部分是由於他們明白人類適應生態變化的能力有生物上的極限。

總而言之，我們確實可在下列地方發現文明的新疆界：人類自由獲得擴展的地方；專業化獲得發展的地方；人類活動的組織，以及將知識與技術應用於我們的生活方式時，改變了人類環境、人類關係結構、人類生活品質或人類命運的地方。

那麼，我們時代的核心課題是什麼？醫院在哪一方面獨特地和這些問題息息相關？這個關切點如何影響醫院做為企業型機構的發展？哪些因素讓醫院具有創業精神的特性？

醫院是「知識型組織」

幸運的是，就我們目前的目標而言，我們能夠簡明地找出這個時代的核心課題。這些課題和杜拉克所稱的「知識型組織」（knowledge organization）的新型企業演化有關。這些課題關係到各種形式的組織與企業的轉型為具創業精神的知識型組織，無論是在我們經濟中的營利部門、非營利部門或是政府部門內運作。這些課題也關係到透過組織、管理和治理知識工作與知識工作者，開發讓知識與技術具有經濟生產力的能力。這些課題更關係到全球知識經濟的快速演進，以及人類社會轉變為：具創業精神的知識型組織組成的多元化社會。

用略微不同的措辭表述，我們這個時代的核心課題涉及的是，知識型組織對我們現代生活方式的影響。它們涉及個人選擇不同（希望是更好的）未來的自由。它們涉及知識型組織對於擴大個人自由與經濟安全的貢獻。它們涉及已做出的決策，以及那些決策對決策者及其同胞生活的影響。它們還涉及那些決策對人人必須學會共同生活於其中的人類社會的影響。

明顯的是，對於創業型醫院演進的解釋，不能不仔細檢視它必須在其中運作不斷變化的環境、它尋求服務不斷變化的社會、它必須賴以發揮功能的各方之間，不斷變化的關係。同樣明顯的是，若要了解這些變化，不能不檢視造成這些變化的決策和影響決策的核心課題。但願杜拉克能夠承擔這項任務，因為此文的目標有限得多。

當然，任何想要對管理或政治思維做出貢獻的人，都有責任對事物做整體考量，即使時間不足以考量所有重要或相關事物的細節。由於這是我的目標，而且我選擇了一個無界限的主題，因此在本文中，我只能指出影響到創業型醫院演進的最重要事情。

或許我們可指出最重要的單一因素（也是本文的主要目的），是發現並制定一個更適當的概念架構，以供我們思考醫院的進一步發展，以及醫院和新興醫療保健系統的關係。對於更適當架構的需求，來自這個認識：目前我們對醫院是否能履行其責任的關切，不僅是因為醫院有更複雜的任務要完成，還因為它們正在轉型成為一種不同的機構。這表示醫院必須改變其目標。

日益明顯的是，正在轉變中的醫院特性和醫院所服務的社會上發生的更深遠的變化有關。我們也愈加明白，我們生活的世界，和我們的期望所預料的世界截然不同。日益明顯的是，具創業精神的知識型組織在短短 20 年內已帶來如此革命性的演進，而導致很多關於未來的問題。正是這個事實的發現產生前所未有、出乎意料的影響，改變了公共輿論的風潮。因此，精簡扼要地考慮已經發生的事情將會有所助益。

近幾年來，我們的關注大多集中在現代工業中更顯著、更具體的成就上：農業不斷提高效率；鐵路、汽車、飛機和當今太空船的發展；蒸汽動能、電能和當今原子能的使用；電話、收音機、電視機和當今通訊衛星的發展；打字機、計算機、打孔卡和當今電腦控制、自動化系統的發展。

然而，目前已有愈來愈多人意識到，最具影響力的成就在分子生物學、生物化學、醫學、行為科學等領域，不是因為這些領域成為人類獨創力的重大實例，而是因為它們不但賦予個人能改變人類必須在其生存世界的決策權，而且賦予個人能改變人類是什麼、能做什麼、必須做什麼的決策權。由於許多這種決策將在醫院內實施執行，這些領域是醫院成為創業型機構的演進中的重要因素。

人類努力促使知識與技術更具生產力的早期成就，打開了充滿機會的廣闊新天地。參與這一努力，使得個人自由迅速擴展、生活水準大幅提升、經濟安全水漲船高。未來更大成就的展望，充滿人類對壯麗命運的願景。這種命運的信念賦予人們新的自豪感，以及能解決可能出現的任何問題的新信心。

然而，雖然新成就加速問世，但在短短幾年內，人類對進步乃是必然的信念被粉碎了。如今，人類對自己的命運感到沒有把握，還擔心可怕的大災難不僅可能摧毀個人的成就，還會摧毀全人類的成就。許多人擔憂，人類缺乏應對紛至沓來的新問題的能力。人們愈來愈擔心變化的速度太快，且對正在發生的變化的性質感到困惑。

但是杜拉克認為，缺乏洞察力使得這些問題看起來如此嚴重，令人無法負荷。他強調，更需要的是有紀律的觀察，而不是不確定的預言。他一直很重視要尋找已經發生但尚未被察覺的變化。他教導我們，我們期望模式中的不連續性可以做為預警系統，警示我們已經發生重大變化的事實，即使我們從日常經驗的視野看不出其後果。他幫助我們專注於最重要的事：正在改變中的需求、機會、風險，這些應該都會影響我們的決策結果。

創業精神的焦點

近幾年來引起我們關注的成就，雖然重大、令人興奮和擔憂，但我們無需對世界採取新觀點就能發現它們。我們需要了解的是，這些成就不是當前最重要的事。在此杜拉克再度幫助我們認識到，科學世界和企業世界之間有個重大的差異。他幫助我們看出，人類的重大成就其實不是科學的產物（不是我們以為的那樣），而是已學會如何使知識與技術具有生產力的一種新型企業下的產物。

杜拉克協助我們釐清科學與企業之間的關係，將我們的注意力從解決問題轉移到決策，從發現事實轉移到決定目的何在，從僅僅積累知識轉移到管理層、政府和公民的功能。但他會率先承認，他所做的只是一個開端，是對他人的一個挑戰。本文是對他挑戰的回應。

我已經表明，本文主要目的，是發現和制定一個比現有、更適當的概念架構，用來思考醫院的進一步發展，以及醫院和新興醫療保健系統的關係。我將以簡要形式提出對未來的四個觀察結果（這是從我們環境中已發生的變化得知），來達到本文目的。第一個觀察大體上涉及我們生活的世界，它指出，在開發一個更適當的決策概念架構，以供我們思考並選擇不同的、更好的明日方面，我們已有長足進展。

第二個觀察顯示，為我們的思維發展出更適當的概念架構，已提供我們一個更動態的（dynamic）世界觀。這個觀察幫助我們發現一個更適當的個人理論、組織理論、人類社會理論。它幫助我們更加理解人類困境的本質，以及人類和他所處環境的持續對抗或互動過程的本質。它幫助我們發現人類自由的創業特性，以及知識和創業判斷之間關係的新概念。它幫助我們了解人類參與組織化活動的本質，以及知識型組織在實現人類與生俱來的目的方面，能夠做出的正面與負面貢獻。這個觀察給予我們關於管理、政府、受託管理、公民身分、社區等的新概念。

第三個觀察顯示，對個人與知識型組織之間關係的更加理解，有助於我們理解下列事項的演變：個人健康護理概念、醫療實務的演變、醫院的演變、我們醫療保健體系的演變。這個觀察幫助我們，明智而有把握地找出演化中的創業型醫院其基本特徵。我們現在可以開始從這些特徵對下列事項的影響來定義它們：醫院內部管理和項目管理、營運安排、工作安排、人際關係、決策權的結構、醫院的成就。這個觀察進一步顯示，這些基本特徵亦可從它們對較正式醫療保健體系的發展和影響，來進行定義。

第四個觀察顯示，和現行許多觀點與判斷相反的是，工商企業和政府（甚至大學）從醫院的經驗與發展中學到的東西，可能多於醫院從它們的經驗與發展中學到的。這個觀察顯示，由於偶然的情況，在未來的浪潮中，醫院可能已領先任何其他形式的組織。它提醒我們，目前對醫院的許多批評，忽視了一些重要的關注領域，這些領域目前只在大家視為理所當然的事物中被察覺到：在人類價值觀的非正式認可和慈善目的的隱含假設（implicit assumption）上，該目的在提供個人醫療保健方面極為重要。但是這個觀察還顯示，醫院和其他形式的企業一樣，有很多事情需要了解，包括自己的成功與失敗，以及將決定其未來生存、功能、責任、成就水準不斷變化的條件。的確，醫院可能需要重新發現一些已被遺忘的事物。

這四個觀察呈現我們多面向觀念中的不同面向，因此它們不能單獨分開討論。我的注意力會根據需要，從一個面向轉移到另一個面向，以便達到當前目的；希望每個讀者都能自行發現我試圖指出的綜合見解。可能的話，我會更直接談論這些觀察對創業型醫院演進的影響。

醫院與急重症治療

關於我們不斷變化的概念架構發展，大量知識的累積只能提示我們：重要的是要問事情如何變化，而不只是問哪些事情在變化，就能幫助我們打破思維習慣的舊模式。我們已經超越三度空間知覺的邏輯（three-dimensional logic of space perception），因此我們能透過一個簡單的「包含與排除」的分類過程，來決定用來定義事物的屬性。我們已經把注意力從可見世界的地理，轉移到觀念世界的多面向地理，其中對變化（change）進行計算可以揭示脫胎換骨（transformation）的奧祕。我們已發現科學的複雜世界，並學會將動態系統的邏輯應用於我們的思維中。

由於我們的概念思維習慣模式現在已超越動態系統的邏輯，達到人類策略與企業的邏輯，因此進一步考慮這個變化的意義更為重要。然而，我們必須承認，在此我們不關心人類思想的歷史，或一些偉大思想家的哲學思索，雖然我們很感激他們。我們現在關切的是一個更實際的努力：將正在塑造人類常識的一個普遍的世界觀，置於一個更好的觀點中。我們關切現今正在影響那些支配個人（他們太專注於生活而非成為哲學家）命運的決策的思維習慣模式。我們關切所有個人選擇更好的明日的努力，也關切其選擇對於他們參與下列事項的職能能力的依賴：知識型組織的演進、醫院的演進、我們的醫療體系的演進、多元化全球社會的演進、人類的命運。

科學的發現，源自人類努力研究產生變化的過程。人類開始問自己的問題，不僅是物體是什麼，而且是它們如何變化，以及這些變化如何相互關聯。人類觀察到某些事件或事件結合後，總是跟隨著其他事件。他假定這些統一的序列涉及一個因果關係，並開始將這些因果關係確認為科學定律。他發現，將某些力量的強度（magnitude of force）歸因於特定的因果關係，即可找出更多的一致性。

複雜的數學發展和應用，使這件事成為可能：整合許多不同因果關係的效應，並且將經驗科學轉化為一個動態的力量系統。隨著更複雜的數學模型開發和電腦的使用，如今我們能確定，我們已知其因果關係的所有事物將產生的後果，只要我們能以足夠的深度與廣度，記錄過去事件的觀察結果。複雜概率理論的發展和有時可疑地相關性統計方法的應用，讓我們也可以計算出一組複雜事件產生的後果，即使輸入的觀察數據較為有限。

我們的系統邏輯應用於科學知識的快速擴展，對我們生存的世界產生了一個有用的觀點，即使不太了解科學方法的人也廣泛接受這個世界觀。它將世界描述為一個動態的銀河系，由層層套合的許多宇宙所組成，包括星系宇宙、原子與細胞的宇宙，以及介於兩者之間的地球和人類社會，其中有數十億個人和數百萬個組織。這個觀點將層層套合的宇宙系統視為一個巨大的平衡力量，其中所有組成的宇宙都呈現出一定程度的失衡，因為它們努力平衡施加其身和由其身產生的力量。在此系統中，人類社會與地球處於共生關係。在此社會中，唯一可被認為是主動行事的中心是個人。無論組織的功能是什麼，這個功能始終由個人做出決定，無論他們是以執行能力、提供個人服務，或是以投票組織的參與成員，做出行動。

我們對自己生活於其中的世界觀點，在幾個方面令人驚訝，甚至震驚。這個觀點需要（雖然是不明顯地）提出關於個人、社會、組織的不同的新理論，還將我們的注意力集中在動態系統的邏輯和對現實的科學解釋上。但它也從一個原本是注定的情況中，拯救了個人和整個人類的命運。它把人類放在一個位置上，讓他永遠無法知道自己的命運是否已經決定，也不敢得出結論，只要他還活著，這個進程就不會結束。

這個世界觀認為，所有事物都處於和內、外環境進行持續互動或對抗的過程中。它要求我們相信，個人是由多個不同經驗體系（universes）組成的複雜系統，活在一個時而友好、時而敵對的環境中。這個世界觀用一種奇怪的方式談論均衡、共生、人類主動性，並暗示這些需要一種不同的思考方式。

它假定（但未說出）我們一心追求科學上的發現，因而難以意識到，科學永遠無法讓我們無所不知。人們曾經相信，只要知道所有事情，就能透過計算或統計預測（statistical prediction）解決任何問題。他以一種奇怪的模糊思維（fuzzy thinking）認為，只要懂得夠多，他就能實現自己內在的目的，做任何他能想像得到的事情。

然而，現代人所接受的世界觀告訴我們，我們永遠不可能知道所有的事情，因為創造的過程仍在繼續；趨向於恢復平衡但永遠無法完全達到平衡的力量，仍在產生一個不同的新世界。它告訴我們，透過主動性與決策權力創造過程的個人參與者，他對於正在創造的世界和其性質，負有一定的責任。

我們現在將系統邏輯應用於人類行為的研究上，並且正在產生關於個人以及個人與同伴之間關係的大量新知識。但是這些新知識只是告訴我們更多關於影響、約束和限制人類行為與決策權力的事物（在某些範圍和界限內）。如今我們相信（但仍然經常忘記），科學只能給我們一種精煉的外推法（method of extrapolation），別無其他。它可以延伸到未來的、涉及當前先進事件背後的因果關係，但它無法告訴我們，有關未來後果的任何資訊（那些後果來自我們尚未發現的過去事物）。它無法確切告訴我們，個人尚未做出的決定的後果（那些決定是個人為了自身利益、同胞的利益、有組織的人類活動的利益而做的）。

價值觀的領域

人類的科學正在幫助我們了解，科學無法告訴我們許多我們需要相信（而無需知道）關於下列的各種事情：我們自身和我們的同胞、人類的目標與價值觀的本質、人類與自由與平等、人類的權力與衝突、人類的能力與責任、人類的合作與社群。科學只能告訴我們，許多最重要的事情，始終都是在人類判斷的領域內。

這個見解的全部含義尚不明顯，但其重要性已有部分得到確立，這是由於我們發現，即使人在關心享樂時，人的主動性與判斷力（甚至可能是人的見解）也始終具有創業精神。這個非凡的見解已經更加確立一件事：正是人具有創業精神的判斷力，使他能夠組織並管理人類的活動，而使知識與技術更具生產力。如今，這些發現需要發展個人暨組織的創業理論，需要我們打破思維的概念習慣模式，超越空間知覺（space perception）的邏輯和動態系統的邏輯，走向人類策略與企業的邏輯，進而超越這一點，走向人類目的與社群的邏輯。

我們的動態世界理論，幫助我們發現人類主動性與判斷力的創業特性。它告訴我們，個人不僅是創造過程的參與者，而且永遠被困在他置身的世界內，糊里糊塗參與了一場極其嚴肅的追求生存與實現目標的競賽。無論人類最終的命運可能是什麼，如果他想繼續存活下去，就必須接受這個困難且危險的冒險經歷的挑戰。

個人確實可以從父母或他人的良善協助中受益，但是只有他能決定自己將要做什麼，也只有他自己必須去做那件事。首先他必須學會接受自己所處的困境，然後專注於努力從現在所在之處邁出一步，才能決定自己想去哪裡。他必須不斷面對周遭的各種限制（無論是什麼或如何形成），才能對其決策可選擇的實際機會做出判斷。他無法逃避世界的現實情況，就如原始人無法逃避老虎的捕食本能一樣。他無法在這個不斷變化的世界中靜止不動。他無法讓時鐘倒退也不能把它往前撥。

個人創業理論的發展，代表一種尚未在人類日常經驗中明確呈現的見解，而正在塑造我們未來那些人物的當前對話中，這個見解也還未充分形成。然而，正是這個見解，正在人類的概念領域中重新創造一個充滿挑戰與冒險的世界、一個充滿持續的發現與創新的世界、一個幾乎人人皆可再度成為當代新疆界開拓者的世界。

我們對人類困境的本質、科學知識的極限、對創業家判斷力的依賴，現今都集中於我們對人類決策權力的性質上。這個決策權力涉及個人事務的管理、個人和他人及組織關係的管理，尤其是涉及個人參與組織事務的管理。如今這需要制定一個較普遍的人類自由理論，並認識到天賦自由、政治的自由、自治之間的區別。

人類的自由與生俱來，活著即擁有。這種自由是在重力場（field of gravitational force）中保持直立的能力，是在競爭激烈、高度組織化的知識型經濟中謀生的能力，是在相互依存的社會中贏得他人尊重與善意的能力。這是一種能力，能夠學習、成長、做出判斷、負起新責任、具有生產力、超越僅僅維持基本生計的水準、享受生活、相信且實現人類固有的目標。

天賦自由是任何個人在自己的權限內，做出任何決定或任何事情的權利，只要他願意接受這種和環境互動可能產生的後果（包括他自己的心理狀態和他必須繼續生活的世界）。然而，限制個人天賦自由做出決定的不是決定的權利，而是做出正確決定的能力。這一點受到這些限制：個人預測後果的能力、對自己的創業判斷是否可靠的自信程度、接受他認為涉及的風險的勇氣、他評估事物價值的能力（不僅是預期可達到的良好成果，還有可能產生的不良副作用）、將消耗的資源、耗用相同資源但以不同方式實現的權衡取捨後的好處。

天賦自由確實可被視為一種決策權力，就像電力一樣，人們雖不了解它是什麼，但已學會如何使用。就像電力、體能或經濟實力一樣，天賦自由不能被儲存，甚至不能被製造，除非在一個封閉迴路的執行程序或過程（其目的是在環境中產生特定結果）中，投入資源或能力。一旦做出決策，這個過程將產生有利和不利的變化，綜合考量後，這些變化將被做出決策的個人評價為收益或赤字。

決策能力似乎可以用這些事物來衡量：經濟資源的蓄積量、生產能力的開發、利用其他形式之力的能力，但這些事情只是等同於潛在的決策能力。潛在的能力將允許不同類型的決策，但做出承諾的意願，將取決於能否以生產性方式使用任何力量的能力。那些已培養重要決策能力的人，很了解這個事實。相較於其他人，他們較不可能將自己的潛在力量用於非生產性方式，更不可能以會摧毀它的方式來運用它。

CHAPTER 22.

專訪杜拉克談管理顧問角色

吉本斯*撰

前言

以下的訪談，是出於這個信念：杜拉克是世界頂尖管理顧問之一；他無疑是最知名的一位。

這個訪談試圖引出杜拉克對顧問、對客戶的責任、對過去數十年來顧問行業已發生變化的看法。

順理成章地，探究杜拉克這樣一位擁有廣泛興趣的思想者，結果遠遠超出最初的目標。我們希望這種多樣性不僅能讓

---

* 吉本斯（John F. Gibbons）

吉本斯是佩斯大學研究所管理學副教授，是專門從事經理人教育的管理顧問，並曾與 IBM、納貝斯克（Nabisco）、辛克萊石油（Sinclair Oil）、珀金埃爾默（Perkin-Elmer）、系統管理（Systems Management, Inc）等多家大型公司共事。

讀者感到有趣，也能就杜拉克深遠的經驗與洞見，提供一些小啟示。

吉本斯：彼得，你是管理領域最著名的顧問之一，我想和你探討管理顧問的實務。當你接到客戶的電話時，通常會發生什麼事？你接到電話時，典型的問題是什麼？客戶都在思考什麼？

杜拉克：讓我回顧一下。談談過去兩年發生的事情會容易得多。我曾接到一家老牌公司的電話，一家停滯不前的公司，新上任的執行長努力要扭轉局面。這家公司陷入困境舉步維艱，他很想找個人來和他及他的團隊一起，找出主要的機會領域，那個團隊有一半舊成員和一半新成員。他們稱之為規畫，但其實並不是。這是一家老牌公司，年復一年一直在慢慢衰退，像是一條巨大、老朽的擱淺鯨魚——略帶腐臭味。

大約一年前他們來找我，但是在和他們開了最初幾次會議後，我便不想參與其中，因為他們真正感興趣的是把舊有的東西做得略好一點。他們仍在擔心1906年的一個決定：不在奧克拉荷馬州東部開設一家工廠，是否為正確之舉。他們如此擔心會危及既有的一切，甚至不願意進行實驗。我很客氣但很明確指出這一點。我答應他們，我會回覆他們（我認識那公司的某些人），所以現在我們開始檢視他們真正的問題。這家公司有很多問題，但是如果他們問我如何進入新市場和取得新技術，以滿足基本需求，那就有一點機會了。這些人是在基本需求的領域，這種任務是再典型不過的了。

我喜歡和小公司合作，因為偶爾會看到成果，而且距離實際行動不會很遠。我和一家快速成長的公司合作，他們正在經歷一個危機，因為他們的成長已超越最初的財務資源和管理能力，突然就陷入了困境。他們希望我來管理這家公司，但我不是應急代打者，雖然我現在已經擁有許多應急代打者能上場，但是除非你能夠告訴他競賽的情況，否則沒有必要請來應急代打者，因為他只是擅長擊球，但是不知道自己在做什麼。

我再給你舉個例子。我和一家快速成長的公司建立了很圓滿的關係，這是一家大型的跨國公司，其中和公司一起成長的新任執行長認為，他最多只有五到八年來重組公司。這不再是一家小公司，但 25 年前草創時期就已進入公司的人員仍在公司裡。基本上它是一個很封閉的群體。結果，員工做的都是公司積年累月下所累積的工作。但這是一家銷售額達 15 億美元的公司，你無法清楚了解每一位員工在做些什麼事。在國內和國際利益之間，他們有非常傳統的分工。從其歷史來看，他們做得很成功。他們從一個很狹窄的、成長中的商業領域起步，現在力圖擴大業務，因為很顯然它已經暴露於風險之中。但跨出原本領域界線的每一步，幾乎都是災難。不過營運數字並未顯示這一點，因為在他們原本的業務領域中，他們其實做得非常出色。但是，在那領域之外的任何一步則都是災難。因此，執行長這樣說：「我不需要顧問。我需要有個人可以交談。」容我說，這是個人顧問和顧問公司之間的差異之一。人們不能「和顧問公司交談」。

吉本斯：為什麼不行？這不是他們聲稱在做的事嗎？

杜拉克：他們的經濟情況迫使他們僱用初級顧問，而初級顧問必須有工作做，公司才能維持營運。但在最好的顧問公司並不全然是這樣；高級顧問有一些客戶，基本上是知己朋友，這對於維持長期關係極為重要。在你我的情況，客戶可能有個可以交談、關係親近的朋友，但那是個局外人，而且不是涉及問題的人。他需要有個人來告訴他，他可能不想聽到的話，例如史密斯並不稱職，他在公司任職已經很久，你一直在扶持他，他可能在一件小事上做得很好，但他並沒有做到你一直付錢讓他做的工作。請正視這個問題，現在我認為你不需要顧問來解決這個問題。很多會計師、律師、家庭醫生都可以擔任這個角色——這是一個很重要的角色。此外，在我的工作中，不僅要聆聽，還要說：「聽我說，你需要最低限度的資訊管理系統；你每天收到大約 50 億份文件，但你沒有得到任何資訊。你需要什麼？企業經營者需要什麼？」然後我會寫一份長篇備忘錄（我討厭短信），我會寫一份 30 或 40 頁的備忘錄。我努力思考，然後可能會說，「這些是你可用的策略；這些是問題；這些是假設。」真的，我認為更基本的決定是在這裡。

吉本斯：用醫學術語來說，你聽起來像個老一輩的全科醫師。

杜拉克：有時候是這樣，就像任何一個全科醫師一樣，如果我看到有人手指上扎到一根刺，我不會把他送去找專家，我會直接幫他拔掉。

也許問題出在高階主管的薪酬方案。我從未**見過**一個好的高階主管薪酬方案。根據定義，不會有好的高階主管薪酬方案。但我可能會說，「你們的方案明顯不起作用，那現在你要怎麼辦？」我不會假裝這是一項科學研究。也許你會請來處理高階主管薪酬方案的人員進行一個完整的研究。但少數可以確定的事情之一是，這事肯定會引起麻煩。我會和人事部門人員坐下來，然後我只說：「我們來解決這個問題。」於是有個人來處理這件事。雖然我對稅務一無所知（他們的稅務律師賺了不少錢），對於股票選擇權我也一無所知，但至少有個人能坐下來想出個辦法。也許這就是我要花四週時間做的事情。順便提一下，高階主管薪酬方案的真正弱點，不僅是不能留住優秀的人才，而且還阻止了平庸人員離職。這些方案肯定會使公司幾乎不可能把真正優秀的人才安置於尚未獲利的成長狀況，或處境困難的情況。大多數薪酬方案成為人員流動性的障礙。這是歷史較久的公司和中年公司的弊病。我會做個「手術」來解決這個問題：摒棄那些精心設計成為束縛的複雜薪酬方案。在很多情況下，我寧可沒有方案，也不要讓我看到那些方案。在許多情況下，我寧願它是隨機，而不是事先規畫。

吉本斯：我記得你曾經說過，顧問諮詢業務，尤其是你執業的方式，是一種門外漢精神病療法（lay psychiatry）或業餘精神病療法。尤偉克稱你為「經理人的教授」（the managers' professor），也讓我印象深刻。你真的是在描述精神病學與教學這兩件事嗎？

杜拉克：我要說，當我半開玩笑地說，這是一種無執照的精神疾病治療行業時，就是這個意思。首先，執業者聽到大量關於客戶的私人生活與私人事情，或是聽到客戶的煩惱，但還有許多事情是執業者**沒有**聽到的。但客戶告訴你的事情相當驚人，而且在許多情況下，客戶就是不明白，不是因為他們孤獨寂寞（當然孤獨寂寞也是真的），而是因為彼此建立了個人關係。我並不是說，我和我的每個客戶都保持密切的個人關係，但我無法和與我關係惡劣的人共事。不過最重要的是，往往這些事情有很大的相關性，執業者通常必須了解整個情況。

讓我給你舉個我處理過的具體案例，其中一個看似結構性的問題，其實是性格問題。就是這麼簡單。這不是敵意和怨恨，而是個性不合。人們從來不曾了解對方。他們總是以為彼此說的是相同的事情，但你必須讓他們明白，他們其實並不是那樣。即使他們已經合作了 20 年，也從未交流過。我會說，這基本上是一個心理治療的工作，儘管使用的方法可能不被這個行業認可。但「經理人的教授」── 尤偉克的這個用語我不明白。我完全不了解他的意思。

吉本斯：我想我可能明白了……

杜拉克：那麼，你能向我解釋一下嗎？

吉本斯：我會在幾分鐘後探討這個問題。首先，讓我回頭來談。我記得你曾經說過，或許是半開玩笑地說，只有大約 3 ～ 5%的美國企業確實得到良好的管理。

杜拉克：我把它說得那麼高嗎？當時我的心情一定比較樂觀。我認為這通常適用於公司和機構，因為這適用於醫院或政府機關，還有大學（願上帝幫助我們）。大多數情況下，人類和組織的潛力很少真正被發掘出來。摩擦的程度是如此之大，浪費的動作以及對於根本不該做的事情產生關注，所以這些都是極大的。

我們應該問，良好的管理是什麼意思？讓我們這樣說：「基本衛生規則」未被遵守的程度總是令人驚訝。有些事情是你不需要教科書就知道是錯誤。昨天我和一家很大的公司開會，（我不說這客戶是誰、是哪家公司），他們特別要求我和一個大型部門的新任主管會晤，這個部門很多、很多年來一直表現極差。它的銷售額不到一億，有 50 條產品線。50 條！這表示大部分產品線的銷售額是 100 萬美元左右。我們檢視人力資源時，就會發現他們都在這些產品線上推銷那些不能推銷的東西。不僅如此，在他們的小產品線中，有一項特殊的消費品，例如說木鞋 — 在市場上有 11 種型號，總銷售額為 1,100 萬又 200 美元，而經常性開支是他們永遠無法應付的，而且大部分開支都在高價位品項上，其利潤率較高，只是賣不出去。人們為什麼應該去買鑲了金屬鉻飾邊的高價木鞋？這就像要說服人拔牙一樣：「聽我說，在那個大雜燴中你可能有四、五條產品線有利潤。讓我問你一個問題：『如果你拚死拚活地增加銷售額和利潤，在一年內達到五倍，你會得到任何東西嗎？』這位主管是個很聰明的人。他自己也明白我說的這一點，只是不敢行動，或者他只是不敢接受建議。但我無法讓他願意考慮應該放棄那 50 種木鞋中的哪些產品，因為他仍然認為必須擁有一條完整的產品線。但是，除了最高層強制規定這些產品屬於同一部門外，它們沒有任何共同點。從客戶或分銷管道的角度來看，它們也沒有任何共同點。又例如，一個是伸展燈（tensor lamp），一個是滲濾式咖啡壺，兩者都是用金屬板製成。因此，完整的產品線純粹是幻想。但更重要也很常見的是，人們每天都在違反基本事項，而那些是真的無需顧問或書籍，只需要有點常識就能知道的事。很少人有勇氣去做他們懂得的事。我不是說我們懂得很多，但是我們確實了解一些事情。大體上，我會說我確實認為有一些公司的管理非常好，但是這樣的公司不多。」

吉本斯：那家公司有所改善或變革嗎？

杜拉克：沒有。除了在差勁的設計上加上了很多裝飾外，沒有改善或變革。

吉本斯：現在讓我們回頭來談尤偉克的陳述。你所做的那種工作，也就是個人顧問，是否主要是教育的活動？這似乎是尤偉克的說法。

杜拉克：我認為90％是這樣。至少，我以客戶公司人員所學到的來衡量我的影響力，而不是以我貢獻了什麼來衡量。因為我無能為力。我單槍匹馬，僅有的影響力只能藉由公司人員來實現。

吉本斯：那就帶到我接下來想問的問題。你如何衡量受委託任務的成功？你有自己使用的評量指標嗎？

杜拉克：是的。我一年至少兩次檢討我的所有任務，三週的時間裡我什麼都不做，至少理論上是如此，但實際上不一定都能做到。

有一個評量指標我得要感謝史密迪（Harold Smiddy）。許多年前，我去找他說：「有一家客戶讓我感到很氣餒，因為不管我說什麼，他們都會說『太棒了！太好了！』但他們什麼也沒有做。」他說：「那不是看待這件事的方式。你要看看他們的人事決策，如果那些決策符合你的想法，那麼你就有影響力。如果不是，你就退出。」順便提一下，我在一年內就退出了。這是一個很重要的衡量指標。

第二件事是，我試著評估：客戶是否改變了對自己工作的看法，他們的願景是什麼，他把重心放在哪裡，是否有任何跡象顯示他更有效能。但這些都是很主觀的衡量指標。

例如紐約市有一家很大的銀行，認為我為他們做得非常出色，而我知道我完全沒有為他們做什麼事。但我不會再和他們共事了，我已悄悄退出。現在他們是我最大的支持者，向每個人推薦我。我認為自己對他們沒有任何貢獻，除了增強了他們的自尊心外。我知道自己並沒有為他們做什麼事，因為事實上，那裡的人完全沒有聽到我說的話，他們聽到的是他們認為我應該說的話，所以他們認為我所做的成功極了。偶爾我會遇到希望顧問支持他們決策的公司或機構。但這家銀行不是這種情況。這些人非常真誠地關注很基本的問題。不知為什麼我沒有找到與他們共事的方式。我們的個人關係極好，但我對他們沒有影響力。我已學會不浪費時間去試著弄清楚為什麼。我的工作很大部分也包括不要試圖去思索人們應該做什麼，而是要努力幫助他們了解他們真正想做什麼。

不久前，一家公司來找我，這家公司快速成長，也許不如他們自以為的那樣快速，但已相當快速。基本上，一個人員只是培訓了一名副手，是個較年輕的人。然後，我真正能提供的是（用幾天的時間，討論的內容遍及各方面）讓他們明白，雖然他們自認已定義了自己的業務和能做的事，其實並沒有。他們以為自己有明確的管理模式，其實只是利用分權方式，將所有決策集中在自己手中，這並不罕見。他們其實沒有真的賦予任何人任何責任。

他們喜歡說的風格（這是我不喜歡的一個詞）其實是這種說法：我們要的是傳達訊息的信差，不是經理人。這種情況對他們來說是很痛苦的。順便提一下，他們是很友善、很好的人。這對他們來說非常痛苦。他們其實沒有對員工提出要求，沒有允許任何人好好表現。但如果這正是他們想要的，這種組織形式是完全可能的。當然，這限制了你能成長的程度，當然也限制了你能承擔的複雜程度。他們覺得這不是他們想要的，他們立即想要進入一個新模式。我說：「不要這樣做。首先，仔細想想你們真正想要的是什麼。也許這就是你們想要的；也許這很適合你們正在建立的那種事業。我自己不確定是這樣；我認為不是，但這不重要。」現在，我們下個月底要再次坐下來，再花三天時間，進行另一回合激烈的討論。但我花了時間阻止他們匆匆轉入某種新結構。

在這個過程中，某些基本的政策浮現出來，我只是聆聽他們談論。我說，「我真的不明白，對我來說這沒有道理。你們收購企業然後放任不管，這個點子聽起來好極了。但它是否奏效，以及為什麼你們要收購它們？這些企業為什麼來找你們？」他們說，「我們從來沒有收購過我們主動找來的企業。」我說，「那些企業為什麼會來找你們？它們來找你們，是因為它們很清楚自己毫無前途。如果你們之後放任不管，你們就沒有履行當初收購它們時所展現的、會有所作為幫助它們的承諾。」這些話震撼了他們。現在我不知道，這是諮詢嗎？或者只是聆聽並讓他們試著講出道理來？

吉本斯：這當然是教育性的。

杜拉克：但你知道，身為一名教師，我從來不關心我想要什麼；我更感興趣的是學會去做你想要做的事情，我認為這就是顧問諮詢工作的祕訣。

吉本斯：顯然，你得到的諮詢請託比你接受的要多得多。

杜拉克：大約 10：1。

吉本斯：你如何決定要接受哪些案件？你追求的是什麼事情？

杜拉克：首先，我對舊客戶負有義務，除了有一個例外。如果我覺得自己和客戶的關係太親密到成為問題的一部分時，我就會退出。十年來，我一直拒絕一家大公司，原因是在一次管理會議上，執行副總裁介紹我時說：「你們都認識彼得。他是這個家族的一員，是這家公司真正的一員。」那是我在那間公司的最後一天。我的用處已經沒有了——這是真的。如果那只是一個禮貌的讚美，我不會注意到，但他說得一點都沒錯。這意味著我無意中選擇了一位接任總裁的候選人，而且對他人有意見，有強烈的意見。我已失去客觀判斷力。你知道，人們發下希波克拉底誓言（Hippocratic oath），永遠不會蓄意造成傷害：無法保證為客戶做任何好事，但不可蓄意造成傷害。基於這一點，我退出了。我變得太忙了。但除此之外，我確實感到對舊客戶有責任。畢竟，你知道，我們變成了朋友。這是人際關係事業；我們不是出售商品的果菜商。

　　其次，我試圖同時進行商業和非商業的顧問工作，從事足夠的非商業工作。事實上，我一直有系統地增加我的「慈善」業務，因為我認為這是人變老了，而且不再有金錢問題時需要做的事。所以我現今的「慈善」業務比以前要大得多，是更大一部分的一個公共服務業務。因此，我試圖保持一定的平衡，但我不太擅長規畫。我試圖擁有足夠的小型組織，這意味著具有挑戰性的新情況，以免成為高樓層的永久居民，而且還要足夠接近現實，了解世界的樣貌。這很難做到。

除此之外，我曾經尋求符合自己學習計畫的事情，那些我真正想學習的東西。因此有一段時間，我做了很多規畫和業務拓展等工作。我想我不再對此很感興趣，不是因為我學不到很多東西，也不是因為我沒有很多東西可學，而是因為去年我對政治理論再度產生較大的興趣。但大約 15 年前，我確實刻意承接了和管理科學的應用有關，或基本的高層管理組織方面的工作，那些是我需要學習的東西。今天，這些對我來說不是那麼重要，明年可能再次變得重要。但我期盼著自己可以做出貢獻的事情，也就是我擅長的事情，可以稱之為基本策略，我擅長透徹思考我們必須做出真正重要的決策。坦白說，我對於改善事物並不感興趣，我不很擅長改善事物。可以說，我感興趣的是，重新激發老舊、疲憊的團隊已褪色的熱情，我認為這是最具挑戰性、報酬最大的事情之一。一年後，當你看到那些原本死氣沉沉的人起死回生，這是很值得做、很有意義的。我喜歡一種情況：一個心灰意冷的組織，但前提是它沒有理由心灰意冷。我想我不會接受老舊過時企業的案子。合理的做法應該是清算。有時候，我對於在跨國公司內，由形形色色文化與國籍的人員所組成的管理問題、挑戰感興趣。因此，我正在尋找我覺得自己可以做出貢獻的事情，但也尋找我可以學習的事情。對於我已經做過五次的事情，只要我沒有為之做出貢獻，我就不太有興趣再去做。在這些情況下、當他人問問題之前，我就已經給出了答案。如果這聽起來毫無規畫、隨機無序、雜亂無章，那就是它的本質。

吉本斯：我不相信，但我會接受這個觀點。

杜拉克：那是完全毫無章法。

吉本斯：如果你受委託要負責為年輕經理人籌劃一個職業技能培訓計畫，你會怎麼做？

杜拉克：那麼，年輕經理人需要什麼？我會說，他們需要某些很簡單的東西。他們需要知道「工具箱」的內容。真正能夠使用工具箱內所有工具的人極罕見，但至少他們必須知道工具箱內有什麼。基本的工具，無論是會計或是行銷，並不很難學，我認為他們應該要學會。無論是上課或是買書，主要是取決於個人的學習方式。有些人從書本中學不到什麼，有些人從上課中學不到什麼；我知道有很多人從書本或上課中都學不到東西，例如我自己。我只有透過授課教學，才能學到東西。

其次，我認為他們需要很了解自己的情況。我如何工作？我是什麼樣的人？我擅長什麼？我做得好的事情是什麼？我和客戶公司的年輕人坐下來談時（這是我常做的事情），我問的第一個問題幾乎都是：「聽我說，不要告訴我你的問題。如果你回顧過去兩三年，你在公司做得很好的事情是什麼？」你知道嗎？有趣的是，大多數人不知道自己的強項是什麼。這個問題讓他們感到詫異甚至震驚。然後我說：「好吧，花一個星期想想這件事情，然後回來告訴我。你在公司的工作中做得極好的是什麼，為什麼？你從中能學到什麼？你擅長什麼？」也許最後會發現，某個人很擅長坐在角落裡分析並想出一個模式，然後讓別人去執行；或是他擅長讓人們去工作，卻不知工作目的為何。當然，這不僅適用於年輕的經理人。我認為這幾乎是每個人成熟過程之一：了解自己擅長什麼。但也要學會如何運用自己的優勢。我不太相信克服弱點是好主意，因為我不知道如何克服弱點。

我想說的第三件事是，年輕經理人需要（也許可用這個短詞）：溝通技能，但我不是指那種溝通。主要是他們要明白，除非負起讓自己被理解的責任，否則別人不會理解他們。主要的問題不在於技能，而在於願意去看出誰需要理解，以及我真的告訴過他嗎？這是對組織的理解、對人類群體的理解，而不是溝通技能。很少有人能寫好一個英語句子，但這不太重要。重要的是——只教他們寫一個英文句子並沒有助益。他們沒有四處看看，也沒有確實思考過誰需要知道什麼？我是否確定我讓他知道了？這是組織的責任，這是它的本質。這就是為何我對那些關於溝通的討論，印象並不是很深刻，因為那鮮少算得上是一種技能。

吉本斯：這是再一次以不同方式在談貢獻嗎？

杜拉克：不，這是不同的事情。這事和貢獻密切相關，但是不同。這也是在說：我的工作是確保讓我自己被理解。理解我不是別人的職責，而且我的工作是仔細思考在這個複雜的團體中，真正需要理解我的是誰，因為他依賴我的努力。或是因為他為依賴我的努力而感到不安，或是因為我已決定要以不同於慣常的方式做事。我已經決定，雖然之前每位擔任這個職務的人，都是根據突發危機情況處理，但我真的要規畫並分析這件事。沒有人理解這一點；每個人都看到我無所事事待了六個月。所以我最好去告訴他們。不過聰明的做法不是直接去告訴他們，而是去尋求建議。聰明的做法是運用一些非常基礎的組織意識。組織基本上是建立在相互理解和信任的基礎上，而不是建立在正式關係上。我的意思是，正式關係是在那之後建立的，所以除非人們能夠理解對方，否則就無法信任他。而這是年輕人不懂的。相信我，這個世界上最無用的東西可能是真誠，除了真誠是煽動家和暴君的標誌之外。在 20 世紀，最真誠的人可能是希特勒。但是年輕人很難理解這一點。讓我換個方式來談。優秀的足球教練與足球隊長，和差勁的足球教練之間的區別不在於技術能力。優秀的隊長會仔細思考他要採用哪個戰術，而不僅是有一套固定的戰術而已。他當然有一套固定的戰術；否則球員就無法施行。但是他不會因為試過 73 號戰術而失敗後，就採用 76 號戰術。他會看情況，並思考其中邏輯。但是愈聰明的人，或在學校裡學到愈多東西的人，就愈可能從一堆戰術中挑選出一個來。他們不一定會想到每個新任務、新工作，都需要對其中真正重要的事進行分析。這一點很難學會，我認為這是人們需要學會的最重要事情之一。

吉本斯：管理競賽（management games）有所幫助嗎？

杜拉克：我不喜歡管理競賽。那些競賽教導錯誤的行為，一種不思考的機械化反應、花招反應。管理競賽令人興奮，可能是當今學校內最令人興奮的事情，但實際上你必須刻意將商業元素加入一些競賽中。管理競賽鼓勵的是技術的精湛，而其設計者往往認為，快速做出決策是很重要的。但其實重要的是，要學會不要輕率做出決策。

吉本斯：確實，你所說的是一切都歸結到自我發展的過程。

杜拉克：是的。需要學習許多技能。首先，有一個普遍的信念，即通才（generalist）和新聞記者（journalist）沒有區別。你知道我的意思嗎？凡事都懂一點的人不是通才，而是新聞記者，那是很有用的，但不要混淆這兩者。這表示他可以談論和寫作那些事情，如果他很在行，可以言之成理，但實際上做不來。例如我可以愚弄一些醫學專業人士，讓他們相信我是一位合格的醫生。但如果你要來做手術，上帝保佑你；我不知道應該在哪裡動刀下手。但另一方面，專家不懂新聞記者懂得的事；也就是只需打三通電話就可以獲得任何資訊，也能找到真正了解情況的人。他們不知道該去哪裡找、如何去找，也不知道如何評估。他們沒有被騙過很多次，不知道那位說得天花亂墜（好像說得很對的人），和你可以信任的人之間的區別。如今，年輕經理人必須學習的第一件事（順便提一下，這對他們來說很困難，因為要如何教呢？），是如何將世界組織成一個參考系統，這是很重大的事。他們像我們大多數人一樣，不太願意問問題。你知道，在炮兵學校裡，你會被教導不要瞄準目標。如果第一發炮彈打高了，第二發打低了，第三發就會命中目標。否則，你永遠無法打中目標。他們沒有學會這一點。他們正在尋找。他們還沒有學會捷思法（heuristic process）[註1]。好記者，甚至是不太好的記者，很快就能學會（捷思法）；這並不難。明天我會面臨一個情況，需要懂得許多關於（在此我稍做保留）建築業的事情，我在這方面所知甚少，但我今天下午會花幾個小時打電話給一些人，然後我會了解許多事情，包括該去哪裡尋找更多資訊。但是這樣做並沒有成為通才。

吉本斯：學校當然不教這些東西。

註 1　指按照過去的經驗和直覺，在當下就迅速做出決定，在難以預測的情況下，設定運用資源的優先順序；或稱 heurisitcs。

杜拉克：我通常不會去圖書館查資料，當然，我很常去，我們都會去，但是找人們詢問會容易得多，他們更能提供資訊。

吉本斯：是的，有效率。

杜拉克：他們的回覆經常是提供我一些書籍，我就可以查找。所以也許這是新聞記者的懶惰習慣，我不反對這一點。整個世界都是我們的圖書館。這是年輕人必須學會的事情之一，只因為隨著他們的晉升，會有愈來愈多領域是他們不可能精通的，但他們必須懂得夠多，才能判斷其他人的言行是否有道理。至少，他們必須問：「這是你的意思嗎？」而且由於他們不能在所有領域都成為專家，所以必須學會快速找到資訊，以便讓專家能派上用場。

吉本斯：現在你幾乎已引導我問另一個問題了。由於我們正在談論年輕經理人——那麼正在我們眾多組織中崛起的成千上萬年輕專業人士，你覺得怎麼樣？他們是專家，不然就是擁有專家的頭銜或稱號。他們承擔什麼樣的責任？他們的職能是什麼，或者應該是什麼？

杜拉克：你知道，我並不是非常喜歡他們，部分原因是因為我強烈認為，我們現在使用太多專家了。我們用專家來取代思考，你知道，那行不通。我的意思是說，這就像我們不為房子進行規畫，卻找了個錘子來。我們可以用錘子釘很多釘子，但那樣做並不能蓋房子。另一方面，年輕人在學校只能學到技能，無法學到理解力。學校完全不適合教授理解力、智慧、尤其是同情心。這三件事是人們無法在學校學到的最重要事情。我非常喜歡歌德的一句名言，「才華在孤獨中形成，品格只能在世界的動盪中形成。」（A talent is formed in solitude, a character only in the world's turbulence.）這是一個含義深遠的陳述。在這個意義上，學校是孤獨的，只因為你是和同齡人在一起，那是最不自然的社會，在那個社會中你們無法交換經驗，因為彼此的經驗相同。好吧，如果你 17 歲，你以為沒有（同齡）人曾和女孩子睡覺過，這是輕微的誤解，卻是這個年齡群裡每個人的共同經驗。因此，你只能和你的同齡人交流，產生共鳴。所以我們需要所有的專業知識，我毫不懷疑這一點。但首先我要說，我一直都覺得，教導一個能幹、年輕、聰明、勤奮的人學會做營運研究，會比教導一個人成為數學博士來得容易。後者我不知道該怎麼做。我絕不允許這些專家永遠留在他們的專業領域，只有一些人是例外。有一個人想成為世界上最好的熱電偶

（thermocouple）專家。我猜想他到了 45 歲會變成一個問題，對他自己、對他妻子、對其他人都是問題，但我無法阻止他。我能做的只是鼓勵他、幫助他。他到了 45 歲時，我們會解決熱電偶對他來說已失去吸引力的問題。大多數這樣的專家（首先，所有客戶都是如此，無論是在醫院、企業或其他情況，醫院又最為嚴重）我都會努力使他們成為團隊的一員，他們既是團隊的資源，又是團隊的成員，只是為了創造一點對事實的意識，即良善的上帝不是為了品質控制而創造了這個世界。我不知道祂創造世界的目的是什麼，但我相當確定祂不是為了品質控制而創造世界。這樣一來，那些年輕高手才會想到要問一個問題：為什麼要進行品質控制？這是智慧的開端。

我還在大學教書時，那是一家小型的女子文理學院，我總是鼓勵我指導的學生（當時還沒有像現在這樣重視成績），選修幾門她們認為困難的課程。我總是從剛進大學的新生開始：「好的，妳想要修哪些課程，妳想從事什麼工作？」她會說：「嗯，你知道的，我很擅長語言。」然後我會說：「妳很不擅長什麼？」然後我會說：「好，妳的畫畫不值兩分錢。妳去修一門繪畫課程。首先，妳可能會發現妳可以畫出價值三分錢的作品，這是 50％的進步。妳還是不會成為畫家。其次，重要的是要學習——首先要緊的是去應對自己不擅長的事情——只是為了了解關於自己的一件重要事情，也可以讓你發覺自己可能學不會畫畫，但也許你會對繪畫產生興趣。」這事應該在 30 歲之前完成。在 30 歲之前，人需要兩件事情。一是需要成就感，一旦嘗過成就的興奮感，那種滋味永不消失。所有關於優秀卓越的談話都讓我感到噁心，因為那是在說教。但是那些在年輕時就已經獲得成就感的人，如果做了一件他知道遠超出自己能力範圍的重要事情，就永遠不會失去那種渴望。這是最大的興奮感。在 30 歲之前，人需要這個。第二件事是，人需要了解自己做不到什麼：自己的局限。我不擅長這個。如果有人想要我去做這個，我會說：「好吧，我會試試，但也許我最好現在就告訴你，我會失敗。」在 30 歲之前學會這件事極為重要，否則在面對人生時就會毫無防備。

我向來喜歡讓那些技能精湛的專業人員，離開他們的專業領域。我喜歡使用行銷規畫方面最優秀的人，非常優秀的行銷規畫專家，如果他不是非常優秀，我對他就不是特別感興趣。現在我們有一個需要市場導向的工作，但這並不是一個行銷規畫工作，而是商業分析工作。我嘗試讓他發現，他的工具應用範圍比他想像的廣大得多。一個 16 歲的女孩用一個髮夾能做到的事，真的很令人驚訝；不是一個全方位的電腦，但很接近了。所以，人必須學會，良好的工具基礎訓練能夠讓自己走得更遠，因為至少已經學會技藝。其次，人們應該學會如何連繫事物。我不是想讓行銷規畫專家成為企業家：也許他不是，也許他不應該是，但我希望他能控制自己，而不是被自己的專業技能所控制。這是很苛刻的要求，也遭到強烈的反感。所有年輕專業人員都認為我是個怪物。

吉本斯：我看得出來。

杜拉克：當然，部分原因是我對他們辛苦獲得的專業知識不以為意。我會說：「好吧，你是全球最頂尖的行銷規畫師，這有什麼稀奇？」但也有部分原因是他們把行銷規畫看作是目的。我會說：「行銷規畫是一種工具，是實現目的的手段，你不會成為這個工具的僕人，它將會是你的僕人。因此，你必須要超越它。」我這樣做並不受歡迎、非常不受歡迎。但不應該是這樣。我認為我們將會有更多專家，只因為這是我們知道如何教授的唯一事情。我真的不相信有所謂的通才。但是應該有一些人懂得如何理解這個廣闊的宇宙，與之建立關係。我認為並非每個人都能學會，但能學會的人會比今天得到更多。我不是在談靈活性，而是在談要掌握工具，不要被工具控制。

我不喜歡的一個最糟糕例子，我要說，就是商學院的走向。由於我們知道如何操控數字，如今我們依賴自己擁有的、相當簡單的數學技巧，來制定各種決策。這正是我不想要的。我確實想教一些基本的數學工具，其中大多是簡單的數學，但它們是工具。現在，一旦他們學會了，我會讓他們加入一個團隊，在團隊裡他們必須仔細思考商業問題。我給你一個具體的例子，是一家大型商業銀行，一個很複雜的機構。我們應該如何——不是建立它的組織結構，而是如何檢視它：它應該朝哪個業務方向發展？我安排了一位非常、非常優秀的管理科學家加入那個小組，讓他執行這個任務，儘管他激烈抗議說，這個任務全是意見，沒有人知道答案。我說：「你不知道它的情況有多糟：沒有人知道問題在哪裡。」他的表現非常平庸，這個結果沒有讓我煩心，但讓他煩心了。因為基本上他除了擔任營運分析師外，無法成為任何角色。但至少他不再拿著螺絲起子到處找螺絲擰緊，他已學會檢視工作。還有，他所崇拜的那些評量指標有半數都是別人的發明，那些填報單位（reporting units）完全是任意行事。說「倫敦分行」是毫無意義的陳述；

那只是一個郵寄地址，只不過是個薪資單位。他現在懂得了這些，因此成為更好的分析師。至於他是否會成為銀行家，我不知道。我不認為他想成為銀行家。我也不認為他是銀行家，因為他完全只關注內部，而優秀的銀行家則幾乎要完全關注外部。我不認為我能改變他的個性，但他現在是有用得多的分析師了。因此，專業人士為了成為優秀的專業人士，必須學會彈奏一種樂器而不是彈奏交響曲。你可能會問：「為什麼？」因為在大多數管弦樂團中，你會發現吹低音號的人只懂得吹低音號，不知道其他樂器的部分。他完全根據低音號的部分來判斷音樂是否好聽，而且認為莫札特「不好」，因為莫札特沒有給低音號留下許多作品。然而，他是優秀的低音號手。另一方面，管弦樂團的音樂家通常不是最佳的演奏家。他們是最佳的音樂評論家，但不一定是最佳的演奏家。但優秀的指揮家會不遺餘力，讓低音號手聽到其他樂器在演奏的樂音。

吉本斯：你這樣一說就有道理了。

杜拉克：從聲學上講，你在自己的口腔內發出的聲音，因此你堵塞了自己的耳朵，什麼也聽不到。但是優秀的指揮家會轉向那位法國號手並問他：「你覺得最後一個樂句聽起來怎麼樣？」他希望演奏者能聽到，只因為他必須做出調整。小提琴手們可能會在某個樂段遇到困難，而我接著他們的部分演奏，我最好也先聽聽他們所演奏的，否則我就會太早進入或太晚進入。如果我繼續數著拍子，他們遇到麻煩而減速，我最好聽聽，否則我的提示就不對了，就會出現錯誤。優秀的專業人士總是能正確理解何時該開始演奏，但總是在演奏時出錯。

吉本斯：是的。我遇過幾位這樣的人。讓我換個角度來說。毫無疑問，任何人都知道你原本可以建立一個很大、可能獲利很多、很成功的顧問諮詢業務。

杜拉克：對於這件事，我很有疑慮。其實，毫無疑問，我知道我做不到。我是世界上最差的行政管理者。

吉本斯：為什麼你沒有嘗試？

杜拉克：我做不到，也不想做。我不是行政管理者，在管理別人方面我是很差的。我不善於管理，尤其是因為我倡導的所有事情，我都無法、也不會去實行。我不委派任務。我必須自己去做，而且除了自己去做外，我完全沒有滿足感。我的每一位祕書都曾氣憤地抱怨說，我不讓她幫我預訂機票，說我不信任她們。我從未能說服任何一位祕書說，不是因為我不信任她們，而是因為我喜歡自己做。我不是經理人。我不可能建立一家大型顧問公司。就大型顧問公司來說，你必須想要銷售，而我不想銷售。許多人問過我這個問題，答案非常簡單。不是因為我不想（建立大型顧問公司），而是因為我自認做不到。事實上，我知道自己做不到。每當我置身於管理的情況下，我既無效能又痛苦難受，我的同事們痛恨我，因為我武斷任性、反覆無常，而且守口如瓶。

吉本斯：這些年來，有哪些管理學者或從業人員，讓你學到很多東西？這個領域裡有哪些大人物？

杜拉克：我從人們的錯誤中學到很多，尤其是從差勁的經理人身上。但是談到做了最多事情而使我懂得管理的人，讓我先提出兩位人士，他們天差地別，但都讓我學到東西。我不談任何仍在世的人。我們先從馬歇爾將軍（Gen. George Marshall）說起。你知道，這個國家的實力一直來自公眾人物和一般人物：愛國者。在我心目中，他是最傑出的楷模，同時也是很優秀的管理者。他的基本原則非常簡單，而且堅守原則。你可能知道，他不是要求不高的人。但他非常仔細考慮了要對每個人做什麼要求；他關心的問題永遠是一個人能做什麼，而非不能做什麼。我認為他是最偉大的「培養人才者」。我想你不知道，我們加入第二次世界大戰時，美國陸軍中的所有將領，包括馬歇爾自己，都已年逾60，而且沒有一位將軍曾擔任過部隊指揮官，因為當時沒有這種職位。然而，失敗率低得不可思議。第二次大戰是很了不起且展現能力的故事。幾乎每位將軍都是馬歇爾挑選，因為在1930年代初期，他擔任美國步兵學校（Infantry School）副校長時見過他們大多數人。他非常仔細周詳地考量了每個人能做些什麼。同時，不能勝任的人會立即被免除指揮職務；馬歇爾覺得這是他對那個人負責任的表現。馬歇爾對人絕不寬容，但這並不表示他認為你無可救藥。這只是表示馬歇爾說：「我犯了個錯誤。」我從他那裡學到了這一點。他在要求方面絕對無情，令人難以置信。他非常公正客觀，而且是很熱誠的人，在軍隊內部沒有任何朋友，所以遭受了極大痛苦。他的傳記清楚顯示，他遭受自己造成的孤獨所折磨，但他認為那是他的職責。他不能有好友。他曾經說：「如果你有朋友，你也會有敵人，兩者我都承受不起。」儘管馬歇爾和麥克阿瑟（Douglas MacArthur）沒有什麼交情，但他支持麥克阿瑟。他無法忍受巴頓（George S. Patton）；對馬歇爾這個非常含蓄、很有尊嚴的人來說，那個神氣活現的人（swashbuckler）令人討厭。巴頓一直麻煩不斷，但每當有關巴頓的問題一再出現時，馬歇爾總是說：「你知道有更好的領導者嗎？」

一位截然不同的人是史隆。馬歇爾沒有囿於自己的觀念，史隆則被自己的觀念所禁錮。也許是因為史隆位高權重太久了。畢竟馬歇爾在位五年，這是任何高居其位者的理想任期。超過五年，我認為你就會被自己的成功所禁錮。史隆最終維護了自己的制度，也許是因為他在那裡待了近 30 年。但史隆堅持這些事：仔細周詳地思考；確保有足夠的異議，以便你能真正了解問題；花很多時間作成決策，然後行動（將回饋意見納入其中），然後史隆開始做一個人能做的事情，不太擔心他做不到的事。馬歇爾是一位很**偉大**的人；史隆，我認為是一個很有**效能**的人。我不認為史隆是偉大的人，但這只是我個人的判斷，我不能聲稱我很了解這兩人，足以做出那個判斷。但我當然從史隆那裡學到很多。他是個眼界狹隘的人，馬歇爾不是，所以史隆對自己沒有看到的事情不予理會。馬歇爾察覺到更大的世界。但就管理來說，我無疑從史隆那裡學到很多。也許我是從史隆那裡學到有管理這種東西。

吉本斯：他是專業管理的「發明人」嗎？

杜拉克：我想，如果他去申請專利，可能會被駁回，理由是現有技術（prior arts）已經有了。但在那個意義上，他確實是（管理的）準則制定者（codifier），我很難說他是發明人。我不會說他是第一人，因為那可能是費堯，費堯把管理視為一種獨特的工作；但沒有把企業的領導職位視為地位與權力，而是視為一種職能，史隆是第一人。他不是不在意自己的地位或權力，他也不應該不在意。他個人是很謙虛的，但職位的尊嚴很重要。他接受別人對他的畢恭畢敬，但他並沒有鼓勵下屬那樣做。

這兩位確實是我觀察到的、可說是讓我印象最深的人，或是我從他們身上學到很多東西的人。

CHAPTER 23.

技術變革史學者杜拉克

克朗茲伯格*撰

我初次得知杜拉克的新書名為《斷層時代》時，感到非常震驚。對歷史學者來說，「斷層」（discontinuity，或稱不連續性）這個詞是令人厭惡的，意味著歷史的力量意外地突然改變了方向。但我們歷史學者強調的是連續性（continuity），而非不連續性。我們的任務是解釋過往發展，是如何由先前的

---

* 克朗茲伯格（Melvin Kranzberg）

克朗茲伯格以他在技術史研究方面的先驅工作而聞名，目前是凱斯西儲大學（Case-Western Reserve University）歷史學教授，並擔任科學與技術史研究生課程主任。目前他是《技術與文化》期刊（*Technology and Culture*）主編，並擔任法國歷史研究學會副會長、美國科學促進協會副會長、NASA 歷史諮詢委員會（NASA Historical Advisory Committee）主席。克朗茲伯格博士的著作包括多篇文章和多本書籍，其中一部是與人共同編輯、分成兩卷的《西方文明中的技術》（*Technology in Western Civilization*）。

許多發展所引起，以展示即使是最具革命性的事件，也是源自早已在社會上運作的力量，而我們歷史學者可以用自己清晰的後見之明，從眾多的歷史證據中，正確地選出這些力量。歷史學者試圖證明，發生的事情**必然**有其發生方式和原因。的確，我們的努力是朝著這個方向：解釋那些似乎與過去完全不連續的任何現象。然而，在此卻是杜拉克的著作在談論不連續性，更糟的是，整個時代都是不連續的。

不過，《斷層時代》這本書緩解了我的不祥預感，因為杜拉克在書中使用的是「不連續」這個詞的數學意義，其中「不連續」是指平滑曲線突然改變方向的那個點。杜拉克並沒有脫離歷史背景，他用歷史術語解釋方向的突然改變，說明他描述變化的過去根源。問題在於，大多數歷史學者都忽略了在曲線轉折點蓄積的力量（這就是變化出乎意料的緣故），而且他們反而聚焦於會持續延伸平滑曲線的趨勢上。杜拉克不同於那些忽略了已在進行變化證據的歷史學者，他展示各種發展如何結合並產生急劇變化，而非徹底改變過去的方向。

雖然杜拉克不是專業的歷史學者，但他展現出一個敏銳的頭腦，如何率先於專業的歷史學者之前，察覺出某些歷史的趨勢。證據一直存在，但歷史學者太習慣於沿著過往的成長平滑曲線思考，而忽略了變化的跡象。杜拉克以不曾塞滿傳統歷史規範的新鮮頭腦來探討這個主題，發現了那些學術界歷史學者無法把握的變革力量。

因此，杜拉克在對歷史（尤其是技術史）的理解方面做出顯著貢獻，並不令人意外。首先，或許最重要的是，他釐清了我們對於技術真諦的定義，雖然有些技術史學家仍未接受這一點。第二，他強調組織功能與管理職能在技術過程中的重要性，從而擴大了我們對技術行為本身的了解。第三，他闡明了技術變革與社會變革之間複雜的相互關係。第四，他串起技術與人類價值觀，這和當代許多人文主義者的反技術偏見背道而馳。第五，他無懼於將自己的歷史分析觀點用於預測未來。因此，正如每位真正偉大的歷史學者一樣，杜拉克也是預言家；他揭示了過去和現在及未來的相關性。

技術的定義

「技術史」這門新學科剛出現於學術界時，杜拉克立即對它產生了影響。在他首次撰寫的歷史領域專門著作中，也就是在甫創立的技術史學會（Society for the History of Technology）的新國際季刊《技術與文化》創刊號上，他對技術的本質下了定義，從而做出重大貢獻。他在那篇文章中的字詞值得重述：

技術攸關的是「工作」，至於工具、工序、產品等事物，並不是技術的真諦。這裡所謂的「工作」，是指人類賴以克服生物鐵律的活動；所有其他動物為了生存，都需要汲汲營營，就算不是為了下一個小時，也得為了明天的生存，耗盡所有的時間和精力……我們或許可以這樣界定技術：這是人類對有助於他們達成目標的實體物件所採取的行動。不論以哪種方式，技術研究的領域與主題都將是人類的工作。

這些字詞應該刻在每位技術史學家的腦海裡。然而，他們往往忘記這個簡單明瞭的真理，繼續把技術當作只涉及工具、機器、技巧、工序、產品的領域。然而，除非我們注意到杜拉克的這句格言，即技術研究涉及人類的工作，否則就不可能真正理解技術及其在人類社會中扮演的角色。技術史學者如果忽視了這個基本事實，就是自貽伊戚。

杜拉克還從對技術本質的這個基本認識中，對其他特徵下了定義。由於技術關乎工具**和**人類的工作，必須視為一個系統研究。杜拉克顯然受到「完形」（Gestalt）[註1]心理學者的深切影響（他們從模式和整體結構方面看待人類的思想與行為），在分析人類努力的其他領域，尤其是在研究商業組織時，杜拉克一直運用系統（或稱完形）的方法。

註1　此字是德文的「形狀」或「結構」之意，又譯為「格式塔」，完形心理學理論指出，我們看一幅畫時，看到的不是線條或點，而是一個完整的布局形狀；我們聽一段曲調時，不是聽到個別的音符，而是曲調本身，也就是整體結構的形式。

杜拉克對工具與工作的定義廣泛，但這些定義為他研究技術系統的各部分、它們之間的相互關係、它們和整個系統的關係，提供了統一的焦點。在技術方面，就像在其他所有方面一樣，我們必須研究實體及其部分模式與整體結構。

由於杜拉克將工作和工具置於一個系統環境內，他得出結論：技術「不再是獨立於文化之外的事物，而是不可或缺的一部分……工具與工作組織，即我們所謂技術的兩元素，一直都在塑造人類所做的事和能做的事」。杜拉克在此指的是一種技術決定論（technological determinism）。他持的這個看法，很接近那些將技術視為社會及其機構、為主要決定因素的技術史學家，但和許多同行的經濟學家產生了分歧。許多經濟學家為了避免讓他們的古典經濟模型變得太過複雜，選擇將技術視為一個常數，而非一個動態變量。杜拉克認識到技術變革的事實，以及此變革在改變社會經濟體系參數上的作用，因而使他的經濟分析更貼近現實，幾乎超越了同時代所有的人。

但是，杜拉克並不是嚴格的技術決定論者。他知道社會因素能決定技術，反之亦然。的確，他對於社會與技術因素間相互關係的強調，是他對技術史的另一個重要貢獻。例如他在著作中的多處地方指出，必須有社會創新，才能使技術創新發揮效能。此外，他始終強調，技術是系統的一部分，其中包括分銷、商業組織、管理工具等。這些是半社會性的（quasi-social）和半技術性的（quasi-technical）；兩者彼此不可或缺。

在杜拉克對技術本質的描述中，最重要的是工作組織。正如他所說：

可能對技術產生最大影響的工作層面，是我們了解最少的層面：工作組織。工作組織本身即非有機進化（non-organic evolution）的一個重要手段，是人類特有，也是人類的一個重要工具。但是直到最近數十年，我們才開始關注工作組織。不過我們已經學到，工作的任務、工具、社會組織這三者不僅完全獨立，而且相互影響、交互作用。

杜拉克對工作組織的強調，一旦被陳述出來似乎顯而易見。但是儘管事實如此（而且杜拉克已把這個事實說得如此清楚），但這個真理尚未完全深入所有技術史學者的心中。他們全神貫注於機器、工具、技術，往往忽視了這個事實：如果這些因素要有意義，就必須被整合到目的明確的工作組織中。

的確，組織的重要性是杜拉克所有著作的中心主題，是他對經濟機構的分析、對技術活動的看法的焦點。

技術活動

杜拉克對技術組織重要性的強調，反映在他的這個觀點中：美國和歐洲之間所謂的技術差距，是由「管理失敗」引起。標準的解釋是：美國技術的領先是由於美國有較多的研究經費；杜拉克對此解釋提出質疑，而他的質疑是正確的。他指出，這些研究經費大多是用於國防或太空任務，提供給民用領域的很微薄。如果只是發明的問題，歐洲可以輕易媲美美國。歐洲人失敗的地方在於，未能將研究成果轉化為產品，並成功地行銷這些產品。

這是否表示，杜拉克低估了技術創新的重要性？絕非如此！正好相反，他讚揚技術創新的重要性，並耗費大量心思去制定既能實現創新、又能應對創新的方法。

對杜拉克而言，創新遠不只是對機器、工序、產品進行修補或改進。「創新改變了我們的技術，並為我們提供新機會，使我們能夠按照需求達到技術進步。創新為社會和經濟中的非技術創新提供了全新的能力。」

一直以來都有創新。但今日的創新有何新穎之處？杜拉克認為，我們現在可以有系統地進行組織籌劃以追求創新，無論是技術創新或社會創新，他還區分了這兩者。技術創新是「對自然界有新的了解和發現，並將之導入人類新的控制、預防、生產的能力；社會創新則是對社會需求與機會的診斷結果，並發展概念和機構來滿足那些需求與機會。」在這兩個領域，創新都賦予了我們許多新能力，使技術成為開放式；我們現在能夠為技術創新進行組織籌劃，「既獲得材料文明的新基本資源，又能按照我們的規格，去開發新的材料和新產品。」因此，我們有自由可以「安排物質環境的元素，以符合事先決定的人類、經濟、社會目的，而非讓可得的元素來決定什麼是可能做到的。」

以往，人類一直依靠罕見天才的靈光一閃，產生一些幾乎是偶然一見的技術突破，使得已經在做的事情可以做得更好、更快、更便宜，或是在重要的創新領域，使得之前從未做到的事情成為可能。18 世紀和 19 世紀的偉大技術突破，並不是組織技術努力下的產物。如今我們卻能為實現創新而組織籌劃，這在人類歷史上前所未見。

使組織的創新（organized innovation）成為可能的是，20 世紀在技術活動的結構、方法、範圍方面發生的諸多變革。首先，有結構性的變化，即技術工作的專業化、專門化、制度化。其次，在方法方面有一個變革，涉及創新的新概念、系統化研究的興起、技術與科學之間的新關係。第三，採用系統方法。杜拉克指出，上述每一變革都是將技術轉化為有組織、有系統學科趨勢的相同基本層面。

在 20 世紀，創新已成為技術努力的核心。透過創新，技術成為在經濟、社會、教育、戰爭方面引發變革的一種手段。「這大大地增加了技術的影響力，也表示從事技術工作不僅是出於技術原因，更是為了得以實現非技術的經濟、社會或軍事目標。」

杜拉克在擴大我們對創新的本質與影響的視野時，也打破了一個當前的迷思（myth），即新技術來自對新科學發現的簡單應用：「新技術來自有系統的工作或知識的所有領域，無論是傳統意義或非傳統意義上的科學。」的確，「許多新技術並非新知識，而是新的見解（new perception）。那是將以前無人想到要組合在一起的事物組合在一起，那些事物本身已存在很久。」

他還反駁了這個觀點：如今新知識「正在以遠比從前快得多的速度，轉化為技術」。杜拉克持相反立場：「將知識轉化為技術的前導時間（lead time）似乎延長了……如今新知識與新技術之間的前導時間很可能是 30 到 40 年。此外，開發新技術成為有銷路的產品與工序所需的時間，似乎也延長了。而明顯縮短的是，新產品或工序引進市場，並普遍被採用之間的時間差。」

因此，杜拉克承認，新技術的存在並不保證它會被採用。廣告業人員早就證明，做出更好的捕鼠器，並不能保證世人會為之蜂擁而至；他們指出，世人首先必須知道這個更好捕鼠器的存在。但杜拉克更進一步，他聲稱在某種意義上，捕鼠器的行銷使其創造成為可能。雖然這看似將因果倒置了，但杜拉克看出，「新技術始終需要新市場，在新技術創造出新需求之前，（我們）甚至無法想像這些新市場。」他指出，新技術「只是一種潛力。將潛力轉化為實際力量的是行銷，尤其是創新型行銷……（我們）需要行銷來使技術變革在經濟上具有生產力，也就是說，能滿足人類的需求與欲望。」然而，如果杜拉克指出，技術和市場因素都是潛力（不僅技術是潛力），那將符合他對技術與經濟流程的整體觀點。任一部分不能單獨存在。如果要進行創新，兩者都是必須。

雖然杜拉克擴大了我們對創新角色的看法，但他很少關注那些導致創新的發明行為。的確，他忽略了發明（例如新的點子、工序、做法）成為創新的過程。他限制了涉及這兩種情況的技術問題及討論：將一個新點子轉化為可行模式，或將模式提升為經濟上可行的、成熟的做法。

不過，杜拉克在創新的過程（即原創的、具創意的獨到見解的背景）中，引進了一個新元素，即「知識經濟」。他指出，直到晚近（即第二次大戰時），美國的經濟仍以商品為主，如今則已成為知識經濟。雖然經濟學者仍傾向於將知識產業歸類為服務業，但杜拉克聲稱知識「其實已經成為『主要的』產業，為經濟體提供基本的、核心的生產資源……如今知識是先進經濟體的主要成本、主要投資、主要產品，也是人口中最大群體的生計。」

知識經濟與技術行為的關係是什麼？對於知識分子來說，知識只是資訊，通常包含在書本中。但杜拉克指出，只要知識停留在書本中，那只是資訊或資料；只有在資訊被人應用來做事時，才會變成知識。知識就像電力或金錢一樣，是一種能量的形式，只有在工作時才存在。但杜拉克認為工作組織是技術發展的一個重要因素：知識經濟「是技術史的一部分，講述人類如何利用工具來工作。」而知識是新是舊並不重要，重要的是它是否能被應用。

在與歷史有關的著作中，杜拉克追溯了知識有系統地應用於工作的發展歷程，並將其起源歸功於 18 世紀和 19 世紀初英國的工具製造工和設計師，例如惠特沃斯（Joseph Whitworth），此人著手把已知的機械工作知識系統化，並將這些知識應用於工具製造。這直接導致了工程學的發展，也就是將執行任何特定任務的正確方法，整理成一套準則。19 世紀中葉美國創立了贈地學院（the land-grant colleges），又進一步發展了知識經濟，將務農從一種實務工作轉變為一門學科。「一小群訓練有素的人，配備昂貴的機械工具和管理工具，在世界上創造出嶄新的東西：農場產量過剩。這是文化、社會、經濟上的一種巨大變革，超越了我們所驚嘆的大多數技術創新結果。」

將知識經濟應用於技術的最重要一步，是泰勒在 19 世紀末提出的科學管理理論。在那之前，人們認為提高生產力的唯一途徑，就是做更多工作或更努力工作。泰勒透過系統化分析勞力工作，認識到提高生產力的關鍵是「更聰明地工作」。知識（而非汗水），是提高生產力的關鍵。

在杜拉克看來，將知識應用於技術，不同於這個普遍的信念：技術只是將科學知識應用於技術設備、工序、產品。的確，杜拉克斷然駁斥了這個觀點。他指出，在 1750 年到 1857 年期間，農業、機械技藝、醫學的技術，都發生了革命性的變革。但這個過程「跟現代的科學新知識幾乎沒有關係。其實，在每個技術領域，經驗法則的實踐，都遙遙領先科學。因此，技術成為激發科學進步的力量。」雖然杜拉克並沒有進一步說，技術建立了對科學的主導地位，但他指出這是「將科學嫁給技術，而非科學與技術的聯姻」。技術成為系統化的學科，需要被教授和學習，而科學則被重新定位，為這些新學科提供技術上的應用。

歷史學者普遍認為美國是個「商業」社會，我們可預料美國最重要的企業顧問之一（即杜拉克）會支持這個觀點。但杜拉克認識到我們社會的重心已轉移。雖然商業在一個世紀前是主導的機構，「現在很明顯，主導機構是大學，尤其是在技術方面。知識及其應用是大學特有的領域。」

雖然我們可能同意杜拉克的這個說法：知識在當代社會中具有核心重要性，但他強調大學在知識經濟中的角色，卻可能是錯誤的。這個說法是假設大學幾乎是唯一的知識源泉。然而，杜拉克自己強調工業研究實驗室是許多新科學和新技術的來源，這一說法似乎與上述假設相矛盾。大學對研究不再擁有近乎壟斷的地位，聯邦基礎研究經費近期的削減，進一步削弱它們的作用。大學和公立技術機構都沒有壟斷學習和教學功能。工業公司內培訓項目的增加、自學課程的暴增、以獲利為導向的私立技術學校興起，似乎都顯示，按現有的組織結構來看，我們的公、私立非營利教育機構，無法滿足我們社會的知識需求。我們可能正在目睹一個轉變：教育和「知識」責任正在從公共部門轉移到私營部門，或是轉移到之前不曾有過的公共與私營部門的結合中。當然，這並未改變杜拉克對知識在美國社會中其重要性的基本立場，只表示美國創造新知識和傳遞知識的機構，可能正在從大學轉到杜拉克認為具有主導地位的新型教育活動。

杜拉克在討論導致新可用知識的研究和開發時，可能也有些許錯誤。他過分關注巨型工業公司的研發機構，忽略了許多重要創新仍在不同層面進行的事實。雖然杜拉克強調，對於這一觀念：重大的發明活動是個別發明家在其閣樓裡進行的（這一迷思早已被破除），提供了有價值的修正，但他的強調也有點扭曲實際情況。也許我們一直對偉大的技術突破（例如電晶體和尼龍）過於著迷，以至於沒有意識到，大型工業研究實驗室不一定比規模較小的研發組織更有創新力。也許較大公司收購這些較小公司，是為了獲得其研發能力。他們對人才特別感興趣，因此這類收購案通常涉及強制性合約，迫使這些較小的研發公司中富有創意與創新思維的人才，在某個期限內留在公司。發明才華似乎仍然是富有創造力、想像力的個人的一個素質；杜拉克非常看重的制度主義

（institutionalism）[註2]可能是個事實，但這個理論著重的是對創新價值的解釋，不是對創新過程本身的解釋。

或許大型工業研究實驗室的研發規模過大，抑制了發明才華與創造力。雖然杜拉克毫無疑問、正確指出了研發過程對於促進創新的重要性，但他從未關注過在機構背景下創新的最佳條件。

在這種小細節上批評杜拉克，不會減損我們對他在這部分貢獻的感謝：他讓我們了解技術發展的其他重要元素。相較於工業體系的其他分析師，杜拉克更加了解農業的重要性。時至今日，除了俄羅斯之外，在已開發國家，農業已成為技術最先進、最工業化的基礎產業。在他的全部著作中，他一直強調農業生產的重要性，尤其是透過知識和技術的應用。

杜拉克不僅欣賞農業，也理解自動化。在他的二戰時期著作《工業人的未來》中指出，「現代工業的偉大創新是將員工視為高效能、自動化、標準化的機器。」但十年後，他認識到，隨著自動化的發展，員工在生產中的角色已經發生了徹底的變化。

機械化先前對個別員工造成的衝擊，曾讓杜拉克感到震驚，他將機械化視為「用機器取代人力勞動」，並解釋它是

註2　這個理論強調制度、規則、社會組織對個體與社會行為的影響，認為社會與經濟現象不僅受到個體行為與市場力量的影響，還受到各種社會、政治、經濟制度的影響。

「自動化的一個細節，不一定總是關鍵細節」。他認識到，自動化必須聚焦於業務，而非聚焦於生產。在傳統的生產系統中，經濟波動的風險是由產量吸收，當生意不佳時，產量減少，生意好轉時產量增加。然而，自動化需要在長時間內，以固定的產量水平連續生產，因此需要建立一個相當可預測、穩定且不斷擴大的市場。

杜拉克觀察到，自動化不僅是以自動機器取代員工，他考慮到自動化的較大層面，尤其是它對員工資格與職能的影響。在這方面，他對知識產業的重要性有了初步的認識。「自動化需要培訓和教育數量空前的人才。這個需求主要是『質』的需求：需要教育程度較高的人才……最大的教育需求可能是在管理層。」

實際上，對於自動化生產的知識需求，杜拉克似乎已改變他的看法。在他最近的著作《斷層時代》中，他聲稱新工作無需更多技能，但勞動力受過教育，得以持續要求更高薪水。換句話說，在自動化工廠中對於較低層次工作的教育需求，並非因為技術的緣故，而是社會的因素。然而，創新的工程師和經理人需要更多知識，才能在生產流程的較低層次中降低對知識的需求。不幸的是，杜拉克並沒有詳細說明這一點，它有異於這個常見的觀點：自動化要求所有生產員工都要提升自身技能水準。

在杜拉克對技術行為的分析中有一些矛盾之處，尤其是在技術行為與經濟的關係上。他在強調技術創新如何改變人類對世界與社會的看法後，有時會回到一個狹隘的觀點，認為技術創新「主要是經濟事項：以經濟目的為出發點，涉及經濟資源運用上的變更，並導致資源的重新分配。技術創新的目的與檢驗標準都是經濟績效。技術變革與創新是決定土地、勞動力、資本的生產力的重要經濟事項。經濟學家在討論主題時如果漠視如此重要的現象，認為它並非真正屬於他的領域，就好像數學家在說，『數字不在數學的討論範圍內』一樣。」

杜拉克指出經濟學家未能處理技術變革的問題，雖然這個觀點是正確的，但是用他自己的話來說，他錯誤地只將技術視為一個經濟事件，並以經濟績效做為其目的和檢驗標準。如果照他原先的看法，則許多技術在那個檢驗標準下將不合格，至少從企業主的利潤角度來檢驗是如此。但若從整個社群的社會效益來看，其中一些技術發展可能會以最高評價（*summa cum laude*）通過檢驗。的確，杜拉克含蓄地駁斥了自己對創新的經濟要素的強調：「我們可能永遠無法從經濟方面來說明創新，並利用經濟分析來預測創新。因為非經濟因素，例如智力的（intellectual）和感知的（perceptual）因素，對創新來說極為重要。」

因此，我們可以原諒杜拉克暫時將技術創新僅僅視為損益問題。他的主要論點是，技術創新帶來的影響遠遠超出經濟績效的領域。當他看出經濟統計無法以量化方式解釋一切時，他也意識到這一點；相反地，他指出，創新的工業技術帶來的是我們生活中「質」的變化。正是這些變化，構成了杜拉克感受到的，在我們目前工業與社會模式中的不連續性，也正是這種感知，使杜拉克在經濟學者和技術史學者中獨樹一幟。

技術與社會變革

當代所有社會思想家都明白，技術在當今世界的重要性。杜拉克如此陳述：「技術如今處於人類的見解與經驗的核心位置。」技術的影響力是強大的，影響著全球人類生活的各個方面。它重設了基本制度，涉及到婦女、工作、教育、戰爭等的角色，並將我們的物質環境從自然環境轉變為人造城市。此外，技術已開始破壞並重新打造非西方社會的基本制度。

然而，杜拉克不像大多數其他社會思想家，他不僅陳述真理；還說明這些事實是如何形成、為何會形成。例如在描述都市環境的變遷時，他指出在 20 世紀初，大多數人仍然居住在鄉村並依靠大自然為生；他們面臨的主要威脅來自天災。如今人們居住在城市並依靠技術；我們面臨的主要威脅是技術故障。城市化已成為「經濟與社會發展的指標」。他指出，大城市是由現代技術造成，並已成為現代技術的中心。機械動力的發展，使得大型生產設施得以集中；現代材料和建築，使得人口得以遷移並獲得物資的供應；現代通訊提供了「城市的神經中樞，也是城市存在的主要原因。」此外，技術社會所需的工作類型的變化，需要城市的快速成長；在知識的各個領域，有無數專家隨時可任職於不斷變化的新工作。

雖然我們在城市中擁擠度日，或許正因如此，技術擴大了人類的視野。新聞、資料、資訊可以即時傳播，並且普世可及。世界無處不呈現一種即時體驗。但是技術不僅創造了一個更大、更快的世界；也已經從人的感知、人與他人的關係，甚至在人對自己和宇宙的觀點上，創造一個不同的世界。

現代工業技術將個人置於生產中的新角色；人們透過自己的制度背景來發揮個人功能。正如杜拉克所言：「工業經濟中，個人只有在進入並利用有組織的產銷體制，也就是企業體，才能大致發揮生產力。在工業體系中，單靠自己，個人只能工作，無法生產。個人唯有置身於為實現績效與生存而組成的體制化系統，才有能力生產；並且這個系統能夠超越任何個人的生命期而獨立存在。」

雖然我們生活在工業社會，但我們大部分的社會信念和社會機構是屬於前工業時代。杜拉克在大約 30 年前率先做的這個分析，至今依然成立。他一貫主張要建立社會機構，來匹配我們的工業技術；或許正是這個緣故，他經常表示，我們更需要社會發明而非技術發明。「事實上，」他指出，「除非在非技術領域出現重大創新，否則技術革命本身將毫無效益。」

雖然杜拉克似乎主要是關注技術對社會的影響，但他並未忽視社會對技術的影響。例如他指出在 17 世紀末，社會的保險創新使工業經濟成為可能：如果我們沒有受到保護以對抗自然災害、火災與洪水、船難與冰雹等經濟風險，就無法承擔經濟變革帶來的經濟風險。同樣，他強調社會發展對農業生產力的重要性。「在一個又一個國家，簡單的農場信貸對農業生產力的影響，大於任何改善方法 —— 更好的行銷方法除外。」他聲稱，黑人從美國南部鄉間遷往北部城市貧民窟的運動，不是因為農業機械化（在這場大規模遷徙展開的數十年前，拖拉機已經出現），而是由農場信貸和農作物保險所引起，這使得農民能夠投資於這些技術要素，進而取代了黑人勞工。

然而，杜拉克分析的主要重點在於，展示技術如何引起社會變革，而不是相反情況。杜拉克在 1965 年對技術史學會提出卓越的會長報告中，談到了「第一次技術革命及其教訓」，他以非凡的敏銳思維指出，約 7,000 年前在美索不達米亞（Mesopotamia）、埃及、印度河流域和中國等地發展的灌溉技術革新，帶來政治和社會創新。灌溉文明的技術創新，有助於創造並建立了持續至今的基本社會機構與政治機構。

首先是政府的建立，成為獨立且永久存在的機構。灌溉城市首次將人視為公民，因為它超越了部落和氏族的狹隘範圍，將不同起源和血統的人民，融合成一個社群。這使得人們首次需要區分風俗和法律，並發展一個客觀、抽象、法典化的法律體系。灌溉城市還需要一支常備軍，因為城市固定不動，所以無法防禦且易受攻擊。

灌溉城市中也出現了社會階級。這些城市不僅需要永久從事農產品生產的人，還需要保衛他們的士兵和擁有特殊知識的統治階級，最初是祭司階層。這三個「階級」一直是社會的基本秩序，直到現代仍存在於地球上某些地區。由於這種基本的分工創造了輕微的農產品過剩，灌溉文明得以開始從事貿易。因此，杜拉克追溯了商業團體、貨幣、信貸、商法，以及最終國際法的發展，這些都可以追溯到灌溉技術。

由於灌溉文明需要大量知識來建造、維護其複雜的工程建設，並需要管理涵蓋許多歲月和許多英里（長度單位）的複雜經濟交易，因此灌溉城市需要紀錄，這意味著寫作的發展。它需要天文數據，因此出現了日曆，也出現了人類對宇宙本質及其對地球生命的影響的第一個科學推斷。簡言之，灌溉城市需要知識，然後開始組織這些知識，並予以制度化。

杜拉克還表示，灌溉文明創造了個人。在較古老的部落社會中，個人本身並不重要；只有部落才有意義。但灌溉城市超越了部落，個人不可避免成為社會關注的焦點。從這一點出發，杜拉克說：「不僅出現了同情心和公義的觀念，還出現了我們所知的藝術、詩人，最終出現了世界宗教和哲學家。」這似乎是技術決定論的極端表現！

也許杜拉克過分強調了他的觀點。我們無法不容置疑地證明國家及其機構、社會階級、詩歌、科學、個體的概念，以及當代世界的許多其他基本制度、概念、實務，是如何從灌溉技術的需求中產生。但即使杜拉克不能毫無疑問、無可辯駁地證明這一點，還有其他人能提供如此令人信服、有道理的解釋，來說明我們最初的文明社群的社會、政治、文化發展嗎？

杜拉克對技術與社會兩者關係的觀點，也融入了他對經濟發展問題的分析。在這方面，杜拉克再度和傳統智慧背道而馳，後者聲稱要將西方技術轉移到低度開發國家是困難的，因為那些國家的「文化」抵制西方技術。並非如此，杜拉克說：「事實上，低度開發國家的人們熱切要抓住他們所能得到的一切西方技術。」他舉例說，在 19 世紀末 20 世紀初，縫紉機橫掃全球，如今，低度開發國家熱切尋求西方的物質產品（不幸的是包括先進的武器系統）。

如果低度開發國家如此渴望獲得西方的技術，那麼我們如何解釋轉移失敗的情況？對於杜拉克來說，答案很簡單。無法順利轉移的並不是技術本身，而是「技術人員不願意轉移，他們沒有意識到自己擁有一個知識領域，以及看待工作與工具的方式。」

西方工程師仍然堅持 19 世紀的信念，認為進步意味著：更快速度、更高溫度、更大壓力、更多馬力。他們把技術視為鋼鐵廠或發電站的概念。根據杜拉克的觀點，如果他們意識到技術不僅僅是硬體，而是一種有組織的處理工作與工具的方式，他們將重新設計人類在日常工作中使用的工具與設備，從而使一般的日常任務更有效率和效益。正如杜拉克所見，「低度開發國家經濟發展的一個核心任務，是迅速提升傳統工作的生產力與產量，包括農業和手工藝，只因為大多數人未來將長期從事這些工作。」

因此，「任何開發計畫的核心，應該是由最有資格且最具想像力的技術人員，對傳統工具、方法、供應品進行有系統、有組織的重新設計。」當現代技術仍然遠離傳統工作時，它會連根拔起並摧毀傳統文化。因此，「經濟發展的一項核心任務就是應用現代技術，使現有文化更具生命力，並使傳統工作有更高的報酬。」

技術與人類價值觀

到目前為止，我們應該可以清楚看出，杜拉克基本上是一位人道主義者。在他對歷史的技術發展的討論，以及他對當代工業社會的分析中，杜拉克關注的不是技術要素本身，而是技術要素對人類與社會的影響：「我們開始意識到，關於技術的主要問題不是技術的問題，而是人類的問題……如今，很少有人持續守著 1900 年代天真的樂觀主義，那個主義預期技術能以某種方式在地球上創造天堂。現在我們問：技術**對**人類做了什麼，以及**為**人類做了什麼？」

杜拉克的人道關懷，也展現在他的這本書：《經濟人的終結》的標題上。這本書試圖證明人不僅是經濟力量的作用者（不是如同經濟學家先前一直認為的那樣）；杜拉克力圖指出，在現代企業的環境下，個人走向自由的途徑。

對杜拉克來說，企業既是英雄也是壞人。企業負責製造出形形色色的大量商品，但也對個人構成威脅。杜拉克對個人自由的關注，展現在他對管理者權力合法性的質疑上。在《工業人的未來》一書中，他抱怨管理者的權力「不受原則的控制或限制，也不必向任何人負責。現在西方社會仍然願意接受：個人財產權是取得法定權力的有效所有權（good title），但今日管理者的權力獨立，不受股東支配和控制，也不必向股東負責。」可惜的是，關於如何發展或執行這類對管理者的控制原則，杜拉克並未提供任何指導方針。大約 30 年前，他顯然希望透過將產業工廠「發展為一個自治的社區……以地方自治和分散式自治為基礎來組織工業」。這個觀點有點像無政府主義的工團主義（syndicalism），似乎難以解決工業自由的問題。例如這種安排是否增加了通用汽車個別員工的自由（該公司是由分散的決策單位組成團體在運作）？它能提供任何有意義的解決方案，來應對今日困擾我們的那些問題嗎？就我所知，杜拉克在他後來的著作中，從未再探討這個想法。他顯然已意識到這個想法並不能提供足夠的指引，以促進人類的自由，而且這個志業的發展必須多管齊下。

人們始終明白，權力必須受到規範和控制。杜拉克在回顧芒福德（Lewis Mumford）的《機器的神話》（*The Myth of the Machine*）一書時，清楚表達了他對權力的實際了解。芒福德不喜歡任何形式的權力，杜拉克與之不同，他了解權力無所不在。既然我們無法消除權力，杜拉克希望塑造權力，以確保權力為人類的目標和目標服務。

技術能幫助我們完成這項任務嗎？他在回答這個問題時，認識到技術帶來社會後果的複雜性。正如他所說，「技術的影響，基本上是個價值選擇的問題：在即時利益和長期混亂之間，在一個團體的利益和其他團體的利益之間，在個人的福利（甚至舒適度）和最多人的最大利益之間。換句話說，這是一個非常複雜的政治選擇。」

以這個觀點來看，技術既不「好」也不「壞」。根據杜拉克的說法，「技術的問題在於沒有『壞人』。」他告訴我們，「我們已認識到，技術是人類的產物，就像其創造者一樣問題重重、好壞參半，也像其創造者一樣能夠產生好影響或壞影響。」當然，答案不是拒絕技術。「避免被技術摧毀的唯一正向選擇，是使技術成為我們的僕人。這表示人需要操控自己，因為該受責備的不是工具，而是人類這個製造者和使用者。」

我們不能將工具視為我們殘忍、盲目、不成熟、貪婪、傲慢等缺點的代罪羔羊。當然，我們擁有比過往歲月更好的工具。但是杜拉克指出，「更好的工具需要更優秀、更高技能、更謹慎的『木匠』。由於技術對人類及其社會的終極影響，20

世紀的技術透過對大自然的完全操控，可能使人類直接面對其最古老、最大的挑戰：人類自己。」

技術與未來

杜拉克告訴我們有關技術創新的結構、性質、方法的變化，以及技術這門學科的發展。他指出知識在技術中的重要性，並提醒人們注意知識產業的成長。

但是技術和社會將朝什麼方向發展？在這方面，杜拉克非常謹慎。他聲稱，技術本身不可預測，它的影響幾乎無法事先預見。例如他提到這個事實：在 1950 年代初，專家們預測到 1970 年全球的電腦總市場不會超過 100 臺，而且自動化將導致 600 萬人至 1,000 萬人失業。雖然他們的預測是基於科學樣本，而且他們的技術是嚴謹量化，但「專家們」還是錯了。他們錯了，因為他們沒有意識到，技術的影響「往往是綜效的（synergetic），是各有起源、各有一些專家自己學科發展的結果。」

同樣，沒有人預見到三個完全無關的技術發展，將會匯聚而引發人口暴增：殺蟲劑（尤其是 DDT）、抗生素、熱帶國家突然實施的公共衛生措施。這三個發展導致嬰兒死亡率大幅下降，並導致人口暴增。

此外，杜拉克指出，技術的影響通常展現在副產品而非主要產品上。正如人們所指出的，新政（the New Deal）的農業計畫允許農民以政府的支付計畫為擔保，而獲得銀行貸款；這使得農民能購買機械設備，最終擺脫了黑人佃農的勞動力，將他們送往北方貧民窟。雖然新政的農業計畫的全部影響可能是非常間接的，但其影響確實存在。

導致我們無法輕易預見技術影響的另一個原因，是某些後果往往是臨界點（threshold）現象。以汙染為例，在這個現象發展到某個程度之前，顯然沒有任何影響。不幸的是，臨界點現象只有在達到臨界點之後，才會變得顯而易見。

然而，杜拉克對人類心智與人類精神的潛力，有太多信心，不會被預測和控制技術變革的問題所打敗。他引述了水力驅動機械與手動工具在 18 世紀英國引發的社會問題，指出人們仍然能夠處理由技術發展引發的社會問題。雖然我們永遠無法事先知道重大技術變革的時機，但我們能以很高概率知道哪些技術變革可能會發生，其中哪些可能會產生重大影響，以及這些變化將會緩慢或迅速到來。

杜拉克幫助我們洞察技術的動態，讓我們在某種程度上預見：什麼變化可能到來、以何種方式到來、其影響的性質（雖然可能不知具體影響為何），並讓我們對如何因應這些變化有所了解。最重要的是，我們意識到變化已成為常態，所以應該再也不會因變化而驚訝。我們可以預見變化，而且有了民主社會背景下可用的決策工具，我們甚至可以控制變化。

因此，杜拉克是一個樂觀主義者。未來並非完全未知，他勾勒出未來的一些主要特徵。此外，如果運用心智與意志力，我們可以引發技術與社會創新，使之造福人類而非摧毀人類。

杜拉克是先知暨歷史活動家

對杜拉克來說，知識並不僅是為了我們自己的消遣娛樂或沉思默想而存在。知識必須提供實踐的基礎。因此他屬於先知傳統，他指引行動的途徑。

他指引行動的途徑，不是告訴我們未來會發生什麼，而是告訴我們：我們必須在今日做些什麼，才能使未來成為我們期望的樣子。他在《斷層時代》的前言中，對這個做法有精采的陳述：「本書不是在預測趨勢，而是仔細研究斷層；不是在預測明日，而是檢視今天；不問『未來會怎樣？』而是問『為了開創未來，我們現在必須處理什麼事情？』」

杜拉克也是一位歷史活動家（historical activist）。他透過分析過去，為我們提供未來的教訓。這一點在他向技術史學會所做的會長報告中表達得最明顯。其中他提出了這個問題：我們可以從第一次技術革命中學到什麼，以了解當今工業革命對人類、社會、政府的影響。他對灌溉文明的研究，提供了一個三重答案：（1）技術革命創造了對社會、政治創新的客觀需求，包括需要找出舊機構正在變得過時，而需要新機構的領域；（2）新機構必須適合特定的新需求；（3）新機構力圖實現的價值觀，即應用到價值觀的人類目的與社會目的，和那些目的之間彼此造成的壓力，大致是在人類的控制之下。「社會的堅實基礎由它必須完成的任務所訂定；但社會的道德風氣掌握在人類手中，且大多是『如何做』的問題，不僅是『做什麼』的問題。」

簡言之，杜拉克認為在技術變革的有點靈活、但仍然機械化的決定論中，人類還是有自由空間可做自己的選擇。他對未來保持樂觀態度。他說：「今日，我們再次面臨一個情況：高速的技術變革引發技術革命，而且我們面臨（和灌溉文明）相同的問題。我們有一項重要任務：找出需要社會與政治創新的領域；我們必須為這項新任務研發新機構；並確保這些新機構展現我們所相信的價值觀、追求我們認為正確的目的，並為人類的自由、尊嚴、需求而服務。這是一個需要努力和負責的時刻，而不是絕望的時刻。」

因此，杜拉克利用技術史，讓我們感受到人類處理問題的能力與潛力。他幫助我們了解過去，以便我們能洞察當前的問題，並有勇氣去解決未來的問題。

最後，杜拉克在技術史上的重要性，不僅來自他在該領域的實質性研究成果，甚至不是來自他的洞見（那些洞見應該能啟發其他技術史學者的研究），而是因為他的著作（即使是沒有直接涉及技術史的著作）本身也已成為歷史文獻。未來的歷史學者將必須認真研究這些著作，以了解 20 世紀中葉最敏銳、最具洞察力的思想家之一，是如何藉由過去的視角來看待他所處的時代，如何看待當代重大的技術變革及其對社會的影響，以及他如何成功地應用這些觀點，提供對未來世界的深入了解。

後記

杜拉克撰

小學四年級時，我們第一次被要求寫讀書報告，老師告訴我們，一定要問自己兩個問題（只有兩個）：「作者想告訴我們什麼？」和「我從這本書中學到了什麼？」我人生中遇到的眾多老師試圖灌輸給我的規則中，很少有像這兩個問題那樣有價值且實用。

「作者想告訴我們什麼？」這當然是本書撰稿者努力深入且詳細處理的問題。我若試圖評量他們所做的事就冒昧放肆了，雖然我或許可以說，我希望他們多一些批評，少一些寬容。我所能說的合宜話是，我對於如此多的友誼跡象不勝感激，以及這麼多認真、有成就的人（都是各自領域的領導者），他們發現了我努力表達和實踐的價值與實用性，讓我感到非常高興。特別感謝本書的兩位編者，博納帕特和傅拉賀提，我多年的摯友，他們構思並造就了這本書。我很久以前就知道，編輯一個專題討論會的論文，比自己撰寫一本長篇著作需要更多的工作和智慧。這本書幾乎不可能是例外。

但正如我的學生們抱怨的，我總是試圖由我總結討論或做最後評述。也許試著回答我四年級老師堅持要問的第二個問題：「我從這本書中學到什麼？」做為一個總結性評論，對我來說並非不合時宜。

第一個很重要的課題是，我們在研究並塑造當今社會的核心機構方面，還有很多工作要做。本書中的大部分文章都討論到我們的經濟機構、工商企業及其管理層的某些方面。在我自己的工作中，我確實對這些主題給予很多關注。30 年前（註 1），即第二次大戰開戰初期，當我決定需要徹底研究一種主要機構時，我選擇了工商企業。這是一個理所當然的選擇。工商企業已成為新機構的原型和典範。它是外人容易接觸到的唯一一種機構，至今仍然如此。它是唯一一種以有組織的方式定期發布其結果，並且允許（甚至歡迎）外來詢問者進入的機構（至少在美國是如此）。我們社會中至今沒有其他機構（大學可能是其中之最）允許或鼓勵這種接觸。同時，即使在 30 年前，管理學和工商企業的研究也是一門基礎紮實、可供利用的學科。尤偉克 —— 連同那位偉大的女士紀爾布瑞斯夫人（Lillian Gilbreth）（註 2），他們是管理學創始一代中碩果僅

註 1　本書原著初版於 1970 年，故此處的 30 年前係指 1940 年。

註 2　紀爾布瑞斯夫人是法蘭克．吉爾布瑞斯的妻子，生於 1878 年。是美國第一位擁有心理學博士學位的女性。她專注於結合心理學、科學管理和工程學的研究，並著有《管理心理學》一書，因此有「管理學第一夫人」之稱。

存者。在本書中他寫的那篇〈杜拉克：經理人的教授〉指出，我在管理領域的工作，深受他和同代人為我們所奠定的基礎影響。的確，我自己向來堅決認為，在我開始之前，管理和組織領域的工作大致已經完成。我可能做了改善和釐清，但是概念與知識大致上已經以容易應用的形式產生了。我頂多只能稱自己的貢獻是提供了一種不同的方法，或者更謙虛地說，提供了一個不同的起點。我一直都知道，工商企業是一個更大的社會產物、器官、部分，既不是目的本身，也不是孤立存在。我決定研究工商企業，正如我的老友傅瑞伯格在他的文章〈杜拉克思想的起源〉中指出，是為了藉此了解我們的社會，也是實現更大目標的一個手段。

不過，如果有人想要研究一種機構，那麼工商企業也是理所當然的選擇，原因很簡單：其成果可以評量，而且那個結果不僅是只能在一代或一個世紀之後由「歷史的裁決」來驗證的觀點問題，這在我們所有主要機構中獨一無二。一家企業是否破產，並不是形而上學或價值判斷的問題，而是由相當簡單的算術來決定的。

正如本書中許多撰稿者所指出，我們對企業及其管理層的了解還不夠。企業與管理層本身正面臨一個變革與轉型時期，這期間，當今的管理理論和管理實務中的許多「真理」可能會遭到質疑。然而，工商企業不論如何重要或令人矚目，也只是我們社會中的一種機構。而對於其他機構（例如大學、醫院、政府機關、軍隊、研究實驗室），我們幾乎一無所知，也幾乎沒有做過任何研究。當然，對企業及其管理層的許多研究成果也適用於其他那些機構。如今，其他那些機構的領導人正努力將我們在企業研究中獲得的知識與經驗，應用於本身及其管理層中。然而，就像羅森伯格在他的文章〈創業型醫院的演進〉中指出，醫院是遠比最複雜企業更加複雜得多的組織。羅森伯格正確地強調，甚至在企業領域，醫院也可能教會我們很多關於組織、管理、創業的知識。這一點同樣適用於所有其他機構；而其中大多數機構（尤其是大學），甚至比醫院更少被研究和了解。

因此，本書教導的第一個課題是有必要研究、了解並塑造我們社會的其他關鍵機構。對社會歷程、社會組織或管理學科的學生來說，這是知識的一個新疆界，進入的人員如此稀少，完全是個「開放的新疆界」。

我在本書中找到的第二個重要課題，是我們需要有個主要的綜合論述，將我們這個多元社會基本的政治、社會、經濟、心理學理論整合起來。正如傅瑞伯格在先前提到的文章中指出的，我的研究始於傳統的政治理論，但很快就走出了傳統定義的領域。在數年內，我發現傳統的政治理論已經不足，無法對納粹主義崛起這種重大政治現象提供解釋，更不用說讓人理解了。然而，當我在我的著作《工業人的未來》中試圖分析西方非極權自由社會時，傳統的定義也一樣無所助益。18 世紀將政治理論、社會理論、經濟理論區隔開來的做法（18 世紀之前，從柏拉圖到洛克，這三個理論被整合為一個「道德哲學」），已經成為理解（現象）和採取正確行動的全面障礙。的確，我們需要添加一個關於機構的充分理論，即關於組織、程序、管理的理論，以及一個充分的行為理論。在本書中，撰寫〈新福特主義〉的藻利重隆試圖將這些領域之一（經濟學）的原創理論的提出歸功於我，但我從未聲稱在其中任何領域具有學識造詣，更別說專業知識了。我只是在過去 30 年來，意識到必須能夠將它們當作工具來使用。

然而，從本書的文章中可以清楚看出，能夠運用這些工具做為一部分個人工具箱是不夠的。我們需要一個真正的綜合論述和一門學科，重新將各種「專業」（從政治科學到行政管理、從心理學到經濟學、從社會學到決策制定）整合成一個有機的整體。今日人們經常提到需要「生態學」。也就是說，需要一個關於物理學和生物環境的統一科學：關於其整體結構、關係、交互作用。但我們在 20 世紀創造的機構型社會也是一種「生態系統」，雖然是社會的、政治的生態系統。正如我們需要物理生態學，以便在物理環境和生物環境中採取正確行動，否則我們可能無法生存，我們也需要一個真正的「政治生態學」，一個將舊的「道德與政治學科」和行為與決策的新學科進行整合，以得到正確的理解和更多正確的行動。而這項工作尚未開始。的確，正如本書的文章清楚顯示，這種新的大整合的輪廓幾乎不可見，還有待被勾勒出來。

本書的主要課題，至少對我來說是：我們這一代人面對的重大任務，當務之急是研究並理解這個新機構型社會，並使社會及其中每個機構都能有效運作，為個人和社群履行責任。

國家圖書館出版品預行編目 (CIP) 資料

杜拉克對工商企業的貢獻／東尼・博納帕特、約翰・傅拉賀堤編；侯秀琴譯. -- 臺北市：博雅出版股份有限公司, 2024.01
面；　公分.
譯自：Peter Drucker: contributions to business enterprise.
ISBN 978-626-98127-0-7（精裝）

1. CST：杜拉克（Drucker, Peter Ferdinand, 1909-2005）
2. CST：管理科學　3. CST：工業管理

494　　112021025

杜拉克對工商企業的貢獻

Peter Drucker: Contributions to Business Enterprise

編　　者　東尼・博納帕特、約翰・傅拉賀堤
譯　　者　侯秀琴
責任編輯　孫怡敏
特約編輯　李依庭
美術編輯　張靜怡
封面設計　游家梅

發 行 人　連美霞
出 版 者　博雅出版股份有限公司
法律顧問　德政聯合律師事務所 賴政律師
地　　址　台北市大安區信義路四段 279 號 8 樓
電　　話　02-27030009
E-Mail　mindy@mlafund.com
總 經 銷　大和書報圖書股份有限公司 (02) 8990-2588
印　　刷　群鋒印刷
出　　版　2024 年 1 月
定　　價　460 元
ISBN　978-626-98127-0-7（英文版 ISBN：0-8147-0951-6）